SYSU TOURISM REVIEW 2014

# 中大旅游评论
## 2014

孙九霞　张骁鸣 ◎ 主编

中山大学出版社
SUN YAT-SEN UNIVERSITY PRESS
· 广州 ·

**版权所有　翻印必究**

图书在版编目（CIP）数据

中大旅游评论（2014）/孙九霞，张骁鸣主编. —广州：中山大学出版社，2016.5
ISBN 978-7-306-05681-8

Ⅰ. ①中… Ⅱ. ①孙… ②张… Ⅲ. ①旅游—文集 Ⅳ. ①F59-53

中国版本图书馆 CIP 数据核字（2016）第 089419 号

出 版 人：徐　劲
策划编辑：徐诗荣
责任编辑：徐诗荣
封面设计：林绵华
责任校对：廖丽玲
责任技编：何雅涛
出版发行：中山大学出版社
电　　话：编辑部 020-84111996，84113349，84111997，84110779
　　　　　发行部 020-84111998，84111981，84111160
地　　址：广州市新港西路 135 号
邮　　编：510275　传真：020-84036565
网　　址：http://www.zsup.com.cn　E-mail: zdcbs@mail.sysu.edu.cn
印　刷　者：广州家联印刷有限公司
规　　格：787mm×1092mm　1/16　15.75 印张　275 千字
版次印次：2016 年 5 月第 1 版　2016 年 5 月第 1 次印刷
定　　价：38.00 元

如发现本书因印装质量影响阅读，请与出版社发行部联系调换

# 总　序

在学者、学术成果、学术制度之间，存在着一种有趣的关联。学者要发表自己的学术成果，总需要某种形式，而这种形式往往就属于学术制度的控制范围。当前，我们既以体例严格的专著、盲评盲审的期刊、学位论文、会议论文为主而构成了认定学术成果的基本形式，也以同行评议、期刊影响因子、论文引用率、机构指定目录为主而构成了认定学术成果的衍生形式。

这样的形式，这样的制度，保障了知识生产的规范性和可靠性，但是也产生了一个较大的问题：它掩盖了知识生产过程当中原本就无从回避的各种迂回曲折。任何的知识生产都不是一条通途大道，不是所有东西都能自然而然、顺理成章。这里有支持、有反对，有争辩、驳论、反驳，有初探、有再思，有观念、概念上的冲突，有方法矛盾、对材料的不同解读，有立场、伦理上的差异，甚至还有假说、猜测、直觉……然而，倘若没有这些东西，反倒让人感觉怀疑和不安。

那么，对"旅游"这样一个既是复杂现象又是新兴学科的领域而言，我们是否可以另辟蹊径，寻找一些新的学术成果发表形式，从而在现有的学术制度之外，为学者们的交流碰撞、为学术探寻过程的展现、为旅游学科的开放包容提供一种新的可能性？

在这样的追问中，我们得到了好几个方面的启发。第一个启发是，迄今为止对人类思想发展最有影响的那些著作，有一些正是用对话体和语录体这样的非常规形式写成的，例如中国春秋时期的儒家经典《论语》和《孟子》、古希腊哲学家柏拉图的对话集；第二个启发是，量子理论领域爱因斯坦和波尔的世纪之争，也以两次索尔维会议上的对话和争锋最为精彩；第三个启发是，国内地理界自王恩涌先生于20世纪90年代末发起"中关村人文地理小沙龙"开始，到2003年开始举办正式的"人文地理沙龙"，并从第四届开始连续整理出版实录性质的《地理学评论》，为国内人文地理学术成果的发表与交流开辟了新的形式。2013年出版的《旅游学纵横——学界五人对话录》引起了旅游学界的热议,《旅游学刊》发了2篇书评,也给了我们信心。

  因此,中山大学旅游学院、旅游休闲与社会发展研究中心同仁所策划的这套《中大旅游评论》,也将充分借鉴古今中外这种别样的学术成果发表和交流的形式。丛书大致以年度为限,从"粤港澳青年学者旅游研究学术沙龙"的实录起步,积极扩大范围,争取逐渐收录到每一年中发生在中国旅游学术领域的精彩发言、对话、交锋,充分展现中国旅游学者迸发思维火花的瞬间,从而作为当前学术成果的基本形式与衍生形式的补充或超越,更多地记录下中国旅游学术研究推进过程中不应被遗忘的那些细节。

  希望这样一种形式的"专著",能给年轻的中国旅游研究者们启发。

保继刚<br>
2016年2月18日于康乐园

# 前　言

《中大旅游评论（2014）》的内容主要来自 2014 年 5 月 24—25 日由中山大学旅游学院、旅游休闲与社会发展研究中心、旅游发展与规划研究中心主办的"第一届粤港澳青年学者旅游研究学术沙龙"的会议发言与讨论。

沙龙以"旅游研究进展：现状、趋势、前沿"为主题，包含了当前旅游研究各热点领域的前沿问题探讨、旅游研究中公认的经典理论与议题的反思与评价、人文社会科学中其他学科介入旅游研究的现状与前景的分析、旅游研究中的主流方法与交叉方法的评述等主要内容。成书以后，保留了学术会议交流的现场感与敏锐性，也呈现了不同学科介入旅游研究的多元性与对话性。

全书由孙九霞、张骁鸣统筹。成书过程中，中山大学旅游学院的研究生许泳霞、王欣欣、杨艺、王珂、吴美玲、叶甜、李文静、陈晓莹承担了对原始录音的整理，别婉文、彭敏志完成了第一轮校对，中山大学旅游学院本科生赵智玲、何冰妮、李珍珍、肖晓霞、卿雨婷、朱嘉雯、陈静完成了第二轮校对，然后由所有发言人对自己的发言部分做了第三轮校对与润色。中山大学出版社的徐诗荣编辑为本书的最终出版付出了大量心血。特此一并致谢！

孙九霞　张骁鸣  
2015 年 12 月

# 目 录
## CONTENTS

沙龙开场白　孙九霞 /1

### 第一节　旅游与经济
开场白　李　军 /4
旅游需求的计量经济分析：现状及趋势　吴晨光 /5
新瓶不应装老酒：旅游价值链研究进展与评述　刘　逸 /13

### 第二节　旅游与社会
原真性与标准化悖论：从标准化到符号化的情境演化　曾国军 /25
食物的全球化与地方化：游客乐意买单？　刘丹萍 /36

### 第三节　旅游与文化
开场白　赖　坤 /46
跨文化旅游者行为研究　李咪咪 /47
红色旅游与国家认同：对356个爱国主义教育基地的分析　左　冰 /56
被转译的准术语："tourism"对应概念变迁及其与"旅游"的
　关系　史甜甜 /63

## 第四节　旅游管理

开场白　王彩萍 /80

旅游定量研究方法对比分析　黎耀奇 /81

事件感知价值及其对旅行结果的影响　许月英 /90

香港旅游吸引物的预期值、服务质量、感知价值、旅行次数和游客满意度：跨文化的视角　季明洁 /99

大树底下好乘凉？攀附性目的地品牌口号对旅游者态度和意向的影响　张　辉 /104

## 第五节　旅游与空间

开场白　余晓娟 /114

个体休闲行为的城市空间透视　赵　莹 /115

基于客源地出游力的旅行社空间布局分析　胡志毅 /124

## 第六节　旅游教育与研究

开场白　饶　勇 /134

放养与圈养：康奈尔大学酒店管理学院与香港理工大学酒店及旅游业管理学院博士培养模式比较　刘赵平 /135

建立"旅游问题学"：初步研究　赖　坤 /147

旅游研究的想象力：从 Tourism Management（2012—2014）书评看
　国际旅游研究　林清清 /159

## 第七节　案例研究 I

开场白　梁增贤 /168
越南国家公园并存管理模型：以风芽-者榜国家公园为例　李俊丰 /169
美国野营活动流行原因分析及对我国的启示　王四海 /179
事业编制框架下广州白云山风景名胜区管理制度的创新　丁绍莲 /186

## 第八节　案例研究 II

开场白　刘　逸 /196
创造性破坏与中国古镇：以大圩和阳朔为例　覃　群 /197
周庄古镇地方性的多样化建构　姜　辽 /207
居民对广州城市地标的认知地图研究：基于"老广"与"新广"的
　对比　孟　威 /216

## 观察员评论与自由讨论

观察员评论　刘赵平 /225
自由讨论 /227
总结发言　孙九霞 /238

# 沙龙开场白

孙九霞

（中山大学旅游学院）

各位嘉宾、各位朋友，我看到，今天都是比较年轻的一些朋友坐在这里。这次我们的会议，基本目的就是强化粤港澳地域上的学术共同体。我们有经济上的共同体、文化上的共同体，现在要做一个学术上的共同体。在此，所有的人能够聚集起来，进行一些专题性的讨论。我们希望能够一直做下去，虽然此次沙龙规模较小，但是想实现一些比较深入的讨论。这次会议经过比较长时间的酝酿，但是没有给太多时间让大家准备。因为有了这样的想法之后，想尽快把它做起来，先把这个事情推动起来。目前的参加人员以粤港澳的学者为主，未来还希望以粤港澳为核心，外地的学者也可以参与进来，用这么一个对话的形式进行学术交流。这个"对话"，我们一直在讨论，希望它的对话性特别强。大家拿到会议手册时可能也会看到，这是一个时间上非常"奢侈"的会议，非常非常的"奢侈"，跟一般的仪式性的、大规模的会议不大一样。那种会议中，每个人的发言时间非常短，讨论的时间也很短，可能就是象征性地讨论、提一两个问题。而这一次，我们把时间安排得很松散。也因此，今天开始得特别早。很多老师都是昨天晚上赶过来的，并且不习惯在城市里起这么早，尤其是在南方、在东部。我们这次会议也是非常"劳动模范"的样子，也听到有人抱怨会议"怎么在8点钟开始?!"不过我们还是这样做了，就是想把最充裕的时间留给大家。在这里，我也希望各个主持人，或者是在座的各位，展开更多的对话和讨论。事后，我们希望出一个像"人文地理沙龙"的《地理学评论》那样的集子，里面的大部分内容应该是一些讨论和对话。大家也不用太纠结，去考虑你的东西是不是要出专门的论文集，你的论文本身照样可以另外发表。我们是以你讲的内容为主线，以讨论为核心。我估计未来这个东西被记录下来、出版出来，可能是讨论和对话的东西更多。希望今后都做成这样的模式。所以，我希望在座的各位要加强对话。这就是一个讨论的地方，年轻人聚在一起，将各自研究的东西进行碰撞，建立一些共识。这是一个基本的诉求。

# 旅游与经济

- 开场白
- 旅游需求的计量经济分析：现状及趋势
- 新瓶不应装老酒：旅游价值链研究进展与评述

## 开场白

### 李 军
（中山大学旅游学院）

第一节是有关旅游与经济方面的讨论。这组一共有3位发言人。第一个发言主题是"旅游需求的计量经济分析：现状及趋势"，由吴晨光博士发言。第二个发言主题是"旅游产业价值链初探：难题与挑战"，由刘逸博士发言。[①] 第三个发言主题是"酒店业中的外来资本——滨海旅游区的通径和跨越式发展"，由代姗姗博士发言[②]。我昨天晚上才看到这3个发言的摘要，个人感觉，这3个发言把产品和服务的生产、渠道、消费几个方面都讲到了，正好形成了从生产到消费的一个循环圈。所以，我觉得这是一个组织得非常好的专题。现在就邀请我们的第一个发言人吴晨光博士做主题发言。

---

① 因技术原因，未能搜集到刘逸博士的发言录音，在此向刘博士和各位读者深表歉意！作为补救，我们有幸在2015年初邀请到刘博士做了一次同主题小范围交流，并以这次交流的实况录音来替代刘博士在沙龙现场环节的发言和讨论。敬请谅解。

② 因技术原因，未能搜集到代姗姗博士的发言录音，在此向代博士和各位读者深表歉意！

## 旅游需求的计量经济分析：现状及趋势

吴晨光

（中山大学管理学院）

各位老师早上好！首先感谢孙九霞老师刚刚的介绍，也感谢中山大学旅游学院为我们提供这么好的平台，让我们有机会交流。

我今天汇报的题目是"旅游需求的计量经济分析：现状及趋势"。其实这个主题是我正在进行的一项研究工作。2008年《旅游研究》上有一篇文章，是对2000年到2006年所有关于旅游需求的建模的文献回顾。但是之后没有完全针对这个方面的综述的文章，我就想做这样一件事情。2000年到2006年的这篇文章是香港理工大学的宋海岩教授和萨里大学的李刚博士一起做的综述。他们当时的综述涉及220篇左右的文章，跨越了7年时间。但是从2007到2014年这8年时间，我再做综述的时候发现，这个方面的文章多了很多。所以，我现在大概只看了2011年到2014年这4年的文章。但是我也没有特别仔细看，只是看了摘要和重点，就已经有130篇文章。所以，我在这里分享的也只是目前得到的一些结论。

对旅游需求的计量分析，我想说三个方面：首先是旅游需求计量分析的背景，其次是研究的一些大体框架，最后就是一些趋势。首先是背景。旅游需求在不同的学科有不同的分析方法。从经济学的角度来看，旅游需求就是在一定时间以内，在一定的条件下，人们所愿意购买的旅游产品和实物的数量。这主要是从数量上说的。从这个角度来说，测量旅游需求，一般来说用得最多的数据就是游客到达人数。第二个因素就是从"钱"的角度来说，即游客消费。第三个因素就是从时间的维度来说，即人均停留时间的长短或所有游客总体的停留时间。这些数据是用得比较多的。但现在越来越多的旅游需求变量开始被应用，比如说酒店收入等一些细分变量。这个是关于旅游需求的变量，另外一个是国际旅游需求的现状。这个大家都可能比较熟悉。不知道在座的同学们知不知道，按照到达人数来算，国际旅游需求最大的旅游目的地是哪一个？（听众：西班牙？）西班牙呀？（听众：法国。）法国呀？（笑）那你们知不知道中国排第几啊，根据游客到达的人数来说？（听众：第四或者第五。）那根据旅游收入呢？（听众：还要再降一个。）刚才是从入境游的角度来说，外国的游客来目的地的消费和到达人数。那如果从出境游的人数来说呢，你们知不知道是哪个国家出游最多？（听众：去年中国超越了美国成为第一位。）

这个是去年整理的数据①（PPT内容略），就是从2009年到2012年的旅游需求的数据，根据人数和收入来看的一个趋势。除了2003年的SARS和2009年的经济危机时期以外，国际旅游需求一直是增长的趋势。那么看它的季节性的话，你们知不知道，从全球的范围来说，旅游需求旺季是在哪几个月份？（听众：夏季。）夏季的哪几个月份呢？（听众：7、8月。）（笑）我们根据这个季节性，从全球的范围来说，最旺的就是7月，然后就是8月，之后就会向两边逐渐转向淡季，除了12月还有一点点旺。基本上就是这样的形状。这4条线分别是这4年每个月的游客到达人数，主要还是在7月和8月最多。这个是根据游客到达人数的排名，2013年的数据现在还没有。根据游客到达的人数来说，旅游需求最大的国家就是法国，中国排第三位。中国在2010年还在第四位，但是根据2011年和2012年的数据它都是排第三位，在法国和美国的后面。如果根据旅游收入来看的话，中国就不是排在第三位而是第四位。那么，根据游客量来说依次就是法国、美国、中国，而根据收入来说，依次就是美国、西班牙、法国，之后是中国。如果是根据出境花费来说，按照2011年的数据，中国其实是排在第三位的，排在德国和美国之后。然后看2012年的数据，中国一下子冲到了第一位，之后是德国和美国。

我现在看的旅游研究中很多都有中国的数据，发现：一方面，中国的出境游和入境游发展得特别迅猛；另一方面，中国的旅游研究近来发展也是特别迅猛。如果分地区，可以分为欧洲、亚太等不同地区的旅游到达人数。不过也可以看到，游客基本上还是在同一个地区之间流动比较多，跨地区的比较少。比如说欧洲以内的国家之间、一个地区之内国家和国家之间的旅游行为，相对于地区之间的旅游行为更多。

那么在旅游需求建模的时候，影响旅游需求的因素有哪些？一般来说影响

---

① 本书中涉及当时演讲时所用的PPT内容均从略。全书同。——编者注

旅游需求的因素主要有客源国的人的收入，一般用国家的GDP、可支配收入来代表。第二个就是旅游目的地的旅游价格，一般用CPI之类的指标来表示。第三个就是竞争国的旅游价格，这也是用得比较多的。比如说，研究香港的旅游需求就要研究澳门、新加坡的价格作为其竞争目的地的价格。还有就是，国际旅游研究需要考虑到汇率的影响，还有交通费用，以及营销和推广的花费。另外，就是季度性的数据会考虑用一些季度性的单位变量，以及一次性的事件如SARS或经济危机这种单位变量。一般来说，研究旅游需求通常用这些变量用得比较多，但另一方面，交通成本和营销这两个变量在实际应用中用得没那么多，因为它的数据很难获得。所以，在做模型的时候基本上前面几个变量用得比较多。最重要的就是收入、自己的价格还有替代价格，还有一个就是汇率。

尽管模型有各式各样的，计量经济的旅游需求模型主要有两块。一块就是做预测时的纯时间序列模型，或叫单变量时间模型。这个模型是基于过去的旅游需求的历史趋势来做预测的。另外一种就是多变量的计量模型。关于多变量的计量模型主要分两个，一个是单方程的模型，一个是系统方程的模型。这三个计量模型我大概来说一下。第一个就是简单的时间序列模型。比如说我们想预测2006年、2007年、2008年的数据，就可以根据1985年到2005年的数据，即历史数据，对未来三年进行预测。这种就是单变量预测模型或纯时间序列模型。这个模型的优点一个是数据比较好收集，不需要收集别的数据；另外一个就是它理解起来、应用起来都相对容易一些。但它有一些问题。首先，纯时间序列模型只能用来预测，但它不能研究时间、价格对旅游需求的影响。其次，它研究不了这样的关系，不能计算价格弹性、收入弹性。所以，从它那里得到的启示会比较少，它仅仅用来做预测。另外一个是多变量单方程的模型，它的好处就是可以研究不同变量对旅游需求的影响，同时可以研究动态的影响、长期均衡、短期动态性等。但是，这种模型在加自变量的时候没有很强的理论基础。研究者认为对旅游需求有影响就全放进来，哪些显著就留下来，哪些不显著就删掉，是这样的一个原则。第三个就是系统需求模型，这种模型有很强的理论基础，是从理论里面推导出来的，而且往往有一组方程。举一个例子，对于旅游需求花费，一般每个游客都有总体的预算。然后第一个层面，他会考虑在旅游上花多少钱，非旅游上花多少钱；第二个层面，他会考虑在这个国家花多少钱，那个国家花多少钱；第三个层面，在某一个旅游目的地，他还需要进行预算的分配，如考虑购物上花多少钱，住酒店花多少钱。每一个层面都可以对应一个系统方程来进行研究。例如，研究香港游客去中国旅游、去美国旅游、去英国旅游，以及去其他地方旅游的需求分布情况。研究这样一个系统的话总共要研究4个目的地，即在这个模型里面应该有4个方程。在这4个方程式的左边分别是在这4个旅游目的地的花费的百分比，等号右边是每个旅游目的地的价格、游客总消费和汇率等因素。又例如研究中国大陆人到香港旅游，就要考虑他在吃饭、住宿、购物和其他方面的花费，这样也可以形成一个包含4个方程式的系统。

还有其他的模型，这个领域里的模型其实是很多的。比如说用得最多的神经网络模型，这个模型的优点是预测精度比较高。但神经网络模型有个问题就是它研究不到输入变量对输出变量的影响，只能知道最后的预测结果是准的。它内部的运算有点像"黑箱子"的概念。

在旅游需求建模领域里面很大一方面就是做预测的竞争。很多研究都是放很多的模型进去，用很多的数据来反复验算，看哪个模型最准。很多时候都是比预测精度的。比如说，我所有的数据都打包给到你了，你把数据劈成两半。一半作为假设现有的数据，另一半作为预测区间，即假设我不知道这些数据。然后我们用不同的方法来进行预测，用不同的方法会得到不同的预测值，最后把预测值和真实值进行比较。看哪个方法的预测值和真实值最接近，就认为哪个方法是最准的。测量预测值和真实值之间的距离有不同的指标，例如PPT上面的MAPE和RMSP，都是计算距离的，即预测值和真实值之间的距离。我们在做实际预测的时候就认为，这些值哪个最小、距离最小，哪个模型就最准。在实际操作的时候，我们就将数据劈成两半，一半用来做估计、做预测，另一半用来做精度的比较。但是在实际做的时候我们会考虑哪些模型短期预测是最准的，哪些模型长期预测又是最准的。怎么做呢？比如说在看短期预测未来一年哪个模型最准的时候，我们拿1985年到2005年的数据来预测2006年。然后又假设知道2006年的数据，用1985年到2006年的数据去预测2007年，然后再用1985年到2007年的数据去预测2008年。每个我都这么滚动预测。每一个模型都能预测好几个，一年向前预测、两年向前预测，从而我们可以知道哪些模型一年向前预测更准，哪些模型两年向前预测更准。

很多研究做这个，但是从结论来看，我们发现任何一个模型都不可能在所有情况下都是最准的。往往是有一些研究得出这个模型最准，而另一些研究会得出一些相反的结论。影响它准不准的因素有很多，比如说它用的数据不一样；或者说一年向前预测和两年向前预测也不一样；或者是用季度数据和用月度数据结果也不一样；以及研究者对这些方法的掌握程度不同，结论也不同。

以前还有一些争论，例如是纯时间序列模型更准，还是多变量计量模型更准。现在大家比较认同的结论就是，一类模型不一定就比另外一类模型更准。简单的模型比复杂的模型更准，或复杂的模型比简单的模型更准，现在是没有这样的定论的。

关于旅游需求预测，还有一类方法是组合预测。不同模型预测精度不同，研究者发现，A 模型做的预测和 B 模型做的预测加起来除以二的结果，有可能比 A 模型和 B 模型分别做的预测都准。这就提出了组合预测的方法。组合预测的方法又分为两个分支：一个是简单组合，即几个模型的预测的简单平均。另外一个是给予单个模型不同的权重进行组合。现在组合预测研究中应用到不同的组合预测方法，寻找最优的权重。例如，A 模型和 B 模型，如果 A 模型更准就给它更大权重，B 模型差一些就给它小一点的权重。这是一个思路。另外还有很多其他的思路来探究这种权重。

根据以上这些讨论，可得到一些未来研究的趋势。但这些趋势都是挺基本的趋势，未来希望还会有补充。这个领域里面的趋势首先是有一些更先进，或者是在其他领域其实用得比较多的一些模型，但在旅游需求领域运用得还比较少，或者是还没怎么用过，这些模型现在逐渐开始被应用了。比如说非线性的模型，以前我们认为收入对需求的影响，收入高的情况下对需求的影响和收入低的情况下对需求的影响是不同的。这种自变量在不同阶段上对需求的影响是不同的，非线性模型开始在这个领域里面被应用。另外一个就是市场细分。更多的研究开始不从国家的层面即国家旅游需求的人数来考虑，而是考虑一些细分的市场。比如通过研究航空游客，或者酒店的需求，或者博彩的旅游需求，或国内旅游的需求，若有数据的话还可以研究医疗旅游、红酒旅游的需求，从计量模型的角度来做。医疗旅游需求、红酒旅游需求如果有数据的话还是比较新的研究方向，但是现在没有数据。另外就是我们以前研究旅游需求时，研究价格对需求的影响、收入对需求的影响、汇率对需求的影响。但现在越来越多会考虑气候对需求的影响，研究者会从气象的方面拿很多指标出来，即天气状况对需求的影响。尤其是现在，全球，特别是中国的气候不好，这方面的研究开始做得越来越多。另外一方面就是搜索引擎的数据对需求的影响，尤其是现在这种大数据时代。在 Google 上面搜索旅游目的地，例如广州、广州旅游、广州旅行社这样的数据，搜索的次数越多，可能旅游需求就越多。一些研究已经认为它们之间有可以进行解释的关系。还有一些旅游目的地的世界遗产数目的增加也是影响旅游需求的变量。一些研究认为，中国的世界遗产的数目不会影响国内旅游需求，但是对入境旅游人数的增加或减少会有影响。还有就是在研究旅游需求的时候发现，以前是研究方法上的预测组合，现在有研究提出把专家的判断和模型预测结果结合得到预测。例如一些研究先做预测，接着使用德尔菲方法，把预测结果发给专家做修改。修改以后再返回来，接着把调整后的结果反馈给专家进行再修改，直到达到一个大致一致的预测结果。但现在也有一些其他方式的定量和定性方法的组合，就是不给专家任何材料，直接让专家自己来判断需求是多少，让他们不要受模型的影响，让专家的预测和模型的预测的结果直接进行组合。有一些学者已经开始在做这样的研究。另外一个趋势就是数据的频数越来越高。以前大部分都是研究年度数据、季度数据，现在很多都是月度数据、每周的数据、每天的数据。同时，一些研究希望做月度数据的预测，就先用每天的数据来做，然后把它们加起来，看看是不是比直接用每月的数据做预测更准。这也是一些趋势。

这就是我今天和大家讨论的主题，谢谢！

## 主题讨论

**李　军**：那我们对吴晨光博士的讲演进行10分钟的讨论。大家有什么问题？

**王四海**：国内最近高档消费下滑，高档消费属于人的非硬性需求，它受中国政策的影响很大。你现在所讲的预测是用以前的数据预测以后的发展。像中国这种比较有特色的市场，你用以前的数据预测以后的发展是不可能的。比如像现在的酒店业，高档消费就突然下滑，有些酒店就强行刺激强行开。马云好像曾经说过，你有好的想法、好的技术，花好多时间想出来的东西，还不如一个红头文件管用。

**吴晨光**：我觉得您这个思路还挺好的。在这个领域最重要的还是数据。有时候我们想研究的东西挺多，但是没有数据来做它。您这个思路可以提供一个

## 第一节 旅游与经济

挺好的研究方向。您这个想法到时可以用数据去验证的，不一定要做预测。比如用到2014年的数据，用非线性的模型来做研究就会发现，到后几年对奢侈品的需求，比如价格弹性、收入弹性的值都会有变化。

**王四海**：你能不能调查一下，比如广州这两年高档酒店关闭了多少。然后运用你原来的模型和以前的数据，预测现在本来应该发展多少，结果却下滑了，之间做一个对比可能会很有意思。

**吴晨光**：对，您这个思路特别好。您这么说让我想起以前写过一篇文章，就是关于猪流感和经济危机对旅游需求影响分析的。也是先用模型做一个预测，假设没有这些危机的时候做一个预测，然后把有经济危机的因素考虑进去再做一个预测，将预测值和真实值作比较，可以得到猪流感和经济危机对旅游需求的影响程度。和您这个思路是一样的。如果没有这个政策的影响的话，这个预测是多少，有影响的话是多少。这个差就是由于这个政策原因导致的需求下降。是这样一个思路。

**李　军**：这个在技术上来说也可以做到。虚拟变量加入一些实际结构变化也是可以的。实际上，经济学里面应用了很多这样的方法。比如说我们在2014年预测2016年某个政策或事件会发生，比方说大型事件，它可以根据以前的历史数据来预测，那样的话整体趋势会抬升多少，它也可以加入进虚拟变量。

**刘赵平**：关于虚拟变量，比如说关于未来的预测，有些事情可以看得见其影响，比如明年要办奥运会或者大运会了。而很多突发其来的事件都是事后才能知道的，当时不知道事件怎么会发生。传统的、一贯的做法就是加虚拟变量，或者用大的break（断点），是不是可以把专家意见结合进来或者怎么样？有没有系统地处理这种突发事件的方法？

**吴晨光**：虚拟变量是加在已有数据上面的。我们在预测区间是加不了虚拟变量的，只能在模型估计的时候加。在未来……

**李　军**：历史数据可以加。但是长时间的……

**吴晨光**：对。已有数据可以加，但未来假如不知道什么事件会发生的话就加不了虚拟变量的。这真的是模型的局限性。

**代姗姗**：我也做预测，其实现在很多时候我们做预测就把它叫作 projection

（推测）。它不是说我们真的要完全对未来做预测，只是说我们在过去的基础之上，假设未来的变化没有太大的情况下，然后才对它的未来进行模拟。所以，我们不能说预测完全可以模拟未来的状况，只是说基于现在的状态对未来状况的模拟。所以，加上一些危机事件的话就是对未来的冲击了。这时也会有其他的模型用来评估这个冲击对未来的影响。所以，如果要做一个更好的推测，它可能是说我们先要做一般的预测，再加上对未来冲击的预测，两个加起来再做一个推测。那这样可能会是更完美的模型。但现在来讲的话，这种方式可能还会有问题。

## 新瓶不应装老酒：旅游价值链研究进展与评述

刘 逸

（中山大学旅游学院）

今天要讲的东西大概分为五个部分。第一部分是我们为什么要讨论价值链，以及什么是价值链。第二部分是基于刘亭立和宋海岩的两篇文章进行一个评述，看他们说得中不中肯、有什么问题，在这基础上看他们的文章里遗留下什么尚未解决的问题。第三部分，在此之上，我们来看在旅游领域中研究价值链有什么困难，有什么特殊性。第四部分，梳理了这几个问题之后，再来看旅游里面研究价值链应该做什么。我试图在这里打通一条渠道，看看旅游和价值链这两个话题链接之后，能做些什么东西。第五部分是总结。[①] 对比之前做演讲的两个研究，我显得有点下里巴人，就是很实际、很应用，你要说功利性也不为过。我就是要逮住一个主流的理论，看看我们在这里面能为旅游贡献什么东西，没有太多哲学层面的探讨，这个就是今天要讲的内容。

我们要探讨的第一个问题，就是什么是价值链？价值链就是一堆活动连接成一条链条，这个活动主要是指制造业里面的商品的生产。如何生产这个商品不重要，关键是这个价值在哪个环节被生产出来，然后被谁拿走。它里面有一对组合，一个叫 global lead firms，就是全球主导型企业，另一个就是 suppliers，即它的供应商。我们虽然说没有严格地界定，但一般谈到价值链，都是在谈这条链条里面谁是主导企业，谁在决定着这个链条的结构，它的供应商们之间的关系是怎么样的，这就是这个话题研究的主体。

那么，我们为什么要来研究价值链呢？对于非制造业的企业，能有什么样的启示？主要有三个。其一是帮我们理解在全球化时代经济的组织有什么类型、什么特点。其二，在这个情况下我们会产生出一堆行业管治模式，叫作

---

[①] 作者的后两部分工作属于正在进行中的原创性研究，暂不宜在此发表，因此没有转录。

patterns of industrial governance（产业管治的模式）。为什么会有不同的模式？这些不同模式之间的机理在哪里？这个是研究价值链的人做出的贡献，它不是只适用于制造业，现在已经成为产业经济学的重要组成部分。它的影响力也越来越广，正在渗透到各个行业里面。其三，在这里面，最核心的东西就是为什么要谈价值链、谈利益分配、谈这些管治？回归到最后，就是要讨论到一个知识传递的问题。在这个价值链当中，我们的利益的生产跟分配是一个模式，但是在这个过程中，链条的管治模式会变动，这个模式不是预设的。为什么呢？因为链条当中有知识的传递。有的企业经过了学习，然后它会成长，然后它会变得更加不一样，会打破原来的格局；有些企业会一直很强势，会牢牢地把控着这个知识，不让它传递出去，所以，它的地位会一直保持领先，它会变得很强，这个就构成了价值链的动态。因此得出来的结论就是，一个落后企业要学习更多的知识，想要获得更多的机会，就要先嵌入这个价值链，跟这些全球的 lead firms，跟这些 suppliers 一起玩，你才有更多的机会。这个是整个价值链研究的核心。

  我大致梳理了一下价值链研究里面几个大的类别。最早提出价值链的是 Michael Porter，这个 value chain 就是他提出的，他说，未来全球化时代的竞争核心不再是你有什么技术，而是你能不能掌控你的链条。因为当你掌控整个链条之后，你就可以选择里面最有价值的一块，然后你就长期保持在那里，没有价值的部分就丢给别人去做，但是你还是要维持这个控制，不然的话别人做了之后会长大，会来打败你。Michael Porter 就是在这个基础之上提出了"五力模型"。

  在 Michael Porter 提出价值链之后，在经济社会学里面有个叫 Gary Gereffi 的学者，他在 1994 年提出了一个全球价值链的分析框架（global value chain, GVC）。他的出发点是 Wallerstein（沃勒斯坦）的世界体系理论。Wallerstein 是研究一个世界，讲这个世界有核心、有边缘，核心主导着边缘，这就是当前世界的格局。Gary Gereffi 重构了 Wallerstein 说的世界体系，他说在现代我们已经没有明显的核心和边缘之分，因为许多跨国企业通过价值链已经渗透到第三世界里面去了，直接在控制着第三世界，现在它们直接把厂建在发展中国家，甚至是把市场也放在发展中国家，整个过程不再那么明显地区分为核心和边缘，而是开成一条条这样的链条，去决定最后谁是赢家。他的理论核心跟 Michael Porter 的有个本质的区别。Michael Porter 理论的核心是从大卫·李嘉图、从古典经济学到新古典经济学,一路过来的东西,叫作竞争优势、相对优势;Gary Gereffi 的理论背后的逻辑是从科斯的交易成本演变过来的,他基于交易成本提出来说为什么我们存在着价值链,就是因为有些交易我们觉得丢给别人做成本更低,所以我们就散发出去,形成一条链条。

在经济地理学的研究中,也存在着一个概念,叫 global production network (全球生产网络),这个概念的出现大概比 GVC 晚了十年,它的提出主要跟 GVC 是针锋相对的。经济地理学者认为 GVC 里面没有空间的变量,所以就从地理学的角度提出全球生产网络,关注的是公司嵌入在不同的地域、文化和社会背景之下,它的行为会不按照预设的方式去进行;关注在公司嵌入之后,价值的分布会受到怎么样的影响。现在这个理论还一直和 GVC 在争论。2012 年的时候,这两拨学者在新加坡国立大学开了一个会,试图让两派合并,提出来一个 global value network(全球价值网络),不过最终这个建议流产了,虽然他们都互相承认对方的理论有优点。这就是当前价值链研究的大致进展。

我小结了一下为什么我们要用到价值链的东西。第一个是我们在讨论旅游经济发展的议题当中,有一些传统的争论好像进行不下去了或者是没法突破了,需要新的理论工具来破局。最典型的就是我在关注遗产的话题时,看到谢凝高先生、张朝枝老师、徐松龄等学者的研究,讨论遗产管理的产权、旅游地的发展,究竟是要市场化,还是要实行国家公园管理,有着各种争论。但这些争论我看到后面就发现,他们都没有在理论层面提出可以破局的东西。而在价值链的理论体系里面,究竟要公有化还是市场化,这是一个前提,或者说不是要不要的问题,而是讨论在什么样的交易状况下,可能出现什么样的利益结构。第二个是在全球化、信息化、网络化这些大的趋势下,旅游产业经济动态日益复杂,需要增加理解。第三个是我个人比较倾向的功利取向,因为价值链这套东西在用来解释产业经济组织特别是落后地区或者发展中地区,如何加快经济发展,如何平衡各种各样的矛盾等方面,非常有价值,里面有很多很有用的理论逻辑可以借鉴,所以我们需要认识一下。

讲完这个基本的背景之后,我们来切入文献的探讨。宋海岩老师等人 2013 年在 *Journal of Tourism Research*(JTR)上面发表了一篇文章,全面地回顾了整个 tourism value chain 的研究进展。他是选了最 top 的 5 个 journal,选出来一共有 45 篇文章,其中从 1988 年到 2006 年,每年都只有一两篇或者三篇的文章发表,到 2007 年开始就有了明显的增长,2009 年的时候最多,有 8 篇文章发表了。最近三年也都有6～8篇的文章发表量，这是有很明显的进步的。这里面他解构了研究的方法，conceptual（概念性研究）的占到12篇，qualitative study（定性研究）的有28篇，而quantitative study（定量研究）的就只有5篇。他在这篇里面探讨了一种可能，这我也比较认同，就是说在一个研究话题领域开始被人关注的时候，必然是以概念性的研究和定性的研究为主，等到这个领域比较成熟时，才出现比较严谨的、全面的定量研究，所以说现在还没有太多的定量研究。在此基础上他做了5个归类，就是把所有的文章进行解读，最后归成5个类别，分别是旅游政策、目的地管理、目的地营销、分布渠道的整合和旅游价值链的可持续发展。其中最重要的就是目的地管理和目的地营销，分别有20篇、11篇，占了非常大的一块。对此宋海岩老师的解释是，由于旅游资源具有公地属性，常常发生"公地悲剧"，同时也涉及不同类型的行为者，因此目的地管理吸引了最多的研究关注；而营销则是因为旅游业本身跨行业的属性，不同行业里的企业因为旅游营销而捆绑在一起，成为一组利益相关者，因此需要协调，会借鉴价值链管制来探讨。这个判断我基本上也是赞同的。旅游政策研究和可持续发展关注价值链议题也是同样的道理。为什么研究渠道的整合呢？就是因为电子商务的冲击，使服务供应商直接与运营商和游客对接，中间商被挤出产业链。因此问题主要涉及垂直整合，以及由此引发的旅游业供应商和运营商的策略选择问题。我看了里面的一些文章，我觉得有3篇值得关注，是在这45篇里面做得比较好的，分别是Michall Clancy (1998，2002)、Romero & Tejada (2011)，还有宋海岩先生等人（2013）这3篇。

　　我们来关注一下国内的研究，相比之下就差很多了。刘亭立在2013年做了一个回顾，基本上梳理了一下旅游价值链的国内研究进展。作者认为，当前大量的研究集中在概念性的探讨，缺乏实证研究，而且研究内容单一，研究方法不规范。在该文梳理的上百篇文献里面，有两三篇是研究定量的，但是研究方法都不规范，甚至结论也是有问题的。作者还指出这些文章主要是侧重讨论价值的内涵，而没有对全球价值链本身给予充分的关注。我也看了一遍这些人的研究，也赞同作者的观点，确实有这样的问题。

　　为了更好地评述研究进展，我使用了CiteSpace这个软件对这两个领域研究的主题进行了分析。这是一个文献可视化的研究软件，是一位叫陈超美的华裔科学家发明的，现在在文献可视化软件里面算是比较受追捧的，它做的东西

## 第一节 旅游与经济

就是分析学术文献的主题跟作者、跟引用文献之间有没有共引的关系。就是在一篇文章里面你被别人引用，或者说你的文章跟另外一篇文章用了同样的主题，那这两篇文章就算有关系，然后通过计算这个关系的强度，来判断研究话题的热度以及研究是不是同在一个领域。如果你的文章引用的很多文献跟另外一篇文章引用的是重合的话，证明你们这两篇文章同在一个领域，而且关系非常密切，这个软件会根据这两篇文献的关键词，判断出这个领域应该属于什么，并且给出一个关键词。

我通过"tourism"和"value chain"这两个关键词，在 Web of Science 里面搜出 146 篇英文文献，并通过人工过滤，最后剩下 59 篇，比宋海岩老师的搜索多了十来篇。也因此证明这个领域确实还比较新，因为除了那 top five journals 之外，其他的 journal 很少有人研究，所以宋海岩老师那个研究是很有代表性的。在中国知网里面一搜，就有 1000 多篇，最后我筛选了一下，只选学术文献，就有 272 篇，然后剔除了硕博论文和学术辑刊，同样进行人工过滤，删除大量非学术性的文章，最后获得 178 篇文章。

在英文文献里面，我按照关键词的热度来算，最后得出的关键词是这几个，例如 tourism、industry、governance、global value chain、performance、model。很明显，这些词的关键热度都很低，这些是阈值 3 以上（即出现 3 次以上）的关键词。如果把阈值调到 5，那就只剩下 tourism 一个了。可以看到，这些主题是极扎堆的。这里还可以得出一个宋海岩（2013）的研究里没有提出来的问题，以前我没有证据，现在有了。那就是现有的研究都只看 Michael Porter，认他为这个领域的鼻祖，而究竟 Michael Porter 研究了什么，大家没有充分的解析，而且忽略后续的一大块研究价值链的内容，特别是来自 Gary Gereffi 的研究，这是一个重大的问题。

那么在国内呢，算出来是很吓人的，首先，"价值链"这个词出现了 92 次，因为大家都用这个概念，没有用出什么新的概念，比如说我们在国外文献里面看到的管制、绩效，在中文文献里面就没有出现。其次是旅游产业、旅游价值链、电子商务、旅游、产业价值链、旅行社等词语，"旅行社"这个词我倒是觉得比较有意思的，证明这个词语还是比较被人关注的，而且主要是跟电商有关系，这两个理论的动态是紧密联系在一起的。这个图（PPT 部分略）和刘亭立指出的"国内价值链研究集中在概念性探讨"的结论是基本吻合的。

对英文文献的分析，我继续深入做了"旅游价值链"英文文献的共引作者网络图，分析那 59 篇文献里面，他们引用的作者有多少是同时出现的，同时出现的热度有多高。结果得出，很明显引用率最高的是 Michael Porter 的，有 16 次，其次是 Gary Gereffi 的，也不差，有 11 次，Michael Clancy 有 9 次，Ashley 有 8 次，John Humphrey 有 7 次，而 OECD（经济合作与发展组织）写了很多报告，所以它也有 7 次。在这个网络里面，Michael Porter 是核心，而且一直都有很多人在引用他；Gary Gereffi 有被引用到，但这些研究旅游的人没有真正用它，或者是不给予正式的关注；Michael Porter 与 Sinclair、Clancy 和 Humphrey 等人之间没有关联，主要通过 Gary Gereffi 和 Stabell 的研究来建立关联。

如果再细一步来看，刚刚那个只是作者出现的频率，如果再看文献出现的频率，就是你具体引到那篇文献，这时就发现有问题了，或者说是发现了一个很有意思的点。很明显，每篇文章的热度都没有刚刚那些作者出现的那么高，可以解释的就是，一个作者可能发表多篇文章，有几篇被人引用了，所以他热度比较高。这里我是从单篇文章来看，发现 Michael Porter 只有 1 篇文章入选，也就是他 1985 年发表的那篇，除此之外就没了。但是 Gary Gereffi 有 3 篇文章在这里面，分别是 1994 年、1999 年、2005 年发表的，可以说他才是这个领域里面的主心骨。所以，Michael Porter（1985）的关于竞争优势的研究近似于起点，是被所有学者最为认可的研究。但是事实上，竞争优势、竞争力等变量并没有成为价值链研究的核心。对这个研究领域起决定性影响的是 Gary Gereffi 和 Glancy 等人的研究。

我在这个基础上整体进行了一个 critique（评述），总体上研究的进展跟这两篇文章的评述和判断是相吻合的。旅游价值链研究是当前较为新颖、未成体系、未形成学科共识的研究领域，具有较好的理论探索意义，因为许多问题还没有解决。但是问题在于，刘亭立的倡议里面，提出旅游研究应该做什么，第一点就是提出来说旅游应该研究竞争、企业的竞合关系，变得很政策化，这对价值链的研究核心的判断是有误的。价值链研究从 Michael Porter 到 Gary Gereffi 到现在，主流的学者并不认为价值链应该研究竞争，就算 Michael Porter 也是研究竞争力，而不是研究市场均衡，这是两回事；还有他提出研究"旅游价值链的内在统一性"、"旅游价值链的稳定并动态优化"等说法是比较空洞的，不知所指。宋海岩老师 2013 年发表的那篇文章做得较为不错，他不仅解释了为什么旅游价值链会集中在所发现的 5 个研究领域，而且针对旅游活动和产业特性本身,指出了旅游研究价值链的研究难点。在这个基础上,宋老师提出了旅游研究的一个范式,也就是 SCP(Structure – Conduct – Performance)的范式,这个是很有价值而且很应该做的事情。我就在此吹毛求疵地提出两点意见,或者说觉得宋老师应该去做的,一是这个理论有突破但没有交代来龙去脉,就是为什么要用这个 SCP 范式来做旅游价值链研究;二是理论逻辑里面有问题,从"结构"到"策略"那里的推导,宋老师没有说,而是直接就说在这个框架之下他要研究什么议题,所以我觉得这两点是需要修正的。另外,我觉得有两个问题是没有解决的。第一,没有解释为什么 SCP 范式适用于旅游行业,因为 SCP 的逻辑是市场结构决定竞争战略,但是作者在此之前已经阐释了旅游产品不遵循制造业的市场逻辑,这一点需要澄清;第二,作者框架中的结构包括管制环境和管制结构,这里是用错了,实际涉及的应该是管制的 mechanism,是管制的机制而不是结构。这个提法来源于 John Humphrey 和 Schmitz 在 2002 年写的一篇文章。他们提出来价值链管制应该分四种,就是这四个类型。而且事实上,在 2005 年的时候,Gereffi 提出了一个更严谨的五分法,更为成熟,也更具有理论逻辑,它从理论推导上证明了有这五类,而之前的都是根据经验、总结得来的。所以说,如果要用管制结构的话,为什么不采用这个更加全面和严谨的版本?这个需要解释。这就是我提出来的两点质疑。

下面我们回顾一下整个 SCP 范式。这个范式就是结构—行为—绩效范式,最开始是由经济学家 Edward Chamberlin 和 Joan Robinson 提出来的,SCP 在提出来之后被很多人批判过而且修正过。最大的反对流派是 RBV(Resource – based View)学派,它们提出要以企业为分析单元,强调要关注企业自身占有的资源,认为资源越是不可复制的,企业就越有竞争力;另外还需要关注的是企业家的能力,这也是一个重要的变量,因为有资源不一定行,需要企业家有能力运用这个资源才能够成功。这个批判的起点在于 SCP 讲的是一个企业面对外部的条件而做出 reaction(反应),而基本上不提企业内部有什么问题。而 RBV 就认为以后要关注企业内部,因为这个更重要。RBV 的理论是有依据的,一个是创新理论,就是认为企业家如果有创新,他就可以推动他的<u>企业</u>一直往外发展;另一个是从 Williamson 的理论包括交易成本里面提出来的信息不对称出发,有能力的企业家能够从这不对称的市场信息中发现机会。所以 RBV 认为,我们的分析视角应该换到这个角度,所以 SCP 那套东西需要更新了。

现在看来,我就觉得我比较能理解 Michael Porter 为什么提出五力模型,实际上他的理论就是将 SCP 和 RBV 这两套东西结合起来之后的一个结果,没有太多新的东西,或者说没有超出这两个流派提出来的理论,其中的竞争对手、市场结构,这是 SCP 的东西;而替代品、市场准入,则是 RBV 的东西。Michael Porter 就是综合这两者之后,提出了他的五力模型,提出来 value chain。但是呢,提出了五力模型之后,Michael Porter 没有再在 value chain 这个东西上做文章,他的关注点还是在竞争力上。然后呢,可能因为这个五力模型太好卖了,他可能就没有动力去开发一个新的东西,他就把这个竞争模型不停地深化,不停地往前 sell,从国家 sell 到企业,再去做产业集群。产业集群这个概念也是他提出来的,现在是很红火了。做完产业集群他就去做 region(区域),去研究区域的竞争力是怎么来的。从 1985 年到 2003 年左右,他基本上都是在做这样的事情。他最新发表的文章,是发表在 *Harvard Business Review* 上面的一篇文章,重新修改了这个五力模型,基本的判断就是他关注的还是这些东西,没有后续再接棒。所以我认为主要的重大推动,还是来自于 Gary Gereffi 和 John Humphrey 等人共同提出并完善的 global value chain(全球价值链理论)。

在这个讨论基础之上,留给我们的问题就是,这样的基于制造业提炼出来的商品模型,能否用到旅游业当中?如果要用,需要做哪些修正,变量修正还是逻辑修正?关于这个我是觉得宋海岩老师和 Clancy 他们的文章都只回答了一半,他们认为要用,但是不能全部用;要修改,但是都没有说怎么修改。所以,这个就是我基本的判断。那么在后续工作中首先要搞清楚的就是,我们开展旅游研究,究竟有哪些东西是导致这些理论不能直接套用的。

## 主题讨论

**徐红罡**:我觉得前面你通过用一种方法,可以指出前两个 review(综述)出现的研究方法上面有一些问题,导致了他们的结论缺了你说的那几点结论。但是缺的那几点是很有意思的,因为它显示出在理论上面有一些偏差。你后面的工作可能只能够从某一类你限定得非常非常小的领域开始探究。但是也很可能有意义,特别是在中国,在这个讨论之下,以资源为主的景区是最重要的,或者也是价值链,旅游的价值链是非常复杂的。那么你可以先限定这个来讨论一下。

**孙九霞：** 我跟徐老师的看法一致，刘逸前面讲得特别好，有一些年轻的同事可以听到他对每一个理论的解剖特别地细致，他怎么样来推导，并且在前面的讲述过程中，他自己的思维特别清楚。但最后在落地的时候，太难了，我都觉得他这里面有很多解释可能也有些偏。太复杂了，因为他复杂到你都不能给他一些东西……

**刘　逸：** 宋海岩的说法是价值消费体验无法事先预测，也就是期望不能事先预定，我一定要去到那消费体验，只有我感受到了，我才知道……

**孙九霞：** 那也不一定，因为消费者做决策的时候，他已经给自己设定期望值了。但是，真正的体验跟他的动机之间，或者跟他的期望值之间是否一致需要去体验了才能验证。它的产品的更新，其实现在都有很多种，只不过它的更新不是直接对吸引物进行改造，它通过营销都可以实现产品更新。

**刘　逸：** 对，它不是一个产品，它是一套产品。

**孙九霞：** 所以有人就专门探讨外部的因素，或者内部的因素加外部的因素，他可能就是考虑到那个因素。因为制造业的产品是客观的，虽然很复杂，但它是客观的，而旅游恰恰不是一个客观的东西，它的边界都是不清晰的。

**刘　逸：** Gereffi 他们那拨学者已经开始做旅游研究了，但是只谈旅游产业升级。就是研究一个目的地经过旅游之后会发生什么经济产业上的升级，是很简单的研究。例如我原先只是街边的小贩，然后发展到开一家餐馆，再到开一家旅馆，这些代表学者就认为这个过程是产业升级。这块他们已经说完了，而且挺简单，我就没有必要再重复他们的观点。但是很明显他也做不出来，所以我看谁能够先想明白这个问题。

**王彩萍：** 我觉得，或者我们做数学模型的构建时可以参考他们的一些模型，不要一下子把别人的东西全部否定，你可以一个个地假设来进行放松。再就是，你在做模型的时候，肯定是要假设的，要不然别人拿实际的问题，比如我们刚才提的问题，都是拿实际的例子来挑战你的观点，很容易来挑战你的。所以，你做了假设之后，要假设这些条件是处于怎么样完美的一个状况，然后其他条件下会怎么样。这样子别人就没法反驳了。

**刘　逸：** 是，反正就把议题全部都弄出来，有这么多，然后就慢慢来，看能做些什么呢。

**张骁鸣**：我们刚才在讨论，如果你要有操作性的话，比如以一个自然景区为例，面对这样的一个资源形态，这两个理论讨论的层面前提就把我们自己看到的现象捏得很死了，因为我们就只考虑到产品本身的东西，我只可以去说跟它有关的事情，因为它是我们可以想象得到的。但是，这样实际上就跟你前面探讨的理论基础没有关系了，这不是企业，又不是行业，更跟国家或者是区域没有什么关系。

**刘　逸**：而且这只是旅游行业里面的一小块，还不是整个的……

**张骁鸣**：那倒提醒了我，另外一个想法可不可以是，如果你未来十年之后真正有创新，是你自己提出了一个新的范畴，它不是行业、企业、国家的层面，它可能是你糅合了很多东西之后所提出来的一个新范畴。就像科斯他提出交易成本一样，以前我们就关心企业，或者是关心市场，但后来他说这两个实质上是一样的，我们用交易成本就可以把它们全部归结成一个统一的现象，能不能这样子？但这可能是十年之后的事儿了，这个会是真正的贡献。

**徐红罡**：十年之后，二十年之后，能够提出一个新范畴……

**孙九霞**：既可以说不是，也可以说既是行业又是企业，它应该都是，对旅游来说都是。

**张骁鸣**：就是一个新范畴出来之后，它能够把我们之前讨论的东西都糅合进去，我觉得这个新范畴会是最好的贡献，但研究这个确实要挺长时间。

**刘　逸**：我一直在想，旅游里面能不能拎出一到两个与众不同的变量……

**张骁鸣**：对，因为现在太复杂了，我们每次都是为了实现操作性，包括博士论文里面开题也是，我们最后都说你没办法做，你只有到一个操作性的层面才能很清晰地探讨，我们才能听得懂，然后才不会去质疑你。但是真正的贡献，我想可能是能够去融合，才有真的发现。

**孙九霞**：这个倒是，刘逸给大家一个启发就是不要什么理论都拿来直接用，你要把人家的诠释先搞清楚了，你才知道能不能用。你反正目前是往后用，虽然不好用，但至少你知道不会误用。

# 旅游与社会[①]

- 原真性与标准化悖论：从标准化到符号化的情境演化
- 食物的全球化与地方化：游客乐意买单？

---

[①] 本节讨论由翁时秀博士主持，刘俊博士第一个发言，题目是《从空间到空间生产：旅游地理视角下滨海旅游研究路径的探索》。因技术原因，未能搜集到翁博士的开场白和刘博士的发言与讨论的录音，在此向两位博士和各位读者深表歉意！

## 原真性与标准化悖论：从标准化到符号化的情境演化

曾国军

（中山大学旅游学院）

各位同行，上午好。刚刚刘老师说他在地理学方面找不着道了，那我作为一个外行来这里找一点线索。我从本科到博士阶段都是做管理学的研究。然后在旅游学院工作了五六年之后，我才开始做一点点地理学方面的研究。大概是在一两个月之前，骁鸣老师跟我打电话，要我来讲讲最近这几年的研究。于是，我梳理了一下近年来发表的一些论文，还有两篇是正在写，还没有完成，我把这些论文整理成了一个框架。整理出这样的一个框架，目的是什么呢？是为了研究在餐饮服务业的框架里，基于这样的产业、企业进行跨地方生产的过程中，我们应该怎样处理它本身的原真性和标准化扩张的问题。等会儿我会讲到这样的一个背景，同时，我还想讲一个基本分析视角的转换过程与每个研究者的自由度的关系问题。

首先看这个问题。在人口迁移、社会流动的背景下，消费者对个性是很有追求的，就是每个人都要追求个性。伴随这种中产阶级的崛起，这一部分群体特别在乎与众不同，就是：一方面，他们作为一般化的个体或者一个群体，不要求做得很出格；另一方面，他们又要求自己跟其他人是不一样的。

从生产者的角度来看，生产者会很困惑，因为一方面他要满足消费的成本、价格要求，即价格不能过高；另一方面，他还要满足个性化的需求。我们知道，在低成本和差异化之间存在着矛盾，而且它是一个不可调和的矛盾。于是就出现了服务研究者或者说战略研究者在这个领域里要解决的一个问题，即如何解决或协调低成本和差异化之间的冲突。为了解决低成本与差异化之间的矛盾，我们借用了服务运营里的"大规模定制化生产"的概念，把它嫁接到饮食文化生产里面来，试图去讨论生产者如何动态调整以响应消费者的情境。至于方法，我刚刚说了，是一个多案例的，其实是五六篇论文的整合。这个案例主要是一个餐厅的案例,另外,我也做了一些边角余料的东西,包括酒店设计、医疗旅游和教育服务。我有一些同学、朋友在沿着这个框架做,我甚至还看到一些外国人沿着这个框架在研究一些很有意思的问题。我的研究视角包括生产者和消费者两个视角,就是我们既关心消费者的需求,也关心生产者如何去满足他们的需求。有时候,一篇文章会基于消费者的视角展开,而有时候,我们会把两个方面结合起来讨论。从研究者的立场来讲,这个视角跟前面的视角是不一样的,研究者的立场就是指研究者为谁说话。事实上,每一个研究都有一个潜台词,我是为谁讲话的。例如,孙九霞老师的研究经常讲社区,她可能是为老百姓讲话的;而我们这种研究则是为资本家讲话的。就是说,我们站在市场的角度,思考如何去满足消费者的需求。最终的目标是为了更好地实现生产者的利益。

在原真性和标准化之间存在着一对矛盾,早期的文献说这对矛盾是不可调和的,即使在波特的战略管理里面,他也说,低成本和差异化就是一对矛盾,没有调和的可能。事实上,有文献认为,原真性就是可能有高满意度的,标准化就是低满意度的,原真性就是高成本的,标准化就是低成本的。是不是这样的呢?我们在一个前期研究里发现了一种组合,这种组合试图协调原真性和标准化之间的矛盾,存在着四种不同的战略类型,它可以解决原真性和标准化的矛盾。我们在市场中可以找到一个案例,既具备原真性也具备标准化特征的产品,我当时找的一个案例就是"小肥羊"。一方面,"小肥羊"宣称它是原真的,是从内蒙古来的产品;而另外一方面,它又是标准化生产的,它的配料、生产过程都是标准化,都是集中控制的。这就是第一种类型——战略类型。第二种类型指的是有一个高度标准化的产品,但是它丧失了原真性,比如说"真功夫"。"真功夫"是一个什么样的产品呢?它宣称它是广东人做的菜,是从广东菜改造出来的产品,它是以蒸为主的,保持食物的原汁原味。可是没有一个广东人会认为它是典型的或者说地道的广东菜。所以,它丧失了原真性,保持了标准化,这也是可以成功的。第三种类型是,有一些餐厅保持了高度的原真性,或者说与地方文化高度结合,但是它没有标准化的问题,这种餐厅也可能存在。在丽江有一家名为"千里走单骑"的餐厅,它既有餐厅,也有住宿,还有酒吧。这种产品的每一个餐厅都不一样,每一个装修都不一样,可是每一个产品都做得很好。最后一种类型是既不原真也不标准的产品,这种类型其实有很多。在中山大学小北门的市场,有很多湖南菜,市场非常好,可是它既不原真也不标准。在海南的海滩上面，同样存在着这样的产品，大量的很不地道的产品，可是它的市场依然非常好。为什么这种产品可以在市场上生存？总之，在这个框架里面，我们可以找到四种不同的战略类型，它们都可以生存。所以说，我们把原来的这样一组对立的矛盾调和开来了，在生产者这个角度把它们理出来了。

基于这个框架，我们早期的研究找的是如"小肥羊"、"真功夫"的案例。"东方既白"有没有谁去吃过？（听众：吃过。）它跟"小肥羊"有什么差别吗？看起来很接近，可是东方既白是跟肯德基一个公司的。所以，这种产品被标准化之后，已经失去了它文化本底的特质。只要消费者能够接受这样一个标准化的产品，只要能够降低成本、提高销售，它就能够在市场上生存。再举一个"阿强酸菜鱼"的例子，这是我早期的一项研究，原来在我们中山大学小北门有一个名为"阿强酸菜鱼"的餐馆，现在发现没有了。但是在前几天，有一个高中同学请我吃饭，他说我请你去吃"阿强酸菜鱼"吧。我听了心里一凉，认为"阿强酸菜鱼"，既不原真也不标准。我到那个地方的时候才发现，该餐厅已经被改造一新，这个产品已经升级了。从这个例子看，说不定它早期就处在一个发展的过程之中。

展示这样一个框架有什么作用呢？它构建了一个全新的关于饮食文化生产的战略分析框架。那么，我们说现在的餐厅，包括其他行业的产品，可能是介于这四个类型之间的一种模糊的状态。至于为什么有一些产品既不原真也不标准但它能够生存？原因是它满足了特定群体的需求。比如中山大学小北门的市场，每个大学周边都有一条这样的街道，那它们为什么会存在？是因为学生群体既需要量大、丰富、肉多的产品，又要求价格便宜。所有的这种产品都是响应这样的市场需求。所以，从这个框架来看，我们原真性对于消费者来说，有时候是不重要的。从这个角度，我们要提出的第一个情境变化就是原真性发展到了一个"标准化的原真"，标准化的原真有可能是很重要的。

下面阐述一个关于酒店设计领域的应用。我们看一些例子，例如"7 天"是标准化的酒店，"十字水"是原真性的酒店，其实现在回想起来，这个例子也不太好。原真性设计的产品，可以找北京长城脚下的公社，这是潘石屹做的一个产品，可能更典型。其实这个产品现在的市场也是很糟糕的，其市场追随者是很小的一个群体。那我在这里讲到的一些例子是什么呢？这些例子符合我们设计的框架，并不一定就会有好的市场，比方说原真性很高的产品不一定会有好的市场，关键是要抓住市场和产品的对应性，这就是原真标准化的产品。兼具传统和现代设计融合的产品，例如我们中山大学北门旁边那个"7天"，据说入住率可以达到90%。这就是我所说的从原真性跑到标准化的研究，接下来我们就沿着这样的套路，在每个框架里面找案例，逐个去挖掘。

  我们第一个要找的案例，就是标准化的原真。第一个情境变化是从当地经营到跨地方。我们刚才讲到的很多产品都是在本地经营的，但事实上，面临跨地方经营的时候，这个产品可能会发生变化。"九毛九"应该很多人都去过，很多在广东的北方人会觉得"九毛九"是一个不错的产品。可是这样的产品最让顾客满意的一个地方是什么呢？每次来了外国学者，我都会带他去看一看"九毛九"。我昨天请一个外国合作者去看，他很开心，说他最喜欢坐在前面看那个人表演刀削面、一根面、手撑面等。这种产品，看上去是很真，但事实上我们去内部调查时发现，它的生产者，比如它的厨师、企业雇主甚至它的服务员，很少是来自于山西的。"九毛九"这个名字的原意是讲山西人的节约和精明，就是一块钱的东西要讲成九毛九的价格，就叫"九毛九"。事实上，它表征的是一些山西的文化符号，它把所有的产品都给标准化了，把它的生产过程也标准化了，他们说厨师的动作是要规范化的，所以它很受顾客的欢迎。它的东西卖得其实不便宜，一碗面要100块钱，就是现场给你做的那种面，那一碗面要100块钱！我带着研究生去吃饭的时候，4个人总共吃掉了500块钱的面！很贵的。但是，如果你要吃便宜的，也有二三十块钱一碗的，因为我们当时说要找一些能代表他们山西风味的产品才点价格高的面。所以，这样的产品，它是怎么样的一个代表呢？我们通过一个对标准化的研究，发现了原真标准化这种现象的存在。但是，可能做社会学的人不这么认为，他可能觉得这个词很怪，原真还能被标准化？这里可能存在学科差异。

  那这种原真是什么呢？它是在跨地方过程里面的一个表征，就是它把原真的要素标准化了，然后拿出来给我们看。那这种原真性的体验感知跟什么有关系呢？跟顾客群体有关系。然而，如果山西人跑到那儿去，他也许会觉得不太原真，他会说我们家不是这么做的。不过，我们去调查的时候发现，山西人会说这里有一种家的感觉，这就有一种文化的空间在里面了。但是，如果广东人或者湖南人跑到那里，本来就不太懂面的，就会觉得"哎哟！好地道的面，可以这么做那么做，有几十种做法"，这就是另外一种感觉。所以，不同的顾客群体对原真性有不同的感知。生产者和消费者对原真性的感知也是有差异

第二节 旅游与社会

的。生产者认为是原真的产品，消费者并不一定觉得好；消费者认为是好的产品，生产者可能觉得没有太大必要去做。

全球化的过程，也就是移民的过程，可能会带来饮食习惯、饮食文化的一种改变，它是文化互动、文化生产的一个结果。这是基于消费群体的原真性，不同的群体会有不同的感觉，文化来源地的顾客、移民的顾客、居民顾客，会有不同的感觉。

接下来我们要讨论的问题是，当一个产品跨地方扩张了以后，在扩张的过程中，产品可以面向本地顾客，也可以面向文化源地的顾客。就是说还有一种情况，即如果这个跨地方生产过程中它面向的顾客群体主要是文化源地的顾客的话，文化生产会把原来的标准化的原真简化为符号。比如说在广州的湖南菜馆，很多来湖南菜馆吃饭的人都是湖南人，那一定会看到一些湖南的文化符号，比方说看到毛主席的画像，看到一些跟辣椒有关的东西，也会用一些湖南的菜品来装饰。这种表达方式，就是从我们刚刚所说的集团化的产品在这个跨地方的过程中产生的，它存在着一个从标准化原真到符号化原真过渡的阶段。还有别的情况，我把这样两张图拿出来说（PPT 内容略）。第一个是红烧肉，这个是腊肉，这是红菜。我讲讲红菜这个产品，红菜早期在广州是没有的，或者至少是很少见到的。这种产品产于湖南，早期是要靠运过来的，以前如果你从湖南跑过来说我要吃红菜，那是没有的。这个餐厅的老板为了表征他的餐厅的原真性，特地从湖南运过来这个东西。现在我看到很多湖南餐厅都会提供这种产品。那下面这些产品，比方说螃蟹，被改成湖南做法，这个产品本来不是湖南的产品，它是把广东的食材湖南化了。可是这些产品很有意思，比方说剁椒鱼头。在我老家的那些人，包括我也问了其他一些湖南人，他们都不太吃剁椒鱼头，其实剁椒鱼头不是一个很典型的湖南菜，这是我们湖南人的观点。可是当它到达这里，就成了湖南菜馆的一个标志。你问所有的人，比方说在做访谈的时候，我们去问顾客，问他觉得湖南菜的典型代表是什么，他一定会提剁椒鱼头。这就是被符号化的一个产品。通过一个符号来表征它是这样一个菜系的产品，就是我们所说的符号化的原真。那什么样的产品可以成为符号呢？首先，要易于理解，容易记。其次，要在各种感官方面有很大冲突，比方说这个剁椒鱼头就有很大的冲突，鱼跟那么多的剁椒放在一起，看起来很刺激。最后，要容易生产，剁椒鱼头最容易生产，自己在家都可以做。所以，剁椒鱼头是一个符号化的产品。那这种符号化产品的作用是什么呢？它是对文化商品化的一个微观延展，挑战了全球同质化的观点，导致一些新的产品的出现。全球化在抹杀地方性的同时又会创造地方性，也就是会凸显地方性。符号化的原真性可以使其具备可持续的竞争优势。

接下来，我们来看另外一种情境。我们刚刚讲到的是企业的跨地方扩张，那如果母体不清楚（刚刚我们讲的母体是清楚的嘛），我们去吃的时候，就又会发现很有意思的现象。我们全学院的老师都去过那个叫"西贝西北菜"的餐厅。实际上，在我们中国的菜系里面，并没有一个叫西北菜的菜系。可是到了广州，我们去吃西北菜都吃得很开心，都会觉得那是一个很地道的产品。这种文化、这种原真是怎么来的呢？它就是一种被重塑的、被生产者创造出来的原真。那我们再看，冰糖葫芦是哪里来的呢？它是西北的吗？我们一般认为它是北京的一个文化符号。这是哪里来的（PPT内容略）？这是东北的一个文化符号，这种标志一般东北菜馆都会有。这个可能有点像西北文化的代表，是不是？所有的这些都是一个杂糅的过程，生产者把这些文化符号杂糅进来，形成了一个面向完全的外来文化主体的新产品。广东人买账了，它开了好几家分店，每家分店的生意都非常好。它是不是西北菜，我们不得而知，但是它就叫自己西北菜，它是一种全新的或者说是杂糅的菜式，原真性被生产者所建构了。

我们最后看看这个框架。消费者情境变化了，原真性随之改变。当地经营的时候，我们需要的是原真性；当餐饮形成一个饮食集团的时候，就会变成标准化的原真；当这个饮食集团跨地方扩展的时候，那么顾客需要的是符号化的原真；当产品完全面向外来文化主体的时候，可以是一种重塑的原真性。好的，我讲的就是这些，谢谢大家！

## 主题讨论

**翁时秀**：感谢曾国军老师，时间控制得非常好。那接下来我们就开始讨论。

**王四海**：曾老师，我有一个问题。说到原真性的时候，您说当地人跟外地人对原真性的感知不一样，是吧？（曾国军：嗯。）可不可以这样理解，就是

## 第二节 旅游与社会

说当地人感知原真性时,它是更细化的一种感觉,他可能更受他当时生活的那一片区域的影响;而外地人对此是一个总体感知,比如说对于山西,他就把整个山西的特征感知到一块了。而如果是来自山西的一个人,他可能只是局限在某一个县城甚至是一个乡的这么一个特征,是不是有这么一个……

**曾国军**:你的意思是说,比方说在广东的山西人……

**王四海**:对。

**曾国军**:有可能他只知道他在那个乡村里面的……

**王四海**:他可能主要受那个影响,不能说只知道。

**曾国军**:肯定是有这种影响的,也就是说会受他的生活环境、他所了解的东西的影响。比方说,我是湖南人,我来自岳阳,那么我与来自邵阳的人的生活习惯就不一样。

**王四海**:对,对。

**曾国军**:但是这种对原真性的感受,比方说对湖南菜的感受,我们应该还是有共性的。在这种跨地方的过程里面,我们考虑更多的是需要把这种共性给囊括进来。比方说,我们去吃德国菜,可能你同时会想到咸猪手,想到什么其他产品。在一个跨地方的过程里,我们更多的应该是把原来的整体给包括进来。

**季明洁**:您好!我想问的是,现在市场上存在一些 theme restaurant(主题餐厅),那您觉得 theme restaurant 在您这个框架当中,应该放在什么位置?

**曾国军**:分情况。谢谢你的问题,这个很好,是很有意思的问题。其实我有一个学生也在讨论这个问题——主题餐厅。比如说,广州有一个叫"马桶餐厅"的餐厅,我没去过,我觉得那个名字挺怪的。但是这个餐厅,你说它是哪一种呢?它是一种被创造出来的原真,就是我所讲到的最后这种。原来并没有它的文化母体,对不对?可是,如果你觉得它很地道的话,它是一种凭空而来的产品。再有,比如说,广州有一家餐厅,是讲早期老广州珠江文化的餐厅。这个餐厅经营得不太好,但是呢,它很原真。它把所有的老照片放上去,甚至它的一些服务员也是老广州人,甚至有不会讲普通话的七八十岁的老奶奶也在那里坐着,做一些讲解,以此来表达它是一个很原真性的餐厅。我觉得这种产品是跟地方文化高度接合的。主题餐厅有很多的类型。

**李　军：** 曾老师，我有两个讨论的意见，可以和你商榷。以前我听你讲原真性，听过一次，记得是关于一个基金的，我有一点印象，当时申报国家基金的时候你做了一个汇报。但是，我今天听了才明白你要讲的是这个框架。其实，我感觉这里面存在一个概念的问题，或者叫定义吧，你把它消解掉了，你把它的概念，把这种原真和标准的争辩给消解掉了。其实，我个人觉得它其实就是一个叫"唯名论"的争议。以前有一个很有名的争议叫"白马非马"，就是中国古代有一个叫公孙龙的名家提出"白马非马"。即如果在前面加了定语，它就已经不再是这种东西了，它是一种共相。他说，"马"是一种共相，加了"白"字的就已经不是"马"了。所以，你说的标准性的原真，拒绝了这种原真性概念，它就是一个普通的唯名论。所以，我个人的想法是，如果你要把这个概念说清楚的话，就必须从它的定义着手，就是先研究原真性是什么。其实它的定义现在是不清楚的。它其实是个心理概念。所以，你从什么视角进入，就是要面临的一个焦点。另外，我觉得如果从我个人从事的学科上讲，像从经济学来讲的话，争论的焦点是成本和生产量的概念。标准化不就是大规模生产嘛；原真的东西，它就只能是少量的，价格一定是很高的，越原真它就越容易提到很高的价格。拿你刚才举的那个例子来说，那一碗面可以卖100块钱，为什么可以卖100块钱？就是它把服务费用嵌套到里面去了，对不对？厨师就单独为你一个人做面条。学校里的食堂也一样啊，那些小炒的窗口都是要贵一点的，大碗的、大盆的鸡肉一定是便宜一点的。这些情况到处都有，随时随地都在的，它其实就是成本控制和产量关系的一个内在的演变，这种它不能说明什么叫原真。所以你讲的这个，我认为只是生产创造需求，人们都不知道自己要什么，因为那个概念都不清，什么叫原真，谁知道啊？人们没有这个概念。就像法国的一个经济学家萨伊讲的一句话，其实人们都不知道自己需要什么，是生产创造了需求。所以你讲的这个框架，我认为是生产创造了需求。

**孙九霞：** 我还是要说一下，虽然我觉得我今天说得有点多，但是我还是有点忍不住。因为我相信在座的所有学旅游的人，都看过关于原真性的文献，应该是所有的人都看过的。但是，我觉得大部分的人认为的原真性应该不是你说的这种原真性。因为，曾老师这几年一直在探讨这个问题，就是说学术的开放性要到达一个什么样的尺度呢，大家可能也可以讨论。但我始终觉得，你好像是太执着了。虽然文章是可以发，但我老觉得我没懂这个问题。比如说，我把你说的原真性用一些词替换掉，因为标准化对应的词不是原真性，是吧？它应该是个性化、参与化？跟标准化对应的那个词，它不应该是那个极端上的那个术语。那这个原真性到底在哪里呢？所以，我还是不知道你说的原真性是什么。比如说，你能不能用地方特色这个词？是不是带地方特色的你就觉得有点原真性，地方风味的、地方特色的，刚才你用的词比如正宗啊、地道啊，那正宗和地道是原真性吗？可能不是这个意思。我刚才一直在想你这个术语，比如"标准化的原真性"，其实在某种程度上你想说的就是这个文化，比如说饮食文化的一个标准化，或者叫作文化的符号化。饮食文化，它被符号化了，抽取出一些东西来被表现了，但你不能说是原真性被表现了。原真性本身就是文化的一种表现形态，你不能将这两个概念这样进行循环表述的。我觉得可能真的是有点……

**曾国军**：幸好这篇文章没送到孙老师手上去。

**孙九霞**：不是，它是这样的。大家可能对一些新的概念或者新的解读都很感兴趣。我和曾老师是同事，我上次也是告诉他，我说你那个原真性能不能用地方特色或者用什么东西来代替掉啊，你非要用那个吗。其实不用那个就能说清的问题为什么非要用它呢？我其实觉得这还是有点执着。今天嘛，大家也不要有什么压力，有什么不解的，就是在这里……

**刘赵平**：刚刚曾老师说曾做过战略管理的研究，我以前也做战略管理。我就说，你要从那个应用性或者实用性的角度来讲，我是从启发的角度来想的。其实从他讲的过程当中我就发现，比如我们那个"A+"Journal 就是一个非常好的东西。它就说，把一些西方人对整个最感兴趣的东西，比如说中国餐饮这个很有趣的东西，用了西方的一个语言体系来表述，比如说这个 authenticity（原真性），我想它可能就是"地道"什么之类的。但是，我反而从好的方面来解读，就是说如果你从实用主义的角度、未来在西方发好的文章的角度来讲，它具备了非常好的一个模型。比如说，你找一个中国特别有趣的、西方人对中国特别感兴趣的一个题材，然后用西方的语言体系和研究方法，包括后面你用的那个可能是结构方程模型做的一个展示，这种用西方人的一套习惯说问题的方法或者语言体系来讲一个中国的有趣的事情，我觉得这样的东西是非常受所谓好的 Journal、好的刊物欢迎的。

**孙九霞**：我也是说说，不影响发表文章……

**刘赵平**：当然，如果从研究的角度来看，肯定也有很多东西是有价值的。我只是从形式上提出了里面的几个因素，就是从这个角度，我从这里面学到了一些东西。

**李　鹏**：我觉得，曾老师的题目非常好地给我们提供了一个"论"的场域。碰到这么一个题目时，我知道曾老师在做一个尝试。因为我们都知道旅游学科有着跨学科的这样一种性质，但在跨学科的过程当中，我们很多人都很困惑，觉得好像创新的理论都不是来自于跨学科，而实际上来自于原来的比如说人类学、社会学、地理学或者管理学领域，好像都比不过这些传统学科的优势，展现不出来旅游综合的特性。但一旦你将它们交叉了之后，就会出现像孙老师今天讲的，在这个过程中有很多东西会打架。比如说，人类学家会觉得，原真性的这个概念造成模糊了，用了好像不太地道；然后接着经济学家会有问题，觉得你不应该这样去讲，你这个想法是错的。其实现在很多人尝试在做创新，但难度和风险是极大的。这就让我们去思考另外一个问题，我们每一个研究旅游的学者，到底需不需要创新？到底怎么去创新？大家都面临着这个困境。另外，这个创新到底是基于学科的背景去创新，还是只是把每个学科的东西拿来揉在一起然后去创新，这种创新到底能不能够产生靠得住的知识？所以说，这种跨学科本身是有意义的，可能是解决我们困境的一条道路，但这条道路我个人觉得非常非常困难。我也是毕业好几年，一直在感到困惑。如果让我自己选择的话，我觉得还不如回到自己学科的本位，把旅游的东西讲清楚，在我的学科里面，去改变我的学科对这样一个旅游现象的认识。

**曾国军**：昨天我在路上也跟李军老师说，我是借用一些地理的思维或者方法，来解释我做成的一个战略分析的框架，每个学者都会有自己的学科立场，的确应该这样。

**罗秋菊**：各位，我来讲一下？各位同行，曾老师是纯粹研究管理学的，我这是第三次听他的演讲了。因为我上次跟他去 University of Queensland（澳大利亚昆士兰大学），他也做了这个演讲，当时老外对它非常感兴趣。刚才刘老师说了，它可能是解读中国文化的一个非常好的载体。我觉得，可能有时候我们要撇开纯学科的观念，因为其实原真性也不一定对应的是标准化；如果像我们事件研究里面的原真性，可能更多的是说舞台化。不同的学科对它的理解也是不一样的。我觉得可能有时候，比如说这种框架，它把战略的、定性的、定量的因素都合到一起，如果能够对一件事情的解读有很好的启发，我觉得它应该就是要鼓励的。第一次听我也很不赞同，也对这个原真性很纠结，但这是我第三次听了，听完以后我觉得，不同学科的解读可以"混搭"，应该是值得鼓励的。

**翁时秀**：那讨论就到这里，不能再讨论下去了，不然我的执行力就要被严重怀疑了。那接下来就有请刘丹萍老师讲述食物的全球化与地方化。

# 食物的全球化与地方化：游客乐意买单？

刘丹萍

（华南理工大学经济与贸易学院）

因为我讲的是食物，我们马上也要吃中午饭了，那首先我就哗众取宠一下，我们讲讲"舌尖"上的事情。《舌尖上的中国》在播出之后反响很大，在第二季人们就开始对它进行一些"主义"方面的探讨了，说是有政治化的趋势。《舌尖上的中国》到国外播出后，很多人都喜欢看，因为它真实地体现了中国人吃饭的一些习惯，例如就是这样圆桌式坐在一起，大家一块儿吃，一双筷子夹菜给很多人。西方人对此可能不太理解。这又是中国人饮食里面很重要的一种符号吧，而至于那些阴阳之类的中国文化符号，在饮食里面也都看得到。

在座的同行中估计有人看到过 Taste Britain（《品味不列颠》），这是《舌尖上的中国》播出之后，英国人的一个恶搞、"自黑"，他们认为英国人自己的食物在国外都被看低，说英国人的食物是最粗糙的，英国人是最没文化的。那我们来看看这个短片，娱乐一下（视频播放）。这是两个英国小伙子制作的，参照了我们的《舌尖上的中国》（视频播放结束）。好，我们就放这么多。看了这个视频以后，网友都很开心，然后出现很多评论。大家可以看出来，它完全是仿照《舌尖上的中国》去拍摄的。网络上有很多的网友留言，说英国的食物就是土豆、土豆、土豆，他们对土豆是"真爱"。针对这样一个误解，他们英国人认为这是非常错误的，所以英国的驻华使馆就向本国网民征集反映真实情况的作品，之后就得到了这个恶搞作品。使馆就赶紧反馈，说我们帮大家好好挖掘一下英国常见的土豆，名字是各种各样的，你们可以看得到，有"爱德华国王"，有"夏洛特"，有"德西雷"，都是很"高大上"的，我们对土豆不是像你们理解的那么简单。其实在这个问题上，大家有一个所谓的刻板印象，简单、单调、粗鲁，网友说，至少他们不用每天绞尽脑汁去琢磨下一顿吃什么，反正就是土豆，对吧？第二个呢，土豆就是土豆，别那么费劲了，英国人不要折腾了。刚刚那个视频的主创叫 Stuart（斯图亚特），看到 BBC（英国广播公司）的一个反馈节目时说，他只是用夸张的手法取笑了中国人对英国菜的刻板印象，而实际上已经放大了中国人对英国美食的想象，言外之意是，他自己并不认为英国菜是这么简单的。

接下来我们说说"舌头"。据医学的报告，说美国人的舌头可以分辨出 6 种不同的味道；中国人很厉害，可以分辨出 140 多种味道。那么，可以认为美国人的品尝能力就远低于中国人吗？这是我提出的问题。关于食物和旅游的关系，我已经研究了一段时间，有几项工作正在开展。我们看一看，在游客与旅游地的食物这个大主题下，首先被研究的就基本上是"美食"，美食又基本上对应弗洛伊德三个心理分析维度里面的一个，就是快乐原则，即口齿上的一种痛快、一种愉悦感。另外一个涉及刚才大家谈到的原真性，也就是体验。关于原真性的文章其实很多人都看过，我在涉足食物这一研究领域时最初看到的一篇文章就是王宁教授的那篇，其中提到：如果你是在从事美食旅游的话，那你的高分体验就跟食物有关而不太会跟其他的相关。我还做了一些文献回顾，发现有一位知名学者专门谈到了饮食里面的一个问题：在旅游者到旅游地旅游的时候，有时候饮食是 attraction（吸引力），有时候它就不是，反倒是阻碍。所以说，我们有些旅游地把食物作为一个吸引物的时候，其实存在着风险。就像这位知名学者的这篇文章里面提到的，他说，身体的参与和视觉带来的体验，与味道的品尝是截然相反的。他有一个比较重要的维度是所谓的熟悉和陌生。游客到一个陌生的地方，他体验到的就跟曾国军老师说的有点相关了，外来的、本土的山西人去吃"九毛九"，例如我先生就是陕西人，他就爱吃面食，然后他到那个山西的"九毛九"吃东西的时候，就觉得那不是原真的，因为他很熟悉北方的面食。他到了刚刚您提到的那个"西贝餐厅"，他说那也不是什么西北菜。所以，我刚才也不是很同意曾老师所说的，西北菜是个杂糅。其实我也是在西北长大的，在这种情况下，我觉得这个熟悉与陌生的维度会比较合适。我不太赞成用那个原真性和标准化，我个人是这样感觉的。那么，另外一个学者在 1993 年提到的一个观点就是，如果一个地方通过当地特色菜肴的方式来"顺道旅游"时——这里我翻译得不是特别好——很难研究到饮食者的真实心理。意思是说：我研究的是游客，但游客可能无法通过你所推销的有影响的美食、地方性食品来获得你希望他们获得的那些新体验。

第二类综述我做得比较泛，就是人类饮食的发展。人类饮食的发展跟刚才曾老师讲的又有一些相关性，比方说在农耕时代是地理决定烹饪，每个地方都是一方水土养一方人。比如我父母籍贯是湖南的，所以我从小就特别善于吃辣。后面所谓的工业化，是餐桌变餐盒，有点类似于曾老师讲的标准化。我本来想请教一下他，他说的那个标准化是不是跟我们讲的大生产是相关的。还有一个重要的事情就是我们的食物在变得越来越异域化，就像刚刚说的，我们在广州可以吃到东北菜，可以吃到湘菜，也可以吃到美国菜或者墨西哥菜。这些都是属于人类饮食发展的一个综述，我做了这些回顾之后的感觉就是，现代人回归了，有点怀旧，人们都爱说"妈妈的味道"、"祖母的味道"。

第三个提出来的就是所谓的"慢食主义"。这里也有大量文献，我最后得出来的结论是：如果我们研究饮食的话，有可能需要首先去研究人们的社会观念变化。可能很多人都说这是大白话、是废话，但是我觉得这个问题还是要好好琢磨一下，不能仅仅是围绕"吃"来做相关研究。

第四个，我就讲讲食物的全球化与地方化。这个我不敢多说，因为我的文献还收集得不是很丰富，不像前面的那几个方面。有一点我们是比较熟知的，就是麦当劳首当其冲，被认为是全球化的一个"罪人"，它导致了很多问题。曾经出现一个"麦胖报告"，那个作者自己做了一个实验，他在一个月的时间里天天三顿都吃麦当劳，然后测量自己增重了多少磅，大概就是这个意思。甚至还有一个"巨无霸指数"，意思是说在每个国家里面都有麦当劳，麦当劳里面的主打产品"巨无霸"，它卖多少钱跟那个地方的地方化和全球化的关系是密切的。从批评的角度，学术界就会把它归结到文化帝国主义。另外一个就是，我拜读了曾老师 2013 年在《地理科学》上发表的文章《全球化与地方性冲突背后的跨地方饮食文化生产》，他提出来四种状态。我个人觉得，他刚才讲的那篇文章比这篇发表了的文章会更好，虽然大家对他刚才介绍的那个批判比较多，我个人也不完全同意他的话，但是我觉得从很多方面，他那篇文章的框架比这篇已经发表的文章要好。这是我个人的感受。其实现在地方化与全球化在饮食研究方面的一个关键概念就是"全球在地经验（glocal experience）"，还有个说法就是"本土化"。有一位比较早期的学者提出了一个说法：全球化是一个非领土化的扩张。他认为，非领土化扩张不是一个线性的、单向的进程，而是和全球化本身一样，受到了相同的辩证的推力和拉力。

看过这么多的文献之后，其实我有些迷惑，但是反正我不急着升职称，那就简单地做一点自己感兴趣的东西。关于食物的全球化与地方化话题，其实我

## 第二节 旅游与社会

就从上面这几个方面做了些铺垫工作，也开始做一些具体研究，但还没有什么成型的东西。目前正在做的，一个是广式腊味的一个案例，然后有一个欧美游客在越南用餐的体验研究，另外一个是有穆斯林身份的食客的体验，今天来不及在这里全部展开。

我就简单地说说广式腊味的一个案例。不过在展开这个案例之前，我要补充说明一件很遗憾的事情，那就是我的PPT做得非常粗糙，因为它是昨天晚上熬夜做出来的。我前几天工作好忙，昨天晚上把女儿哄睡着之后，凌晨两三点起来开始在电脑前面搞这个东西，搞完已经到早上六七点了，休息了一小会儿，就来会场了，一直匆匆忙忙。看起来今天汇报的研究没什么理论框架，比之于曾国军老师的汇报，我就觉得很难堪。可是，我想到了一个问题，就是当我做了妈妈之后，对人性的一些本来需要就越来越感兴趣了。好像生活本身的状态使得我越来越返璞归真，我以前选题目、做研究可能受很多外部事物或者其他人的影响，可是最近越来越清楚地发现，我对自己怎么就没有一个想法？为什么想做些什么又不敢去做？后来，也许就是做了妈妈的这种生活状态激发了我，让我现在对人的情感、对 motion（动机）特别感兴趣。于是，我就看了很多关于情感的书，看了很多关于研究 body（身体）的东西，看得很杂、很乱。那么，我能不能把这个理性和情感放在全球化和地方化里面去看一看？这看起来很好笑，我今天说出来就是让大家该批就批的。然而，首先我有一个观点，就是人都是有情感的，情感和理性是人存在的一种方式，这一点应该没有人能否认。我现在40多岁了，一方面作为学者，理性应该是我的归宿，但另一方面，我开始特别真实地感受到自己的很多事情。其实我们看看学术界，从古希腊哲学的灵魂肉体对立，到近代笛卡尔的主客两分，理性的霸气一直占据了很巩固的地位，情感是不断地被贬低和疏远。可是我认为，情感跟社会规则这二者，如果社会规则可以被认为是理性社会的一种途径或一种方式的话，那么情感就是一种微调，它可以调整人和人之间的关系，也可以调解人和社会的关系，同时它有些时候也可能对宏观的社会制度产生比较大的影响。只不过，现在很多人不愿意去关注它，因为情感难以琢磨：我爱你？我恨你？……所以研究它的时候，操作性可能比较弱。我们举一个例子，如厌恶的表达。心理学家研究了厌恶这种情绪，他们认为一定程度上它缓和了人们的疏远，调解了双方的关系，阻止了自我和他者之间关系的崩溃，所以厌恶是不至于打到头破血流的：如果我厌恶，我可以避开。所以，这反倒是挺好的一种情感。国家层面,我们讲到政治,它在实施社会管制的时候,常常通过一些政策话语或者是权力机构来实现社会稳定,那么其实情感和政治是起相反作用的。打个比方,我拜读了左冰老师的那篇关于红色旅游的文章,我觉得她的文章做得非常规范、非常好;要是从我的角度看,我女儿很小,结果有一天她回到家唱起了《红色娘子军》,我问怎么幼儿园的小朋友唱《红色娘子军》,她说老师教我们的,最近在给我们排《红色娘子军》的舞蹈,我们"六一"要演出。这时我就会想,我女儿这么小就经常会接触这方面的影响,所以这个情感和政治有得研究。

这个补充或者这个铺垫有些太长了,我现在回到广式腊味这个案例中来,等下会呼应一下,何以情感问题如此重要。在2005年10月1日,国家开始实施一个腌腊制品的新标准,这个标准的实施废除了以前的一个广式腊味标准。新标准里面非常重要的一点在于,它严格地规定了过氧化值、酸价、三甲胺氮等理化指标。这个标准公布之后,有些生产广式腊味的企业就会认为,国家指标对酸价和过氧化值要求太高,因为我们"老广"吃了很多年。对于这件事情,就像刚才已经说到的,我不会用原真性来解释。我觉得更可能的是,人们有情感在里头。在国家标准之下,原本风味十足的广式腊味却不符合现代理性社会的一个卫生标准,或者食品安全标准,那么它到底有个什么样的出路?其实,在这个标准推出之后,2005年8月,广州市面上五大广式腊味品牌做了一个产品推介会,他们在会上承诺,无论在技术设备上还是在工业水平上,都会使用这个执行性新标准。其实,他们发出这个承诺主要是投其所好,想符合国家的标准,然后才做出承诺,但是其真正内心里不一定都认为这个标准符合"老广"的情感,而且也不一定认为这几个理化指标就真的能够保证食品的安全。我对这种承诺产生了疑问。接下来再查新闻上的报道,新闻谈论了很多,后来总体而言,"老广"的一些生产厂家对这个国家标准是有一些质疑的,认为新标准是值得商榷的。接下来到了2007年,广州自己就出台了一个地方标准,也就是广式腊味制品的标准,里面主要针对的是在广东省境内生产的所有的腊味,认为它们都应该符合这样一个地方标准。这个标准里面针对"老广"情感上的以及国家标准里面重点所说的那几个理化指标提出了一些改动,改动了之后,广东人就问这些指标能不能够保持。

所以,我当时想带我的学生做一个研究,因为我们有一门课叫"世界文化地理",其中也教一些饮食地理方面的东西,我就在想,"老广"口中的广式腊味到底是什么？他们情有独钟的广式腊味到底是什么样，是身体的还是情感的？对于国家标准、地方标准那些理性的东西他们到底怎么看？我当时想，也许可以把这两个东西放在一块，即技术理性，一个是人文关怀，其实后一个更可能就是情感问题。当时做了一个调研，文章整理出来到现在已经投出去了，但是我觉得还有很多问题。当时访谈了40个人，然后自己搞了一个量表，这个量表后来我们也做了信度和效度的分析，勉勉强强可以用。我基本上分出两大块，即在地的和不在地的，所谓"在地"就是广州本土的那些人，他们在广州、不离开广州。我们说的"家乡的味道"、"妈妈的味道"一般都是指你离开这个地方之后，你的想念会更深刻。所以，我就把样本分成两大块，在地和不在地的，在地的就是家庭主妇、"老广"，还有青年人；对于不在地的，我专门访谈了一些留学出去的"老广"的孩子等，以及一些游客。最后整体上由访谈和量表表达出来，偏于技术理性的占到51%，强调身体健康和公共安全；偏于人文情怀的占到49%。在年龄段上，年龄越大的人普遍偏于情感，而21～35岁的人里面65%的人偏于技术理性。受教育程度上，受社会的正规的教育越多，我们的理性就会越强，大概就是这样。那么遗憾的是，我对游客的研究最后得出来的结果不能用，很乱，可能是研究设计有问题，所以说，我这个文章就没从游客的角度写，而是完全从社会文化领域的角度去展开。

在我现在的研究中，感知压力、个人兴趣、情感因素是在上升的。尤其是中国现在处于一种巨大的社会变迁过程中，人们很多时候都有一点点失去理性，因此这个情感方面我觉得真的应该引起关注。最后我想说的是，这个全球化和地方化，我们能不能突破一下：我可不可以从这种现代理性对人的归宿以及人的情感的追求上着眼，去琢磨一点东西。我的汇报就到这里。

### 主题讨论

**翁时秀**：那接下来我们展开讨论。

**李晓莉**：我讲两句。刚才听了两位的餐饮业研究，很受启发。因为我在广州大学酒店系，跟企业接触多一点。曾老师给了我很多的启发，他能够告诉大家，尽管有很多的争论，但能够把这个东西匹配到这个程度，我想在餐饮里面还没有人这样来研究，就是依照原真性和标准化弄出这么一个分类，而且是结合集团的战略化扩张的这样一些方面。然后对刘丹萍师姐的这个情感话题，我更倾向于说餐饮业是不是有一个情感的东西在里面，从消费者需求的角度来研究更有一些实际的意义。另外，除了技术理性和人文关怀之外，我觉得是不是有一种生理上的直觉，比如说我喜欢吃我就去了，我也不考虑人文关怀不关怀，我是南方人或者说我是东北人，我就更想去吃那个东西，也不管它技术上达不达到国家的标准或它超不超标，而是一种心理上的我就喜欢吃，从小就培养了我这样一种味觉，然后去关注这样一种东西，是不是可以再拓展一点这方面的研究。这是我得到的一个启发。

**林清清：** 刚才听了刘丹萍师姐讲的，我觉得非常的受启发，而刚才曾国军老师讲的我也有一点感受，但是没机会讲，我就结合起来说一说。因为我在拉萨待过一段时间，有一些餐厅非常有意思，按照您的这个分类，它是属于当地经营的，可是它有很多符号化的东西，那我就觉得它可能是针对游客的。比如有个餐厅叫"雪域餐厅"，本来我们已经是在地了，已经是在拉萨了，本身就可以感受原真的藏族文化了，可是在这个餐厅里面，它也有很多符号化的东西把它更加浓缩地或者更加符号化地体现出来。如果是按照您的这个分类，它可能就是当地经营，对应的是符号化的原真性，而不是说当地经营对应的一定是原真性，它会有一个交叉。

**曾国军：** 最后写的，面向外来文化的顾客……

**林清清：** 对对，所以我想说按照这个战略框架的话，您分类的时候可不可以分成两种，有一种是大城市里针对当地居民的或者是在本地工作的人，可能相对这种群体比较多；另外一种可能是不是旅游目的地这种，偏向性比较重的，比如说像拉萨。我还想讲到的一个东西是我在西双版纳的感受。西双版纳有两家特别有名的餐厅，在《孤独星球》上也介绍过，一家是"妹妹咖啡"，一家是"湄公咖啡"。所有的外国游客，他们一到西双版纳就会去找这两家餐厅，因为在那两家餐厅可以找到他们熟悉的味道，或者"家的味道"。这个是当地人经营的，但是它又是全球化的东西，而不是一个本土的东西。所以，我想这里面可能就有刘丹萍师姐刚才讲到的那个情感的因素，他来这个空间可能是要寻找一种"家的味道"，而不一定完全是这个框架上对应的，所以可能就属于在这个框架之外的。还有一些东西没有办法归类，可能是更为多元的东西。刚才刘师姐的演讲，我就觉得对我特别有启发，应该还有很多角度可以做。所以挺有意思的，就是不同角度的一些碰撞吧。

**曾国军**：可以合作。

**林清清**：这是我的一点感受，我觉得听得特别舒服。

**孙九霞**：好像回应的都是女的，女的感情比较丰富一点。我觉得是挺有意思的，刚才前面曾老师提到，他强调一个立场，而丹萍呢她强调一个感觉，并且她切入的角度是从感情去研究食物，都是非常具象的东西。我想提供一个案例给你。上个月我在成都开会，有一个学者，就是澳大利亚国立大学的一个女学者，她是做遗产旅游的，遗产旅游研究现在做的都非常非常的多，她研究的切入点是游客在遗产旅游中的情感，她用了 4300 多个案例、访谈，然后做情感研究，就是情感依据，即游客怀着什么样的情感跟遗产的一个互动。并且，她的分类非常的细……

**刘丹萍**：是已经发表了的吗？

**孙九霞**：我没确认她发没发表，她当时是在会上发表的。当然我估计她应该是发表了的，因为她是用了 5 年的时间跟踪这件事情。那后来，她发觉有一个教授给她提到一个建议，就是说事实上有时候我对那件事情怀着极端的情感时我反而不去做这件事，她举了个例子，可能她祖父是被纳粹杀害的，那她就从来不去参观那样的旅游地，类似地，原先一个食品是你妈妈做的，但如果突然她不能给你做了之后，你对这个东西可能会有一个极端的表现。类似这样的，我就觉得非常有意思，应该整体上是不属于女性的一种视角。当然，我也希望曾老师怀着感情来合作。

**翁时秀**：时间差不多了，我们这一节就到此为止。感谢各位发言人，感谢各位听众！

# 旅游与文化

- 开场白
- 跨文化旅游者行为研究
- 红色旅游与国家认同:对356个爱国主义教育基地的分析
- 被转译的准术语:"tourism"对应概念变迁及其与"旅游"的关系

## 开场白

赖 坤

(中山大学旅游学院)

各位,现在进行第三场,也是下午的第一场。这一场的主题是旅游与文化,我自己没有做过这方面的研究,所以我只能是主持。关于文化的概念,我个人感觉实际上是非常多元的。文化类型有很多样,比如我们有饮食文化、茶文化;如果从地理上来讲的话有东方文化、西方文化,我们中国还有南文化和北文化,还有如江南是有文化符号的地方。而对于旅游与文化的关系,我个人感觉也是非常丰富的,通过粗略的主成分分析和聚类分析,我们可以将它简化为三种关系,一个是旅游的文化化,然后反过来是文化的旅游化,还有第三种,旅游本身就是文化。那么这样丰富的关系,给了我们的研究很广阔的可研究性。所以,李咪咪老师的切入点就是从旅游者行为研究的这个角度,来比较不同文化背景下的旅游者行为,她对现有的研究做了一些评述,然后提出了一些研究的建议。而左冰老师的研究我刚刚和她聊了一下,就是红色旅游,因为红色旅游是很典型的一个中国游客的东西,而它肯定是和文化有关系的,它是一个政治问题,又和旅游结合,所以这也是一个有趣的视角。然后史甜甜这位研究生的研究也挺有趣,她把不同语境下面的重要的旅游概念之间的分歧,或者说相似或者不完全相似这种现象拿出来做一个专门的探讨。而且她的概念不是其他的旅游概念,她的概念就是tourism,是我们整个这个专业的核心概念,她将西方的、东方的概念放到一起来做对照。我记得有个叫伽达默尔的人说了,翻译是不可能的。当然他有点极端,但我觉得可能会有对话性。所以,第三场我们就从这三个视角来看待旅游与文化的关系。现在我把话筒交给李咪咪老师。

第三节 旅游与文化

## 跨文化旅游者行为研究

李咪咪

(香港理工大学酒店及旅游业管理学院)

非常感谢赖博士！很荣幸这次能够被邀请来参加这个沙龙，这是我第一次参加这种形式的学术研讨，感觉收获非常大。今天上午听各位老师讲，虽然我没有发言，但是我一直在很努力地学习。一上午接收了很多的知识，也希望我的这项研究能给大家带来一些不同的思考角度。

我今天和大家分享的是旅游者行为的跨文化研究。这项研究跟我的博士论文有一定的相关性。我当时在美国做博士论文的时候，选题是中国出境游客的出游动机。在文献综述的过程当中发现，出游动机中的"动机"这个概念起源于心理学，很多的研究成果都是在北美这个环境下产生的。也就是说，动机研究的主要理论，像我们大家所熟悉的推拉理论（push and pull theory）或者是旅行职业阶梯模型（travel career ladder）。这些模型全部都是在这种环境下产生的，我们在进行定量研究时所使用的量表也是在北美的这个环境下产生的。在这种情况下，我们就会发现：其实很多中国人出去旅游的真正原因是没有办法被这些东西所解释的。做博士论文的时候因为时间和资源有限，只是用了现有的量表对动机进行了衡量。但是，我引用了一个文化概念：personal value（个人价值观）。大家知道文化有不同的内涵和外延，最核心的、起决定性作用的就是这个价值观（value）。我们看一个人的价值观对他的旅游行为、旅游动机会有什么样的影响，那么结果当然是有显著性影响的。所以，我来香港理工大学之后就想把这个研究做下去。

我们进行文化研究的时候，对文化的定义有两个，一个是从主位视角定义，还有一个是从客位视角定义。从主位 perspective（角度）进行定位的时候，更加侧重于提供一种比较丰富的描述。但是从客位角度进行分析的时候，我们就更加看重把现有的理论或者说一些研究成果应用于不同文化的时候是否适用。对于同样一个问题，不同文化（背景）的人有什么样的反应，这就是我当时做这个研究的一个初衷。

在提到跨文化的时候，大家如果对我们旅游与酒店这个领域的跨文化研究有关注，就会发现其实很多跨文化研究都是比较中国和美国，比较亚洲国家和北美国家，比较美国和加拿大，或者比较讲西班牙语的和讲英语的。但是，这样做到底能从多大程度上反映出是由文化背景、文化价值上的不同带来了行为上的不同，还是因为其他的原因造成？在我继续往下讲之前，我想先给大家做一个小小的实验。我说三样东西，请你们把你们认为属于一类的两个放在一组：火车、汽车和轨道。认为应该把火车和汽车放在一起的老师请举手。那（认为）应该把火车和轨道放在一起的呢？就凭第一反应。有没有人觉得应该把汽车和轨道也放在一起？好，那么我为什么要给大家做这个小实验呢？这个是最近发在 Science 上的一篇有关 cross-cultural psychology（跨文化心理学）的一篇文章。在这个跨文化心理学研究当中提到，在最开始的时候，人们是做东西方的对比。就像我们在做旅游的时候，我们最倾向于比较东方文化背景下和西方文化背景下的人对某一项东西的看法或者是一些行为上的不同。在跨文化心理学当中也是从东西方对比开始的。但是，这样简单粗暴的划分方式是没有办法解释很多现象的。所以，就有学者进一步提出现代化理论。这个理论的一个最基本的假设就是，一个地方越发达，个人的财富水平越高，就越倾向于个人主义。但是，大家也可以发现这个理论其实也有一个很大问题，就是没有办法解释为什么在日本、韩国这种经济高度发展的国家，人们还是非常地集体主义。

在这个基础上又有学者提出了"大米理论"，就是我这个图（PPT 内容略）所表示的。"大米理论"想说明的是生存理论的一个延续，其基本假设就是说，你在某一个地方种植什么农作物是由这个地方的地理环境和其他一些因素共同决定的。因为长期种植这种农作物，这个地方出来的人就更加倾向于具备某一种文化价值观。这个"大米理论"就是拿种植大米和小麦作为区分文化的一个标准。这个理论认为，你住在种植大米的这个地方，因为存在一些灌溉或者是其他农业生产需求，这个地方的人们的协作性特别强。据说种大米的时候，比如说你去灌溉或者什么的，不能只管你自己家里的这块田，你还要管其他家的田，这就需要家庭之间的协作。在这种情况之下，不是说因为你今天种了大米你就变成这样了，而是说你生长在这个地方，这个地方一直是种大米的，所以祖祖辈辈这样传下来，这个地方的人就具备这种特质。而种小麦的地方的人就相对来说比较个人主义一点。这篇文章用分别来自种植大米和小麦的几个省的人做了几个实验。把火车和汽车放在一起的人更注重事物类别的联系，个人主义者更倾向于把火车和汽车放在一块；把火车和轨道放在一块的人更注重事物关系上的联系，火车在轨道上跑，他们更加注重这两种事物有什么关系，这样的人更加看重协作，也就是团队精神会比较强一些。这是这篇文章所做的一个实验，当然它还做了其他一些心理学实验，还在边界地带进行了对比，比如说一个边界线的一边是种大米而另一边是种小麦，发现确实会存在显著性差异。我之所以给大家举这个例子，一方面想刚吃完饭咱们讲些轻松的，另一方面就是想说，我们在做跨文化研究时，选用"国家"作为文化尺度是不完善的做法。

在进行跨文化研究时，通过文献综述，我们发现有两个基本科学问题。第一个是如何去定义文化。我们说进行两种文化之间的对比，但文化这个东西是比较抽象的，看不见摸不着，我们用什么东西去代理这个概念？怎么去操作这个概念？这是一个基本的科学问题，在我们旅游研究当中还没有被解决。第二个科学问题就是刚才左冰老师所讲的，我们要讨论一下概念，虽然我们都是中国人，但是如果我们来自不同的学科领域，我们在讨论同一个概念的时候，视角是不一样的。放大到跨文化对比中来讲，我们做同一个问题的研究的时候，不同文化背景的人的理解也是不一样的。这种理解的不一样，可能会导致研究结果表明不同文化背景的人在某种行为上是不同的，但是，我们没有办法说这个不同是价值观不同造成的，还是对于概念的理解不同所造成的。所以，这两个核心问题就是在进行跨文化心理学和跨文化旅游行为研究中最基本的两个问题。

今天我跟大家分享的是我做的一个跨文化旅游行为研究综述。我对发表在酒店和旅游主要期刊上的91篇论文进行了一次梳理，跟大家汇报一下结果。

第一个核心问题就是怎么去操作（operationalize）文化这个概念。从文献中来看，有四种文化评估的方式。第一种是人种学描述法，它采用主位的视角来研究文化，更多是在对文化不了解的情况下，我们从一个深入的、作为文化一份子的角度对它进行描述。第二种是有效区域归属法，这个方法的基本假设是每个人的文化跟他的生长环境密不可分，就是说我生在什么地方、我长在什么地方，我身上就必然会有那个地方的特性。也就是说，我们可以用国籍、出生地、居住地，甚至是种族、语言作为文化的一个代理。第三种方法是直接价值推断法。这种方法的一个基本假设是说，价值是文化的一个体现，我们现在已经有很多研究对人的价值建立了一些模型，比如说大家都非常熟悉的 Hofstede 五维度模型，它把文化分为个人主义、集体主义、long power distance（长权力差距）、short power distance（短权力差距）等。我们可以运用现在已经有的这些模型来作为文化的一个代理，也就是通过这些模型来对所要研究对象的所属文化进行区分。但是，这种方法存在的一个问题是，包括像 Hofstede 这个模型，都是通过大规模的调查进行论证的，那么我们在运用它的模型来做我们的研究的时候，要考虑的是我们这个研究对象的样本特征和它的样本特征是不是一致。比如说，它的样本里面男女比例是平衡的，但是在我们的样本里女的特别特别多，那可能我们做的这个研究和它的就不一样。那么，为了保证我们的研究对象特征跟原来的研究对象有一个对等性，我们就需要有非常大的样本量。其实他也是基于一个样本来做的，但这个样本在多大程度上可以代表总体也是有问题的。第四种方法是间接价值判断法，这个方法是基于直接价值判断法的。还是用 Hofstede 这个模型作为例子，在提出这个模型之后，他在全世界范围内进行了大规模调查。那么我们现在就知道，中国人是个体主义。我们在用这个直接价值判断法做中国和美国的对比时，就可以把它套用在这个框架中，也就是说我们对研究对象没有直接去判断他到底属于哪一个价值体系，我们只是把前人的研究结果拿来直接运用。这就是四种主要的文化评估方法。

　　第二个核心问题就是研究的背景问题。我刚刚提到了概念的对等性，即我讲的和你讲的是不是同一回事，是不是"鸡同鸭讲"，这是一个方面。另一个方面就是操作的对等性，比如我们在说旅游动机这个概念的时候，对于中国人来讲动机有几个维度，其中 prestige（声誉）是一个非常重要的维度，但是对西方国家的人或对美国人来讲这个 prestige 并不是一个非常重要的维度。也就是说，对同样的一个概念，我们衡量的维度是不一样的，这也是一个问题。大家在考虑一个问题的时候，切入点是不一样的，或者说涵盖的面是不一样的。那么，怎么去应对这种操作对等性的问题呢？我记得有那么一项研究，它是做 4 个国家的人对餐厅的满意度研究，在 4 个国家都收集数据之后，分别进行探索性因子分析，来看维度是否相同，这就是一种用来解决操作对等性问题的方法。接下来，是量表对等性的问题，简单来说就是我们现在用得比较多的里克特量表，它是用 1 到 7 来衡量。这个"7"在英语国家里面代表 very satisfy，对我们来讲就是非常满意。但是，这个"7"对于你的研究对象来讲，它的意义是不是一样的？这也是一个问题。比如说，我在做博士论文的时候，在做动机分析时，我就发现中国游客很少会打1分或者7分，可能我们在这种中庸的思想下更倾向于往中间打分。你不是很满意，你会打2分，但是对于一个美国人来讲，如果他很不满意他就会打1分。也就是说，这个量表，这个数字，也存在一个对等性问题。那么这个问题怎么去解决呢？一般来说，可以使用结构方程模型去解决。另外一个大家都比较熟悉的是语言对等性，刚才我也讲了我们很多的量表是在英语国家中产生的，那么你把它放在中文的环境中就存在一个翻译的问题。最后就是样本的对等性，即样本从多大程度上可以代表整个人群。

我现在就给大家简单讲一下我的综述发现。我找到的第一篇文章是发表于1988年，最近的是到2011年。我的这篇文章发表在 Journal of Hospitality and Tourism Research。从发表期刊来看，这91篇跨文化旅游者行为的研究大部分都发表在 Tourism Management 上，这个可能也是跟杂志主编的个人兴趣比较相关，因为他是个澳大利亚人，住在新西兰，一直比较关注亚洲国家的旅游问题，所以可能对这一类的话题比较感兴趣。对这一类文化对比的对象，我们也会发现有一些趋势，就是在早期的时候，会拿美国跟新加坡、韩国、日本、中国这4个国家进行对比。也就是说这4个国家加起来作为"亚洲国家"，而美国是"西方国家"，这就体现了在旅游研究的初期，西方学者对我们东方整个来讲都是比较陌生的，体现了对整个 oriental others（东方地区）的好奇心。在这之后，我们会发现慢慢地在亚洲内部也会出现比较，亚洲国家也不再被视为同样的一个整体，也就是说，我们做跨文化行为研究的时候，最开始是做东西方文化的对比，而现在东方国家也被细化成不同的国家。

下面从数量上来做些总结。从文章的主题来讲，25.4%是在服务质量和满意度领域，接下来是动机领域。刚才我讲到这个文化的评估方式，我们用什么来区分文化，可以看到现在78%的研究都是使用有效区域归类，也就是说绝大部分研究都是使用居住地、国籍，还有出生地、语言来作为文化区分的一个标准。从研究方法上看，大部分使用了调查问卷法，也有一些用的是二手数据。从对等性的角度来看，语言的对等性大家已经重视到了。做非英语国家的研究用的是英语国家产生的量表时，都会使用回译法来解决语言对等性的问题。但是只有10%的文章注意到了更加概念性的问题。

我做的综述的主要发现是，我们这个旅游业对跨文化研究当中的两个主要问题都没有很好地解决，因此在这个基础上我又进行了三项研究，希望能够去深入了解跨文化旅游者行为。因为我的博士论文探讨的是动机，我就从动机这个角度切入。我一共做了三项研究，从不同的深度和广度来展开，第一个和第二个研究都是旅游动机的跨文化研究，也就是我们想研究具有不同价值观的人出去玩的原因到底是不是一样的。第一个研究我们做的是定性研究，采用焦点小组访谈方法，第二个研究做问卷调查。这两个研究现在都已经做完了，第一个研究成果已经被 Journal of Hospitality and Tourism Research 接收了，第二个研究成果放在 International Journal of Tourism Research，目前也是被接收，但是还没有发表。第三个是正在进行的研究，还没有做完，现在给大家分享一下。在做这个跨文化行为研究的时候，我们这个文化到底该怎么区分？我们选择了人类学当中的一个理论叫作群体栅格理论，这个理论认为，首先，文化会影响一个人的行为；其次，这个影响是有普适性的，就是所有地方都可以用，因为它解决了人的两个基本问题，可以把人的价值进行简单分类。这个理论分出了两个维度，一个是群体，是不是属于一个 group（群体），就是对自我的认知；另一个就是栅格（grid），就是说我的行为受到了多少的管制，换句话来讲就是我应该怎么去做。在这两个维度的区分下，我们就可以分出四种不同的生活方式，因为时间关系就不展开细讲了。

我们做了两项研究。一项是焦点小组讨论，要解决这个样本怎么去应对对等性的问题。在选择样本的时候，第一，我们使用了文化评价方法当中的第一个方法，也就是人种学描述法。我们选择了中国作为案例，因为之前的研究表明中国人是有行为差异的。像我之前介绍的那篇文章就说大米省和小麦省是有差异的，所以我们选择中国。第二，为了避免区域文化差异所带来的影响，我们只选择了来自于江浙地区的人。为什么选江浙？因为我们学校在浙江那边有一个硕士班，选择这样一个地方也是出于抽样的考虑，我们保证了这个群体的人没有受到地域的影响。第三，我们为了保证出游动机的影响不是出于社会人口特征这些特点，不是由性格造成的，所以我们选择了自己的硕士生，他们大部分都是酒店的中高层管理人员。因为之前有研究表明，一个人的职业选择是受到性格影响的，那么他们选择同样的职业就说明性格是比较接近的。而同样由于他们是来源于同一个领域，都是中高层管理人员，所以他们的收入水平、工作经历也都是比较接近的，这些可能对动机产生影响的因素都被控制的时候，我们就认为出游动机所受的影响主要来自于价值观。那对于这个价值观系统的衡量方法就是，可以把人区分到某一类的生活方式。我们对 40 多个人进行了焦点小组访谈，发现了 3 种亚文化。

在这个基础上，我们的第二项研究进行了问卷调查，同样是针对江浙地区的人。我们做出境旅游研究时，也只控制在同样的目的地，也是为了避免这些因素带来的影响。我们用 ANOVA 进行分析，发现了 4 种各自拥有不同类型文化价值观的人，他们的出行动机有显著的不同。也就是说，对于这 4 种出游动机，他们的排序是不一样的。某一类人可能更倾向于为某个原因而旅游。因为大家知道，我们出去玩不可能只是因为一个原因，往往是有很多原因的。那么哪一个原因更加重要，这对于拥有不同文化价值观的人是不一样的。

这就是我已经做完的两项研究，接下来要做的研究还是要看拥有不同文化价值观的人，对于在住酒店的过程中出现一些服务失误的情况时会采取怎样的反应：是会去直接投诉，是当场发飙，是到网上去写评论，还是默默承受？我们就想看看文化对这个服务失误有一些什么样的影响。这就是我们现在正在做的一个研究，我们打算使用实验的方法。

以上就是我今天想要跟大家分享的内容。谢谢！

---

### 主题讨论

**赖　坤**：下面是问答环节。

**×××**：李老师，你好！我觉得这个话题很有趣，但是在跨文化领域中，我记得有两个单词：一个是 cross-cultural communication，另一个是 inter-cultural communication。这些单词在不同的情境下，可能有不一样的解释。因为 cross-cultural communication 是说在同样的情境下两个不一样的群体他们各自的行为对比；而 inter-cultural 可能就关心两个文化群体在他们交流的时候会有什么样的情况。我在想，在你研究的 service failure（服务失误）那个情境下，会不会因为主人跟客人的文化背景不一样从而产生这种跨文化的差异，就是你怎么去 cover（顾及）这个 service failure 的不一样。例如，如果你是做香港酒店的 service failure 研究，很可能员工是来自香港 local（本地）的，然后游客是来自世界各地的；但是，如果你是在澳大利亚做同样一个研究，澳大利亚员工的文化会影响到他们对这个 service failure 的看法。你怎么去 cover（顾及）这样的一个研究？你觉得这两种情况对你的研究有没有影响？

**李咪咪**：我觉得肯定会有影响的，为了避免这种影响我们做实验时采用的是情境法。我们先给一个故事，然后所有人都根据这个故事来思考。为了避免你说的那种放大来讲主客冲突所带来的一些影响，我们就是通过表述故事发生的情境去想象：如果这个故事发生在你身上，你会怎么去解决。

**张朝枝**：研究跨文化时，你有没有关注一种代际差异，我认为可能会有这样的差异。另外就是在我们的旅游研究当中，比如说景观偏好，甚至于你的目的地选择偏好，都是跟它有一定关系的。那么关注目的地选择差异就可以关注比如说代际关系产生的，或者是亚文化群体，比方说小众文化群体，他们的这种 preference（偏好）有没有很好的可研究性。

**李咪咪**：你说的这个，我们有很多的研究都在做，其实就是关于年龄的研究，对吧？年龄对旅游行为的影响有很多人都在做研究，但是没有上升到一个文化的高度，只是用来做解释。

**张朝枝**：我不是说文化只是一个变量，因为我感觉代际之间是有一些文化差异的。就是你这个跨文化研究中有没有涉及这个问题？

**李咪咪**：我觉得这也是一个可以切入的点，现在没有很多人在做这个研究。对，我没有把它作为跨文化的一点。因为我做的这个研究主要是关注文化的价值观。像你说的那种 Y generation（Y 世代）也是关注价值观。

**黎耀奇**：我对这个实验法比较感兴趣，因为我自己的博士论文也是做这个实验法。你的这个实验应该用的是实验室实验，是吧？因为实验法一开始是用在营销研究，然后慢慢再引入到我们旅游研究。它的一个主要问题是外部效度比较低，那你是怎么回答这个的？

**李咪咪**：这个我们刚开始做，我也是第一次用实验法。现在我们实验还没有做完，所以我还没有想过这个问题。

**黎耀奇**：我自己也面临这个问题，因为无论是采用中文还是英文，实验法做出来的结果投到旅游期刊时，它第一个反应就是说，你这个外部效度是受到质疑的。比如，你刚才说的是给他一个故事然后他做出反应，在实验里面，我

## 第三节 旅游与文化

也许出于某种心理，会表现得很大度；但是在真实情境里，我可能就会发脾气，我可能甚至会有打啊闹啊这种行为。实验研究里面表现出这样子，但是现实生活中往往不是这样子。这的确是比较严重的问题，这样的问题如果被问到你会怎样回答？

**李咪咪：** 就听你的描述来说，我觉得只要样本量足够大就可以解决这个问题。

**黎耀奇：** 和样本量没有关系的。

**李咪咪：** 只要样本量足够大，就可解决你所说的最核心的问题：他在回答问题时，并没有表达自己的想法。

**黎耀奇：** 他是表达了，但是他出于某种需求，比如说社会认同啊，比如说其他什么追求个性等这种效应，个体的这种 mind（心理）导致了结果的差异。然后，这就导致了外部有效性很低。因为实验法本身的内部有效性很高，它另一方面的外部有效性必然就很低。我觉得没有办法去回答这个问题，只能说这是方法固有的一个外部有效性的问题。

**李咪咪：** 因为我刚开始做，我还没有想过。到时候我碰到了问题我们再讨论。

**孙九霞：** 关于咪咪老师这个非常新颖的方法，用实验法来研究跨文化的这个形式，我想提出来的是，因为你开始的时候用了不少人类学的表述，但是我个人觉得跟我接触的人类学可能不在一个体系里。一方面现在人类学界不太用这种"人种"的表示，不会用的，人类学不会刻意用这个。还有我们现在所谈的人类学就是文化的人类学，所以它就是研究文化的。你讲的问题和人类学的关系可能不是特别大。

**李咪咪：** 就是那个理论，它是从人类学里发展出来的。

**孙九霞：** 你前面提到的那个执念，中间提到那个叫现代化的理论，还有后面这个"大米理论"，如果是放在人类学的角度，应该是对应着人类学的古典进化论的那个传播论学派以及历史特殊论，在人类学那里是最早期的一个东西。栅格理论我没有接触过，但是传统人类学好像没有这个。

# 红色旅游与国家认同：对 356 个爱国主义教育基地的分析

左 冰

（中山大学旅游学院）

　　大家可能会有点疑惑，早上在"旅游与经济"领域我多次发言，然后现在又到"旅游与文化"领域来跟大家分享我自己的学术研究成果。其实这种研究的跨学科性源于我个人丰富的学习背景。我本科是学工科的，专业是自动控制，当时学了很多电子技术等一系列的知识，本科后才开始转型。我的博士论文是用 CGE 模型做交通基础设施投资效应的研究。最近我也没有完全放弃经济学的研究，只是在做经济分析时遇到了很多困难和阻碍。其中最大的一个挑战就是今天上午李军老师提出的数据可靠性的问题。即使研究方法是正确的，如果输入是有问题的，那输出结果肯定也会被大家质疑。这是我近几年一直在纠结的问题。第二个挑战来自于数据的可得性。做经济分析也像吴老师的需求预测一样，需要大量的数据。二手数据的不可靠性以及可能的缺失导致它不能完全为我们所用，但做一手数据的研究又必须进行长时间的、大量的调研。这也是一个困难的地方。所以，最近我希望能将定量与定性相结合。期望通过定性研究能够找到一些有用的解释变量添加到定量的模型里。比如前面代姗姗做的 CGE 模型中，为什么要加入生命周期以及其他的一些政策变量，都必须有一个明确的说明和交代。这些额外添加的变量如果不能从理论中得来的话，就必须从实践层面中获得。所以，我希望同时也进行大量的质性研究以及案例研究，来寻找这些变量，逐渐地增补进我的模型中。因而我开始两条腿走路，继续在经济学方面不断地提出一些问题并尝试加以解决，同时也结合个人的兴趣进行一些定性方面的研究。

　　今天下午给大家带来的就是我现阶段结合定性与定量研究的成果之一——《红色旅游与国家认同》。大家在我提供的参考文献里可以看到，在座的张朝枝老师和胡志毅老师在这方面都有一个非常好的前期探索，我的研究也是在他们的基础之上进行的。其实一开始我的选题并不是关于红色旅游的，而是关于旅游的教育功能的研究。因为旅游的教育功能是一个一直被大家所忽视，同时也没能找到很好的理论和着眼点去把它挖掘出来的话题。我一直想做这方面的研究，只是苦于找不到一个好的切入点。李老师的跨文化研究虽然也是一个很好的切入点，但据我对中国现状的分析以及我自己的研究兴趣，我选择了红色旅游这么一种制度化旅游作为切入点。因为红色旅游最核心的东西就是进行政治教育。

我的研究分为六个部分：文献回顾、提出的问题、研究贡献、研究方法、研究发现、结论和展望。

结合一个国家的建设过程中的发展阶段来看，在民主国家独立风潮结束之后，建构国家认同是任何一个国家建设里面不可分割的一部分。事实上，已经有很多学者在包括 *Annals of Tourism Research*（以下简称 *Annals*）在内的核心期刊上发表了很多通过各种各样方式进行国家/政府建构的案例研究的文章，比如有关黄石公园的研究认为旅游有利于树立国家认同、增强社会凝聚力。大量案例研究显示，通过旅游促进国家认同的方法在各国都应用得很普遍，包括欧洲、北美，特别是东欧后社会主义国家。但是中国与他们的区别在于：不论是在政治上、文化上还是经济上，没有任何一个国家能像中国这样对红色旅游进行全方位的控制。中国政府对于红色旅游吸引物的建构因此成为一个非常重要的研究问题。

之前提到的包括张朝枝老师、胡志毅老师在内的一些学者都曾经研究过红色旅游。在过去，红色旅游完全是以口号、运动等形式开展的，之后逐渐演变为涉及人们日常生活的一种宣传工具以及建设国家认同感的工具。另外有学者发现：无论是爱国主义教育，还是民族主义教育，实际上都是建立在三大文化的基础之上的。这三大文化指的是中国的传统文化、借鉴了马克思主义的社会主义文化以及社会主义现代化的文化，但是该文章没有解释中国共产党是如何把这三大文化有机地结合在一起的。

总的来说，前面所提到的这些文献中有一部分集中在单个案例或较短时期的研究，比如胡志毅老师开展了针对歌乐山的研究；还有一些研究如前面提到的王老师和赵老师进行的是比较短时期的分析。我个人认为还缺乏一种比较全面地看待中国所有"红色吸引物"的研究。如果我们不对所有的"红色吸引物"都进行具体分析的话，就很难理解这种旅游全方位的控制是如何实现维护和巩固国家认同的目标的。

因而，在本研究中我试图探讨三个问题：第一个是中国民族主义的历史文化基础是什么？在红色旅游中，现代文化、社会主义文化、传统文化这三大文化是被一种怎么样的结构/机制整合在一起的？由于结构和功能是相关的，一种结构一定会呈现相应的某种功能，三大文化的结构所呈现的功能或者说带来的影响又是什么？我希望通过对红色旅游吸引物的选择来加以展现这三个问题。

我的研究贡献主要是丰富了当前的遗产研究。很多学者认为，遗产是历史的选择性再现，但是实际上很少有学者进行遗产选择的研究，而更多的是关于再现（representation）的研究，也就是研究遗产是如何更好地被展现出来的。我的研究则聚焦于遗产的选择。

我的研究方法比较简单，主要采用了媒介分析法，收集了我们国家的356个爱国主义示范基地的名单，并对每一个爱国主义示范基地进行定性分析，比如了解它跟哪个领导人相关、它展示的是哪一段战争的历史或者是哪一段历史事件，等等。资料搜集方法主要是通过网络搜集。收集数据后进行整理，把4个批次的爱国主义示范基地分别列出来，然后通过关键词出现的总数以及出现的频率这两个数字来反映它们的重要性。因为是否选择某个吸引物以及选择的先后顺序都是对该项遗产的重要性的反映。因此，这个看似简单的频率的排序完全可以呈现出这些遗产在重要性方面的差异以及它所呈现出的结构。

在进行分析后，我们发现，这356个爱国主义基地总体上呈现出了三个特点：第一个是它显现为一个以党为中心的差序格局；第二个就是在爱国主义示范基地的选择过程中体现出了一种英雄主义的教育导向，而且这个英雄主义的教育导向不是强调个人英雄主义，而是强调集体英雄主义，比如它对为国奉献、为国牺牲、为别人奉献和牺牲的模范们的推崇；第三个是它体现出了一种汉族中心主义的倾向。

红色旅游吸引物中体现了费孝通有关差序格局的一些思想。费孝通最开始是把差序格局运用于解释中国社会的人与人之间的关系，强调中国社会是以己为中心、像石子一般投入水中似的和别人构建的社会关系。它不像团体那般处于同一个平面上，而是像水的波纹一样一圈一圈地推出去，越推越远，越推越薄。在这幅图上（PPT内容略），大家可以看到，中国共产党的核心领导小组成员是毛泽东、周恩来、朱德和邓小平这4位领导人，位于第二圈层的是包括刘少奇和十大元帅在内的一些新中国的创立者。第三圈层则是李大钊、刘胡兰等为国牺牲的烈士。第四圈层则是像王铁、王进喜、孔繁森等这一类被选择出来的全国劳动模范、英雄模范等。而最外层才是中国近代爱国人士，比如孙中山、宋庆龄等等。学者们之前谈到的传统文化、历史以及现代文化其实都处在这个圈层的边缘。总之，中国共产党是位于这个差序格局同心圆的最中间，其他的吸引物的选择则取决于与它的亲疏程度。我认为，这个吸引物结构反映出：中国社会目前的政治是建立在其文化结构上的，也就是建立在儒家伦理道德基础上，通过分类和秩序来维护政治权威。这种差序格局同时也决定了资源的分配方式。越靠近核心圈层，所获得的资源就越多。所以，有很多地方或个人都希望通过各种各样的方式靠近这个核心系统，从而获得稀缺资源。由此看来，我们的爱国主义教育实际上处于与个人利益的得失交织在一起的状态。儒家的伦理虽有助于建立共产党的政治上的权威，但是这种建构会妨碍中国的政治现代化的发展，甚至有可能阻碍政治民主进程。因为民主社会的社会政治结构依靠的是个人之间的信任，而不是儒家森严的等级系统。

英雄主义教育的倾向则体现在，68.3%的爱国主义示范基地都是关于人物的。例如，与毛泽东相关的基地甚至达到了51处。在美国，黄石公园等荒野被刻意打造以展现民族性和培养国家认同，而中国与之截然不同。我们寻求的是榜样或模范的示范效应，通过英雄的话语、道德感召、自我的规范以及自我的规训来实现一种社会控制。

此外，红色吸引物在传统文化选择方面主要集中于古代，从秦朝到现代之间出现了一个明显的断层。新疆、西藏、甘肃、内蒙古等少数民族地区的红色旅游吸引物、国家示范基地非常少。这样过于强调汉族中心主义可能造成汉族文化和其他民族文化的紧张与冲突加剧，对于国家发展是不利的。

研究最后，作为对旅游研究的回应，我们提出关于吸引物的选择的结论与展望。遗产研究中吸引物的选择并不像研究者们过去所认为的仅仅受到政治价值观念的影响，它还受到文化嵌入性以及经济嵌入性的影响。吸引物的选择、吸引物的结构实际上是对国家背景以及社会文化结构的反映；旅游作为政治社会化的一种机制，还值得学者们将来进行更深入的研究。

我的介绍就到这里。谢谢！

## 主题讨论

**赖　坤**：左冰老师给我们节约了很多时间，下面进行提问环节。

**张朝枝**：我有一个疑问，是以抗日文化为主体，这个可能本来跟红色旅游就有关系。因为红色旅游的历史文化遗存本来主要发生在抗日战争和解放战争期间，在这个背景下我认为谈国家认同可能有点偏差。

**左　冰**：国家在2010年制定的红色旅游纲要中把1840年以后所有的历史文化遗存都囊括在其中了，作为红色旅游未来的发展对象，但爱国主要教育基地名单并没有对此进行增补。

**胡志毅**：针对刚刚张老师提到的认同的问题我想补充一点。其实在红色旅游发展当中，有三个等号：第一个等号是爱国。这个国到底是什么国？它是中华人民共和国。第二个等号在于红色旅游想要宣传的文化内涵和精神内涵。这个国不仅是中华人民共和国，也是由中国共产党领导的国家。所以，这个等号把爱国和爱中国共产党等同起来。因为2010年的《2011—2015年全国红色旅游发展规划纲要》第二次战略规划把1840年以来中国大地上发生的以爱国主义和革命传统精神为主、有代表性的重大事件和重要任务的历史文化遗存都纳入红色旅游发展范围，所以第三个等号把爱国的内涵泛化了，将爱国主义与中华民族的自由民主和独立联系起来。红色旅游的发展过程是动态的、向外扩的过程，但红色旅游的本质是没有变的。

**左　冰**：谢谢胡志毅老师一针见血的补充。

**余晓娟**：我想请问一下左老师，您的研究中呈现出来的356个文物定义的各自的内容是什么？当每一个旅游吸引物都是被命名为文化旅游教育地的时候，其变化的过程又是怎么样的，是目的地自己提出来的还是上级直接命名的？

**左　冰**：这个过程其实是一个互动的过程。在这篇文章中，我关注的是吸引物选择的结果。而我的另外一篇文章是专门研究红色旅游吸引物的构建过程，也就是研究地方政府如何跟中央政府互动，如何把这个红色旅游吸引物构

## 第三节　旅游与文化

建出来。您所提到的过程也是值得专门研究的一个方向，因为它体现了中央政府和地方政府之间的博弈。但是过程的问题在我此次的研究中无法通过简短的语句解释清楚，因而没有过多地涉及，但我也有考虑过之后再进行关于文化旅游教育地的选择过程的研究，论坛结束后我们也可以探讨一下这个问题。

**刘　俊**：左冰老师现在所研究的是"面"上的问题，虽然从"面"的角度的研究会有整体感，但我更希望看到一些"点"上的研究结果。红色旅游是不是有一些"点"强化了国家认同？比如说新疆有没有红色旅游点？在新疆研究红色旅游的国家认同是不是会更加有对比和可行性？新疆的红色旅游是强化了国家认同还是说被当地人排斥了？在新疆这种具有文化异质性的区域检测红色旅游是不是更有对比性？因为从整个"面"上来看，可能会有很多干扰，"面"上的研究把人群的、种族的、文化的、地域性的差异全都囊括了，之后想要提纯出一个东西好像蛮难的。

**左　冰**：的确是这样，所以我觉得这是一个值得研究的领域，而不是一个值得研究的具体问题。像刚才张老师提出来的，经历过"文革"的人和没经历过"文革"的人对"国家"的理解是不一样的。局部的"点"的方面的研究我们也一直在进行，比如关于广东省南雄市的吸引物是如何被构建出来的研究。我们通过这个研究得到了关于中央政府和地方政府的社会交换方面的发现。这个研究涉及很多的利益相关者，每一个点都需要以后更多的、更细致的研究，而这个发现也只是一个大体上的透视。

**张朝枝**：从个案研究出发，得出一个很有趣的新的发现的确会很有意义。因为第一轮红色旅游在选点的时候，我们做旅游规划的人因为知道其中的很多故事，每个地方我认为都有很多的红色旅游点。但是承认一个红色旅游点就需要拨一些发展经费，说白了，中央重视该地方就给地方多批几个红色旅游点，不重视某地方就给地方少批一些。中央对地方的重视程度很大程度上影响了红色旅游点的选择。这背后也有许多故事，许多有意思的个案值得研究。

**左　冰**：是的，差序格局里也谈到，核心变量之一就是领导人。领导层重视的地方所获得的资源一般来说会更多一些。不过这方面也不太适合做太多研究并发表。并且，这种影响，如果有，也是间接的、情感层面等方面的影响，可能也只是暂时的。我同意我的研究还存在许多不足之处，要慢慢地完善。

**×××**：左老师，我还有一个问题，你刚刚提到了多民族和汉族关系的紧张,那不知是否还存在汉族内部关系的紧张?

**左 冰**:内部关系的紧张其实就是资源分配的问题。刚刚也提到了,受重视的地方,一般资源分配会多一些。因而我的研究指向是:中国应该改变这种教育方式,更多地把爱国主义教育建立在公民认同和国家—个人权利义务的基础之上,以建立一个现代化国家为目的,而不应以盲目的情感为导向培养国家认同。爱国主义教育方式也是有优劣区分的,情感导向的、盲目的爱国主义教育是不可取的。

**赖 坤**:由于时间关系,我们的讨论就先到这里。接下来有请准博士生史甜甜进行她的研究的介绍。

第三节 旅游与文化

## 被转译的准术语:"tourism"对应概念变迁及其与"旅游"的关系[①]

史甜甜

(华南师范大学旅游管理学院)[②]

赖坤老师在中山大学旅游发展与规划研究中心曾做过一次相关主题的讲座,因当时我在国外,没有听到这个讲座。从英国回来完成这篇文章(对"旅游"、"tourism"词和词义变化的讨论)之后,让另外一个老师审阅的时候才了解到赖老师也关注到了相关议题。他用到了一些理论和方法,其中之一是形式逻辑的视角,认为比从词和词义进行分析更清晰,于是我查阅了形式逻辑学的相关著作,最后在分析的时候改用了形式逻辑中术语和概念关系的理论(代替原本论文中使用的词和词义的关系)进行梳理。所以,这篇文章里赖坤老师也有一个贡献就是启发我关注并转向形式逻辑的相关理论工具。

本研究讨论的话题是"跨语言视角下英文'tourism'和中文'旅游'的关系"。选择研究这个话题,缘起于本人2011年在阳朔参加中山大学组织的"社会学与人类学视野中的旅游"研讨会,当时来自厦门大学的彭兆荣老师提到了他关注的研究问题——"旅游是不是舶来品?",这个问题点燃了我心中好奇的火种,因为我本人对中国传统文化十分感兴趣。回到学校之后不久就准备博士论文开题,在博士论文开题报告中我就做了一个和这个问题相关的议题——"现代旅游是否是舶来到中国的以及(如果是)它在中国是如何传播扩散的?"在研究这个问题的时候,英文"tourism"和中文"旅游"的含义以及它们的关系成为横亘在我眼前,需要首先认识、界定和厘清的问题。而在探究这些问题的过程中,我发现目前国外学者对"tourism"的认识是模糊的,他们

---

[①] 相关内容已发表,参见:史甜甜,保继刚. "Tourism"对应概念的多元变化及其与"旅游"的对应关系[J]. 旅游学刊,2014,29(7):106—114.

[②] 说明:此研究在沙龙汇报时(2014年6月),作者就读于中山大学旅游学院。

提出多种对"tourism"的定义,而国内学者对"'旅游'到底是什么"也是存在分歧的。如果直接进行概念辨析,可能无法解决我心中的困惑,因此我转而想从历史的角度回顾它们纷繁复杂的多元定义现状是如何形成的——从源头研究"旅游"一词到底是在什么时候出现的、"tourism"是在什么时候出现的、它们的语义曾经经过怎样的变迁以及现如今它们各自呈现出一种怎样的语义结构,最后通过对双方进行对比,解答我心中的疑惑。今天借着沙龙机会,就班门弄斧地与各位老师、同学分享一下这个小研究。

先看问题的提出。与我的研究问题相契合的理论就是术语化和标准化的问题。在研究中术语是石头,理论都要依靠术语所串成的命题来构筑,因此术语在研究中是非常重要的,许多学科都在讨论和关注术语,包括近些年的旅游研究。2013年,谢彦君老师组织了一场座谈并将其对话整理出版了一本书——《旅游学纵横:学界五人对话录》,书中保继刚老师和谢彦君老师都提到了有关术语的一个问题——虽然目前国内旅游研究很活跃,很多学者踊跃向国外投稿,也不断地邀请国外学术达人到中国进行演讲和讲座,但其中仍有一个基本问题尚未解决——国内很多旅游研究的基本概念和术语还没有和国外完全对接。保老师以这本书中提到的一个概念——"旅游吸引物"进行举例说明,认为在20世纪80年代国内外学术交流还不是很充分的时候,是地理学者最先介入旅游研究的,他们把相类似含义的名山大川等称作旅游资源,这种说法可能与英语术语——"tourism attraction"相对应的概念较为接近,但很多国人按照中文字面意思将其翻译成了"tourism resource",而其实际含义与英文"tourism attraction"并不对应。除此以外,旅游研究中还有很多词都存在这样的问题,例如本文提到的英文旅游研究中的一个最基本的词——"tourism",其和中文词"旅游"之间其实也存在这种不对应的情况。谢彦君老师在《基础旅游学》中多次谈到,他不赞同一些学者将"tourism"翻译成"旅游业"的做法,他认为这是一种误读,而且这种误读已经导致汉语的与"旅游"相关的词的含义都很含糊,也影响了我们的学术沟通。比如说,提到"旅游"我可能在说A,你在说B,因为A和B都披着同一个"外衣"(词),这就可能导致沟通中的误解和障碍。这是一个亟待解决的问题。因为"旅游"是旅游研究中的基础词汇,后续由其发展出来的很多概念(如"社区旅游"、"生态旅游"等)都和"旅游"高度相关,它们的概念也可能会因为"旅游"的多义含混而变得含义不清晰,如张骁鸣老师在2007年就曾发表一篇对社区旅游的概念进行辩驳的文章。从概念和理论发展的角度来看，术语规范化和标准化是旅游研究值得努力的方向，本文就尝试从英文"tourism"和中文"旅游"之间相对应的概念体系和两个词之间的对比关系进行切入，尝试探讨旅游研究中术语规范化的问题。

如前文提到的，本研究主要用形式逻辑原理探讨词语和它对应概念的关系。根据形式逻辑原理，概念是现象和现实存在在人的头脑中的一种抽象化反映，将这种抽象化产物进行表达以及交流时，人们必须借助物质的"外壳"——词语。一方面，一个词语可以表达多个概念，如"旅游"，有的人觉得"旅游"是旅游业，对应的是经济的活动；有一些人说的又是另外一种东西，比如说谢老师认为"旅游"是以休闲为目的的人到异地的一种体验和活动。这就说明一个词语可以表达多个概念。另一方面，一个概念可以用很多不同的词语来表示，如我们看到一个正在哺乳婴儿的女性，可以称她为"母亲"，也可以称她为"娘"，也可以称她为"mother"，其中"mother"和"母亲"的不同就体现了不同的语言之间的一种差异。

本研究用到的另外一个理论工具是术语学，后文对旅游的相关分析，将会提到术语的特征。我将术语化当作是梳理"旅游"和"tourism"的一个目标。在后文的分析中我主要介绍的是几个比较容易界定的、最基本的使词语成为术语的条件。根据术语学原理，术语特征主要包括专业性、约定俗成性、单意性、科学性、理据性、能产性、延展性、系统性等方面。其中，单意性指的是"一词一意（义）"，一个术语或一个词对应且仅对应一个概念，而一个概念也仅需要一个词来对应。理据性说的是一个词必须让人能望文生义，不要产生过多的歧义。能产性是指一个词（比如"旅游"这个词）可以发展出旅游业、旅游者或者是旅游体系等衍生概念，它可以不断地进行发展，这些衍生发展出来的词如果能够串联起来形成一个理论体系的话，将对研究大有裨益，这也就是延展性的意义。系统性跟能产性有一定关系。我们所探讨的术语和词语之间有一定关系，某个词语可能是术语也可能不是，日常的词语可以转化为术语。日常的词语转化为术语的过程被称作术语化的过程。对于主要理论工具的介绍就是以上这些。

再来看相关研究进展以及学者们的态度。前文提到"tourism"和"旅游"都是一个词对应多个概念，学界认为它们的意义都是模糊不清的。了解术语是一个怎么样的构成可从概念和词语出发。概念是我们认识到的或感觉到的某种客观存在在脑中的抽象，比如说像电脑这样一个物品的存在，抽象到脑子中就是一个概念，我们把它称作"电脑"。这样的一对一关系的名词和概念就构成一个术语。再来看"tourism"这个词，目前"tourism"有多种含义，虽然它被用在了专业的旅游研究中，但是它还不能称作是一个术语（并非一词一义），在术语学中它被称为准术语——指已经被用在了学术研究中，但是并没有成为严格意义上的术语（符合前文提及的术语的特征）。学术界对于准术语以及准术语的概念含混情况的态度主要有两种。第一种态度认为概念的含混会对学术研究造成非常不利的影响。持这一观点的研究者认为，应该对含混的准术语对应概念进行整合厘清，达到"一词一意"，只有这样，将来研究者们基于其发展的概念和理论才比较精准。第二种态度认为旅游发展到如今出现了这么多的定义，每个定义都有其存在的必要性，我们能做的就是尊重每一个定义。这种态度也是很有代表性的，不管是在20世纪80年代旅游学概念争论的大爆发时期，还是如今，都会有人持类似的观点。从术语发展和理论发展的角度看，推进准术语的术语化是一种本文比较支持的立场和态度。因为如果一直处在概念或含义混乱的情况下，拿"tourism"这个词去讨论问题则可能会有一些潜在风险。在下文，我们要追溯一下"tourism"的源头及演变过程，然后再分析中文"旅游"和它的概念对应关系的变化过程，把这些都搞清楚之后，我们再讨论是否要进行术语标准化这个问题。

"tourism"是从"tourist"和"tour"衍生出来的一个词。"tour"是在18世纪之后才出现的一个词，到了19世纪，已经有非常少量的词典中出现了"tourism"这个词，但是它仍是一个少有人用的生僻词。

"tourism"，这一少有人知也少有人用的"生僻词"，一直到20世纪50年代之后才被一些常用英文词典收录。以现在运用较为广泛的两部英语词典——首次出版于1911年的《牛津简明英语词典》（*The concise Oxford Dictionary of current English*）和首版于1948年的《牛津高阶学习词典》（*The advanced learners' dictionary of current English*）——为例，在1950年之前的版本都还没有收录"tourism"一词。直到1951年"tourism"才首先被《牛津简明英语词典》收录（另一词典在1970年才首次收录"tourism"），且在之后，其释义经历了变化，如表1所示。

## 第三节 旅游与文化

表 1　英文词典中"tourism"收录及释义变迁

| "tourism"收录情况及释义数 | "tourism"释义项 | 来源 |
|---|---|---|
| 未收录 | — | 《牛津简明英语词典》1911 年的第 1 版到 1934 年的第 3 版都未收录"tourism",收录了"tour"和"tourist"(1934,P1298) |
| 未收录 | — | 《牛津高阶学习词典》第 1 版未收录"tourism",收录了"tour"和"tourist"(1948,P1363) |
| 收录,但非独立词条,1 个释义 | organized touring | 《牛津简明英语词典》第 4 版收录了"tourism",列在"tourist"名下(1951,P1350) |
| 收录,但非独立词条,1 个释义 | Organized touring, e.g. some countries obtain large sums of foreign exchange from tourism | 根据《牛津高阶学习词典》英汉双语版,《牛津高阶学习词典》第 2 版(1963)已收录"tourism",列在"tourist"名下(1970,P1169) |
| 收录,独立词条,初现多个释义 | (1) organized touring;<br>(2) operation of tours as a business;<br>(3) provision of things and services that attract tourists | 《牛津简明英语词典》第 6 版收录,单独列为一个独立词条,释义有增加(1976,P1226) |
| 收录,独立词条,初现多个释义 | 同《牛津高阶学习词典》上一版本 | 《牛津高阶学习词典》第 3 版"tourism"情况与上一版本相同(1974,P932) |
| 收录,独立词条,释义归一 | the organization and operation of (esp. foreign) holidays, esp. as a commercial enterprise | 《牛津简明英语词典》第 8 版收录,单独列为一个独立词条,释义有变化(1990,P1290) |
| 收录,独立词条,释义归一 | business of providing accommodation and services for tourists; e.g. the country's economy is dependent on tourism | 《牛津高阶学习词典》第 4 版收录,但"tourism"释义有变化(1989,P1356),这一"商业活动(business activity)"类释义一直延续到 2010 年第 8 版 |

从表1可以看出，"tourism"一词是从"tour"、"tourist"演变而来的。"tourism"刚被收录时，这两个词典都将其翻译为"organized touring"（被组织的游览），指向19世纪中期以来的由托马斯·库克等个体或商业组织等组织的人类造访异地的活动。按照形式逻辑的"属加种差"① 定义来看，这一概念的属是"touring"（游览），种差是"organized"（被安排/组织的），其主体似乎是游客，但其实现还需要借助组织者——旅游中介。《牛津高阶学习词典》（下文简称《牛高》）还针对这一释义给出例子——some countries obtain large sums of foreign exchange from tourism（很多国家从tourism方面获得大量外汇收入），这里面已经暗示了这种"被组织的游览"能够带来经济收益。

1976年的《牛津简明英语词典》（下文简称《牛简》）（第6版）中除了继续保留"organized touring"（被组织的游览）之外，还增加了"operation of tours as a business"（经营旅游的商业）、"provision of things and services that attract tourists"（提供吸引游客的事项和服务）释义，新增加的释义将"tourism"对应的为游客提供供给的商业属性凸显出来。之后的两个词典的释义都只保留了"tourism"一词是有关经营性和商业性的释义："the organization and operation of (esp. foreign) holidays, esp. as a commercial enterprise"（组织和经营度假）（《牛简》第8版，1990：1290）；"business of providing accommodation and services for tourists"（为游客提供住宿和其他服务的商业）（《牛高》第4版，1989：1356）。这两个释义都表明的是类似的"属"——组织（游客）出游的商业经营活动。

到了1970年，旅游研究中开始大量关注"tourism"并且尝试给其下一个定义，它的定义开始丰富起来。当时 Annals of Tourism Research 这一刊物的主编也从一个学术的视角提出，"tourism"是研究一个人离开惯常环境的一种学问。随后 Leiper 对它进行了统合和总结，对当时人们关于旅游学的认识以及字典上提到的"business tourist"进行辩驳。他认为，把旅游当成一种系统是一种更合适的、更全面的视角，他认为 tourism 是包含游客到外地旅游时所涉及

---

① 在形式逻辑中，"属加种差"是一种将概念放在一个更广泛的概念中给其定义的方法。包含两步：先找到包含被定义对象的较大的一个事物类，即属；之后找到在这个属中，被定义对象和其他种的差别，即种差。如哺乳动物就是分泌乳汁喂饲初生后代的脊椎动物，其中"脊椎动物"就是哺乳动物所在属，"分泌乳汁喂饲初生后代"是哺乳动物区别其他事物的特有属性（诸葛殷同等，2007：44—45）。

的地方、物等在内的一个系统。1980 年,有学者对他的这种定义表示不认可,提出"business"这个词是有意义的,应该尊重这样的定义,之后他还从 business 的角度对 tourism 进行了梳理和总结,提出它是一种为游客提供商品或服务的商品或商业的总称。随后,1997 年的一篇文章也讨论了"tourism"的概念,它把 tourism 当作是一种游客的活动。目前这四种定义也是当前"tourism"比较常见的、最主要的定义(如表 2 所示)。

表 2　tourism 相关定义

| 被定义项 | | | 定义联项 | 定义项(=属加种差) | | |
|---|---|---|---|---|---|---|
| 事物 | 概念 | 词语 | | 定义项陈述 | 属 | 种差 |
| 至少包含有目的旅行和目的地活动的人类活动 | 概念1 | tourism | is | T1: an activity engaged in by human beings and the minimum necessary features that need to exist for it to be said to have occurred include the act of travel from one place to another, a particular set of motives for engaging in that travel (excluding commuting for work), and the engagement in activity at the destination①. | An human activities | 定义项陈述中画线部分 |
| 为离家的人提供商品、服务的商业经营 | 概念2 | | | T2: the aggregate of all business that directly provide goods or service to facilitate business, pleasure, and leisure activities away from the home environment②. | The aggregate of business | |

---

① Tribe J. The Indiscipline of Tourism [J]. Annals of Tourism Research, 1997, 24 (3): 638—657.
② Smith S L J. Defining Tourism: a Supply - side View [J]. Annals of Tourism Research, 1988, 15 (2): 179—190.

续表 2

| 被定义项 | | 定义联项 | 定义项（=属加种差） | | |
|---|---|---|---|---|---|
| 事物 | 概念 | 词语 | | 定义项陈述 | 属 | 种差 |
| 关于离开惯常环境人，满足其需求的产业及这二者对目的地造成的影响的研究 | 概念 3 | tourism | is | T3：the study of man away from his usual habitat, of the industry which responds to his needs, and of the impacts that both he and the industry have on the host's socio-cultural, economic and physical environments①. | A study | 定义项陈述中画线部分 |
| 包含人的（不以挣钱为主要目的）自愿旅行及在远离其常住环境的地方停留一晚以上的系统 | 概念 4 | | | T4：the system involving the discretionary travel and temporary stay of persons away from their usual place of residence for one or more nights, excepting tours made for the primary purpose of earning remuneration from points enroute②. | A system | |

拥有这四种定义的"tourism"在中文表达中都被翻译成了什么？我选取了一些主要刊物、书籍中的翻译，如表 3 所示。

表 3  tourism 对应的概念及其对应中文翻译

| 英文词语 | 对应表 2 概念 | 中文译法 | 案例 |
|---|---|---|---|
| tourism | 概念 1 | 旅游 | （1）凡人类以旅行游览、开阔眼界、增长知识、休假疗养……及探亲访友为目的的、非定居的暂时性移动，均可称为旅游……旅游（tourism）容易与休闲混同③ |

---

① Jafari J. Editor's Page [J]. Annals of Tourism Research, 1977, 4 (4): 6—11.

② Leiper N. The Framework of Tourism: Towards a Definition of Tourism, Tourist, and the Tourist Industry [J]. Annals of Tourism Research, 1979, 6 (4): 390—407.

③ 郭来喜. 一门新兴的学科——旅游地理学 [C] //中国科学院地理研究所旅游地理组编. 旅游地理文集. 北京：中国科学院地理研究所，1982：11—18.

续表3

| 英文词语 | 对应表2概念 | 中文译法 | 案例 |
|---|---|---|---|
| tourism | 概念1 | 旅游 | （2）旅游的本质（essence of tourism）是人的一种自我完善和发展的自觉活动或经历，其目的是追求身心愉悦①<br>（3）只有那些暂时的、异地的以追求愉悦为目的的休闲行为才可以被称为旅游（tourism）②<br>（4）旅游是在人的某种基本需要支配下，可能付诸实施而产生的行为和活动③<br>（5）旅游是一个人旅行前往……的活动（Tourism is the set of activities of…）④ |
| | | 旅游活动 | 旅游活动（tourism）是人们处于休闲、商务及其他目的，短期离开自己惯常环境……访问的活动⑤ |
| | 概念2 | 旅游 | 旅游是旅游活动达到一定规模后，产生出的一系列提供和丰富这种活动的产业和系统⑥ |
| | | 旅游业 | 张践等人所翻译的 Tourism：Past，Present and Future，翻译为《西方旅游业》（1999），将"tourism"翻译为"旅游业"⑦ |
| | 概念3 | 旅游 | Tribe 悲观地认为：通过将旅游（tourism）包装为一个学科而使旅游研究（tourism studies）合法化不但在逻辑基础上是失败的（即当前的旅游研究根本无法通过学科检验），而且……⑧ |

---

① 马耀峰，白凯．基于人学和系统论的旅游本质的探讨［J］．旅游科学，2007，21（3）：27—31．
② 谢彦君．基础旅游学［M］．第三版．北京：中国旅游出版社，2011：13，57，55．
③ 张凌云．国际上流行的旅游定义和概念综述——兼对旅游本质的再认识［J］．旅游学刊，2008，23（1）：86—91．
④ 李天元．旅游学概论［M］．天津：南开大学出版社，2009：46．
⑤ 李天元．旅游学概论［M］．天津：南开大学出版社，2009：46．
⑥ 张凌云．国际上流行的旅游定义和概念综述——兼对旅游本质的再认识［J］．旅游学刊，2008，23（1）：86—91．
⑦ 谢彦君．基础旅游学［M］．第三版．北京：中国旅游出版社，2011：13，57，55．
⑧ 左冰．西方旅游研究范式的转变：从交叉学科、多学科到后学科［J］．旅游论坛，2009，2（4）：589—594．

续表3

| 英文词语 | 对应表2概念 | 中文译法 | 案例 |
| --- | --- | --- | --- |
| tourism | 概念4 | 旅游 | 旅游（tourism）是多元系统整合的社会现象……旅游（tourism）是市场经济发展的产物① |

从表3中可以看到，表达这四种概念的英文"tourism"都存在被翻译成中文"旅游"的情况，有些也同时被翻译成其他中文词语，比如"旅游活动"等。就我个人经验来说，看到教材中的"tourism"，第一反应也是译为中文"旅游"。那么问题来了，"tourism"真的等同于"旅游"吗？或者说中文"旅游"是因翻译英文"tourism"而来的词汇吗（舶来词汇）？

我国学者对中文"旅游"是怎么出现的这个问题也进行了一些讨论，有两种比较常见的看法：第一种看法是将中国汉语中的"旅"和"游"相继连续出现作为其起源，其结论是"旅游"一词的来源最早可以追溯到南朝的一首诗——"旅游媚颜春，颜春媚游人"，这是一种比较常见的说法；第二种看法是说"旅游"是一种舶来词汇，潘泰封1984年的文章就认为中文"旅游"完全是一个舶来词汇，他认为从起源来看，"旅游"是从"tourism"翻译过来的词汇，它就天生继承了"tourism"的一些概念体系，如果不是，何以建立起对应关系。

下文将通过对历史资料的研究来检视这两种既有的观点。通过对包括古汉语词典，民国时期的一些旅行杂志、词典、著作，新中国成立之后的旅游大事记在内的一手史料进行分析，可以得出的结论是："旅游"这个双音词大概产生于民国时期；虽然民国时期是一个鼎盛的中西交流时期，但是它并不是从"tourism"翻译过来的。具体分析如下：

就第一种看法——"旅游"一词自古有之（"旅游"一词源自南朝古诗"旅游媚颜春，颜春媚游人……一朝阻旧国，万里隔良辰"，或"过岭万余里，旅游经此稀。相逢去家远，共说几时归"），学者们追溯"旅游"词源所引用的古代的旅游诗词都充满了悲戚，对比古汉语词典中"旅"和"游"的释义，

---

① 申葆嘉. 论旅游是市场经济发展产物［J］. 旅游学刊，2008，28（3）：19—24；申葆嘉. 旅游学原理：旅游运行规律研究之系统陈述［M］. 北京：中国旅游出版社，2010：40—51，88.

"旅"字的含义与如今代表休闲、追求愉悦体验的旅游在词义上有出入。另外，古诗词基于古汉语词汇，其多以单音词为主，学者们追溯的"旅游"来源到底是两个单音词连续使用（"旅-游"）还是一个双音词（"旅游"）呢？通过对多本古汉语词典中收录的双音词的追踪，发现"旅次"、"旅食"、"旅馆"、"旅舍"、"旅店"、"旅行""旅况"、"旅程"等双音词都被收录，但"旅游"并不在列。因此，第一种看法以"旅"—"游"两字相继并行出现当作现代双音词"旅游"的源头的理由并不充分。

那么"旅游"如果不是古代就有的中文双音词，那是不是从"tourism"翻译得来的词呢？我们继续考究第二种看法。本研究将从现代汉语中梳理双音词"旅游"出现的具体历史过程和情境来回应这一问题。我们知道，古汉语和现代汉语的分界大概在五四运动前后，即20世纪初期。现代汉语多双音词和多音词，前面提到"旅游"这一双音词未被古汉语词典收录，那么它是否可能在20世纪初——现代汉语发展后就出现了呢？经过对民国时期史料的查询，发现最早出现"旅游"一词的是民国时期的旅游杂志，谈及的是游客乘火车出行到北京或者天津游览的情况。当时"旅游"一词指代的概念是和西方的游客出行到外地进行旅游活动更为相近的（如1934年北宁铁路局出版的《北平旅游遍览》、1944年唐渭滨在《旅行杂志》发表了《旅游中的道德问题》）。而且当时的一本旅游杂志发表了中国旅行社的一个专家对"tourism"和与现代汉语"旅游"近义的"游览"进行辨析的文章。他认为，"tourism"是游览事业，是一种商业的活动。"游览"是和现在的游客的活动相近的含义，他认为"tour"（而不是"tourism"）所对应的是"游览"（义同"旅游"）。可见，至少在民国时期，英文"tourism"和中文"旅游"的含义并非等同或对应。

那"tourism"和"旅游"是什么时候建立起对应关系的？综合民国时期和新中国成立初期的相关资料，1965年的中央文件开始使用"旅游"这个词，但在当时"旅游"主要是作为"旅游事业"或"旅游部门"等词（组）中的构成（修饰/定语）部分。类似的修饰语最早又是怎么来的呢？通过文件内容回溯追踪得知，发现它是由"旅行游览事业管理局"中的"旅行游览"四个字缩减后形成的。但"旅游"在当时也很少用，这从那时的现代汉语词典[1965年《现代汉语词典》（试用本）]没有将它收录进去可见一斑。那"旅游"一词是什么时候收录进现代汉语词典的呢？通过对现代汉语词典各版本追踪发现，在1978年第1版的《现代汉语词典》，"旅游"第一次被收录为单独的词①，但当时只有一个释义——旅行游览。

"旅游"的偏向于经济维度的释义是在1978年前后形成的。这从邓小平的几次关于旅游的讲话中也可以看到，如"这个时期旅游事业大有文章可做，旅游赚钱多、快，政府也大力发展旅游"等。旅游及相关的词（旅游事业、旅游局等）变成了流行词语，这些词也被引进到学术研究中，如1979年中国科学院的两位前辈（吴传钧、郭来喜）的研究中有"大力发展旅游"这样的表述，这些表述中的"旅游"已经带有强烈的经济维度的色彩。

20世纪80年代初，我国旅游研究文献中开始有学者将"旅游"与"tourism"互译，将其对应起来。90年代中期之后，不论是词典中还是中文学术研究中，"旅游"对应概念进一步变化："旅游"除了可以指游客外出游览的行动之外，还有旅游业和旅游经济这样一种释义，这跟"tourism"表达的某一对应概念类似。此外，在学术研究中，"tourism"对应的另外几个概念——"非定居者的旅行和暂时居住而引起的现象和关系的总和"、"多元系统整合的社会现象"、"一种社会事实，市场经济发展产物"等概念也开始在用中文"旅游"表达。

从上文可以知道，"tourism"与"旅游"目前都对应多个概念。接下来看"tourism"与"旅游"各自表达的每个概念是不是都是一一对应的？国内旅游研究中用"tourism"或"旅游"都可以表示的概念有三种：第一种是暂时的、异地的、以追求休闲为目的的游客的行动，第二种是旅游业，第三种是社会事实——一种与Leiper的tourism system相类似的一种宏观的社会事实。需要指出的是，Jafari提出的以"tourism"指代"旅游学"——"the study of tourism"比较特殊，汉语"旅游"一词通常不用于表达这个概念，大多数学者都会使用中文词语"旅游研究"或者"旅游学"来表达"the study of tourism"。且在中文翻译为英文的时候，学者们也往往不会将"旅游研究"或者"旅游学"翻译为"tourism"，而是翻译成"tourism study"或"tourism research"。综上，"tourism"有三项定义能够在"旅游"表达的概念中找到对应项，但还有一项对应概念（the study of tourism）很少用中文"旅游"表达。因此，可以说今

---

① 在1978年的第1版《现代汉语词典》和1983年的第2版《现代汉语词典》中，"旅游"一词开始被收录，但只有一个释义，使用例子为"旅游事业"。1996年之后，《现代汉语词典》中"旅游"的释义开始增加。——发言人补注。

天"tourism"和"旅游"并不是完全一一对应的。

最后，根据术语单意性、科学性、理据性、能产性、系统性的特征，本研究提出一个建议：旅游研究者应针对"旅游"或"tourism"所指的具体概念（到底是一种动作、一种经济人的活动、一种学术研究，还是一种由游客出行而串起的经济的、社会的和地理的系统）用一些单义的替代性中英文词汇表达（如表4所示）。这个表格内容也不是随意捏造的，而是根据现有的旅游研究文章中常见的一些用法摘取下来形成的。如"tourism"对应的第一个概念（表3概念1），其对应的中文词用"旅游"比较合理，因为从术语理据性来看，"旅"和"游"在中文中都是动词，一说到"旅游"，人们会直观地把它理解为一种游客的动作或行为，而指代这一概念的更为切合的歧义较少的英文词是"tour（ing）"而不是"tourism"。"tourism"对应的第二个概念（表3概念2）应与中文"旅游业"更为贴近，至于从中文转译为英文的时候，翻译成"tourism industry（也有学者翻译为 tourism industries[①]）"更能减少歧义，英文百科全书里对"tourism"的解释用到的就是"tourism industry"。"tourism"对应的第三个概念（表3概念3）对应中文应该是"旅游学"，大部分人对这是没有异议的，英文再翻译就是"tourism study"。"tourism"对应的第四个概念（表3概念4）可以翻译为"旅游系统"，对照 Leiper 和2010年徐红罡老师出版的《旅游系统分析》中的描述，旅游系统是与旅游相关的一个大的体系和宏观事实，英文再翻译为"tourism system"。这就是我根据既有研究和词典释义给出的建议条目，供大家参考，谢谢！

表4 "tourism"与"旅游"替代性词汇

| 词汇 | 对应概念 | 首译（英译中） | 再译（左词中译英） |
| --- | --- | --- | --- |
| tourism | 表3 概念1 | 旅游 | tour（ing） |
| | 表3 概念2 | 旅游业 | tourism industry/industries |
| | 表3 概念3 | 旅游学/旅游研究 | tourism study/research |
| | 表3 概念4 | 旅游系统 | tourism system |

---

① Leiper 2008年认为"tourism industries"能够更好地涵盖旅游的所有的经济、商业等活动。

## 主题讨论

**赖　坤：** 因为时间的原因，请大家简短地提几个问题。

**覃　群：** 您刚才从很多中国的理论谈及"旅游"这个词的产生、意义的变化，这让我有两个感想。首先，中国人很喜欢用"旅游"这个词，但是通过我在国外的学习，我了解到，很多外国学者并不喜欢用"tourism"，而是用意义更加丰富的词，比如说"travel"、"journey"、"visit"、"camping"之类的词语，他们使用不同词语背后有不同的想法。比如被称为"tourist"，就意味着我是参加了团队旅游，参加了 mass tourism（大众旅游）这种一窝蜂到处走的活动。他觉得这是不好的，因而更喜欢用其他的词语描绘。这个角度你没有涉及，这是一点。另外一个感想是，国内谈到旅游学科，各大学校都有旅游专业、旅游学院，通常是把学科或专业/学院等说成是"tourism management"、"tourism school"这类词语，但是国外好像更喜欢用其他词语。我们似乎把什么都说成是"旅游"，而国外则更为丰富多样，包括 park、sport 等，都可以包括进来。谢谢！

**李　军：** 我个人认为，虽然我们丢弃了很多概念，但在中国，旅游其实已经有很多不同的概念和定义了。此外，我还想提一个意见，你可以就此再进行更深入的挖掘，这样之后就可以有很深的阐述，比如可以用哲学体系进行分析。我上午也提到过，我个人建议公孙龙的哲学著作是一定要去读的，他的两篇文章——《白马论》和《坚白论》是可以运用到这里面的，《白马论》讲的是行为上的联系，而《坚白论》讲的是知识点的联系。刚刚提到的"旅游"这个词为什么这么多人用，其实可能的原因是它是汉语，因为汉语的使用习惯，所有人就都用一个词语来表意很多东西。但是在哲学范畴里，这样是不对的。哲学要求你在讲一个词语的时候，一定是实指，但是中国的语言做不到这一点，因为中国的词语讲的是一个"理"，不是"实"。所以，如果你去读公孙龙的著作的话，可能会得到一些新的启发。他分析的是人们在一个语境下谈话的时候，他只谈一个，不谈别的。如果另外有一个对象，它叫作共相。他不会两个对象同时讲。

## 第三节 旅游与文化

**赖　坤**：我发现汉语有一个语境的问题。比如，我们如果把单独的英语词拿出来，它的意义是含混的，而我们中文的词单独拿出来可能什么意思都没有，或者什么意思都有。可是当我们把它与其他词相联系，它的意思就被限定了。不是这个词本身限定了自己，而是被联系限定了。我以前的研究举了"意思"这个词为例，外国人不知道，但是中国人驾轻就熟，因为我们常把它用在这个文化语境中。所以从这个角度来说，我承认"tourism"、"旅游"的意义是含混的，但是两个有含混意义的词放在一起我认为是没有问题的。一个精确的东西不一定非得是由另一个精确的东西制造出来，也许两个意思模糊的词放在一起后意思就变明确了。

**史甜甜**：感谢赖老师的点评！之前我就这个论文跟张骁鸣老师讨论过，他也提到了语境的问题，我自己对于这个问题也感到特别疑惑。对于学术研究来说，有语境就够了吗？我们是否需要非常精确的概念？旅游学术研究可能还没到构建庞大理论基石的时刻，现在进行概念确定，尝试推动某种学界共识的达成，是不是必要的，还是说，我们只需要把语境描述好，大家看到后，能够理解就够了？

**余晓娟**：甜甜同学，其实我有个相似的疑问，就是针对"tourism"这个概念，你列举了很多的标准，我想知道你的概念标准的来源是理工科还是我们的社会学科。因为我觉得理工科可以自己造一个精确的指代词语，但是像社会学科，每一个词都像一个酒瓶一样，都已经装了很多意思在里面，我们需要用已经有的这些词语来描述现象并建立起术语和理论系统，也就是说，这个对话过程中已经包含了原来那些词语和意思在里面的。所以我的问题就是，理工科的概念设立的标准是不是和我们社会学科肯定不一样？

**史甜甜**：谢谢老师的问题！逻辑学原理当时对这个问题的回应是这样的：不论自然科学还是社会科学都是要讲逻辑的，讲逻辑可能就是要讲到因果关系，或者是其他各种关系。这个时候，你必须明确你的所指是什么。另外，术语学认为术语化是一个解决社会科学概念含混的问题的方法。术语学将日常词汇引用到学术术语中的过程叫作术语化过程，而像您提到的成为某学科严格术语之前的、来源于社会生活而又被研究使用的词就是准术语，它们还没有完全术语化之前，概念就容易存在含混。社会科学各个分支作为某一个学科，其目的之一就是在一个理论体系中寻求有效对话和达成一致，也就是尽量在某个理论体系中提出并达成越来越多共识,术语化是实现一定相对共识的基础。

**余晓娟**：我也认同赖坤老师的观点,我们不能单从一个词语本身去衡量它的概念内容,因为我们都是词语的使用者,都是在情境当中去使用这个词的。一个词语加上它的情境才能够构成对它更精确的理解。

**赖　坤**：由于时间关系,第三节的汇报就到这里。

# 第四节

# 旅游管理

- 开场白
- 旅游定量研究方法对比分析
- 事件感知价值及其对旅行结果的影响
- 香港旅游吸引物的预期值、服务质量、感知价值、旅行次数和游客满意度:跨文化的视角
- 大树底下好乘凉?攀附性目的地品牌口号对旅游者态度和意向的影响

## 开场白

王彩萍

(中山大学旅游学院)

大家下午好！我们这一组研究的是"旅游管理"，汇报的4位嘉宾全部是做营销方面研究的。不过，我个人却是做财务研究这一块的，与他们会有一些差异，所以对他们的汇报，我想还是请在座的各位嘉宾帮忙一起来点评。第一位是暨南大学的黎耀奇博士，第二位是澳门旅游学院的许月英博士，第三位是香港理工大学的季明洁博士，最后一位是我的同事张辉博士。首先，我们欢迎黎耀奇博士进行汇报。

## 旅游定量研究方法对比分析

黎耀奇

(暨南大学管理学院)

在座各位很多都是我的老师、学长,所以今天的汇报对我来说是一个挑战,毕竟自己刚进入学术圈也不是很久,对这种比较大的问题的介绍只能是一种尝试,我主要介绍的是我这几年来的一些感悟和反思。今天我要讲的有三个主题:第一个是传统定量的研究方法,第二个是测量统计方法,第三个是我自定义的超定量研究方法。为什么要讲这三个主题?第一个原因是我自己在硕士生、博士生阶段的时候,会经常犯第一个、第二个问题的错误,将研究方法和测量统计方法混淆起来。很多研究者说自己的研究方法是回归分析、结构方程模型,但是事实上这两个东西并不是研究方法,它们只是测量统计方法。第三个问题是2010年以来出现的诸多超定量的研究方法,比如包括社会网络分析、大数据在内的新型方法,它们对传统的定量研究造成了一个很大的冲击。

下面我将先对传统的定量研究方法进行介绍。研究方法并不是数据分析方法,也不是具体的测量方法,而是一种思路,是与方法论、本体论相关的一套抽象的逻辑思维。传统定量研究有三种主流的研究方法:二手数据分析、问卷调研、实验研究。

第一个是关于二手数据分析的介绍。二手数据分析在很多经济研究中都有所体现,王彩萍老师在这方面就很擅长,我在此只做一个简单的介绍。首先,二手数据的来源主要有:上市公司的财务报表、政府部门数据、行业数据、工业统计数据等。其次是关于二手数据的角色的介绍,主要有两种角色:主要的研究对象和辅助性的数据。刚刚左冰老师提到,她可能会在相关网站上采用关键词搜索的方式搜集数据并进行研究,这属于辅助性的数据。如果研究的是上市公司的绩效和其他某方面之间的关系,搜集到的二手数据的角色就是主要的研究对象。再次是二手数据的适用问题范围。二手数据适用的研究问题一般都是较宏观的问题，比如社会学、经济学、管理学和旅游学这些较为宏观的领域。最后要介绍的是二手数据的特点。它的第一个特点是体量很大。在上市公司的网站上可以搜到二三十年的数据，公司数量也很多。第二个特点是有时间序列的，可以开展纵向研究。第三个特点是可复制性很强，A作者根据一套数据、一种研究方法可以得出一种发现，B作者用同一套数据、同一种研究方法也可以得出同样的结果。二手数据的使用，有利于国内学者和国外学者的学术对话，因为当代中国学者的研究普遍会因为诚信问题被国外学界所质疑，二手数据的分析能够很大程度上规避数据真实性的质疑。

第二个是关于问卷调研的介绍。问卷调研的优点是它的回收速度快，成本低，数据的分析也比较简单。但是问卷的数据存在一个较易受到质疑的缺陷，那就是数据结果的可复制性较低的问题。在一次研究中，研究者可能做出来的是一种结果，其他学者进行同样的问卷调研，很可能做出来不一样的结果。因此，问卷数据的真实性或者准确性容易被人家质疑。第二个问题是抽样问题。问卷数据是真实的，数据来源也是真实的，但问卷数据能不能代表客观现状？它的外部有效性是否可以接受？事实上，问卷调研的外部有效性最核心的问题就是由抽样过程是否随机决定的。问卷调研还有一个很重要的问题，即关于问卷设计和量表来源的问题，大家对这方面可能比较熟悉，所以，我就不再浪费时间了。

第三个是自然实验的介绍。刚刚李咪咪博士也提到了关于自然实验方面的研究。目前旅游研究领域的实验研究还是比较少的。2013年我进行过一次全面的学术检索，在旅游研究的中文期刊中，如比较知名的《旅游学刊》，在过去10年好像只有2篇是用实验法进行旅游研究的。出现这种现象的主要原因是实验法在旅游学科里的接纳程度还是比较低的。但是，在社会学、营销学及心理学里，实验方法已经是一种被广泛使用的方法。实验法里主要有三个类型的实验：第一个是自然实验，就是在自然的状态下，不进行任何控制地进行研究。比如研究国家颁布的《中华人民共和国旅游法》究竟对旅游业带来了什么影响、中国的计划生育政策究竟是有利于提高人口素质还是降低人口素质等，都可以使用自然实验进行研究。在《美国社会学杂志》（*American Journal of Sociology*）等社会学的权威学术期刊里面，有不少都是使用自然实验进行的研究。自然实验的最大挑战和困难在于，我们不能对数据进行任何的控制，因此需要用大量复杂的对比分析去降低这种控制外因素带来的误差问题。第二个是准实验,就是在自然环境下对一部分因素进行操控而进行的实验。比如说有两个酒店,A酒店的装修是比较豪华的,B酒店的装修是比较内敛的,比较这两个酒店的不同的装修类型对它带来的影响,这种研究就是一个准实验。第三个是实验室实验,也就是刚刚李咪咪博士提到的那种实验。实验室实验是在实验室的情境下,完全控制可能影响结果的因素,观察因变量对自变量的影响。如膝跳测试、化学实验等,就是标准的实验室实验。在管理学中,并不能完全做到理工科那样的完全控制其他因素,往往是通过随机分配(random assignment)的方式,进行无关因素的控制。接下来,我们来比较一下这三种实验研究的优劣。首先比较被试者是否觉察到实验的发生。在自然实验里面,实验对象不知道自己正作为一个实验者被研究人员进行研究;在实验室实验里会有一种很强的实验感,实验对象能清楚知道自己是被试,即所有参与者都知道自己正在参与实验。由于在自然实验里面,参与者没有察觉到自己参与了实验,所以自然实验接近现实的程度很高,外部有效性是最高的。而在实验室实验里面,实验对象都知道自己参加到实验中,由于实验对象的很多主观认知会影响到他们的判断,进而产生偏差,因此实验室实验的外部有效性是比较低的。这也是目前实验室实验被质疑最多的一点。相反,自然实验的外部有效性很高,但统计分析难度非常大。据我所知,有一个发表在《美国社会学杂志》上的研究,研究者(美国社会学的某知名教授)带了一个20~30人的团队,处理了4~5个月才完成数据分析并得到结果。这种数据分析过程主要就是通过对比研究,剥离一些无关因素。比如,在分析计划生育政策影响时,选取A和B两个地方,A地有计划生育政策,B地没有这个政策,而除此之外A和B完全一样。通过比较A、B两地的差异,可以分析出计划生育政策带来的影响。然而,事实上是不可能存在完全一致的对比地区的,我们只能确定两地可能在某些方面是一样的。因此,想进行完备的比较得到研究结论,只能通过多次比较,一点一点地剥离那些无关因素。例如,在文化方面,中国内地和香港是比较相似的,通过对这两地的比较会得出来一个结论;而在制度方面,中国可能和其他一些社会主义国家比较相近,通过比较两者又会得出另一个结论。这就是自然实验最大的一个问题。刚刚我也问了李咪咪博士,现在在营销方面的研究中,很多是基于实验室实验的。从操作上来说,这是比较简单的,例如现在我们很多实验是找本科学生或者MBA学生体验设定的情景,然后回答、填写问卷,这种研究的真实性就会受到很大的质疑,会被评委严厉批判。但在营销学的研究中，基本上不会被问到这个问题，因为所有人都面临这个质疑，这是个无意义的问题。实验室实验的问题还包括，如样本的代表性问题、练习效应、天花板效应、地板效应等，在这里我就不一一讲了。

第二部分介绍统计分析方法。在传统的定量研究里，主要有6种统计分析方法：描写性统计、方差分析、回归分析、结构方程模型、多层线性模型、非线性回归。非线性回归我们现在用得比较少，这与整个社会学科的学科背景有关，我在这方面了解得也不多，所以关于非线性回归的介绍就被我省略了。

接下来进行前5种统计方法的对比及分析。最简单的是描述性统计，描述性统计可以回答样本的方差、均值等问题，有利于研究者把握数据的总体状态。描述性统计之后，可以开展方差分析。方差分析就是做均值比较，比如男生是这样的、女生是那样的。刚刚史甜甜老师的分享就体现了方差分析的思想，中国文化是这样的，美国文化是那样的，这就是方差分析的一个思想。第三个是简单回归分析，用于研究自变量对因变量的简单影响。接下来是结构方程模型、多层线性模型。由于描述性统计和方差分析比较简单，我在这里就只对简单回归分析、结构方程模型、多层线性模型进行对比。首先，简单的回归分析中，因变量是显变量，自变量也是显变量。什么是显变量？显变量就是可以直接测量的变量，比如年龄，27岁或28岁，又如收入水平，两千元或三千元，这都是可以直接测量的，这时我们用简单回归分析就可以了。但是有一些问题我们并不能直接测量，比如说你满意吗？你幸福吗？幸福很难用具体的指标表示，可能需要用到很多其他的问题去回答。比如测量服务质量时，需要对服务环境、服务人员、服务结果等进行询问，通过这些方面的汇总来衡量服务的质量。这种不能直接测量的变量就是潜变量。由于简单回归分析假设变量是可以直接测量的，当变量为潜变量时，便不能满足简单回归分析的条件。若使用简单回归分析对潜变量进行研究，会出现误差。此时，可以用结构方程解决这个问题。也就是说，结构方程模型可以对潜变量进行分析。但进一步，如果研究变量处于不同层次中时，结构方程模型也无能为力了。事实上，简单回归分析和结构方程模型都是回答不了情景效应的，面对这种研究问题时，可以使用多层线性模型进行分析。那么，如果面对既有情景效应，又有潜变量测量的问题时，又应该如何处理？此时，无论是简单回归分析，还是结构方程模型，或是多层线性模型都无法很好地对该情况进行分析。面对这种复杂结构，多层结构方程模型是较好的分析方法。多层结构方程模型是结构方程模型和多层线性模型的结合体，既回答了潜变量的测量问题，也回答了不同层次之间的情景问题，多层线性结构模型是最近较为热门的研究方法。总的来说，大约在 20 年前，对统计方法的要求比较简单，能做回归分析就挺好。在 10 年前，大家质疑简单回归分析的测量问题，从而产生了结构方程模型。之后慢慢地意识到管理中的情景效应很重要，多层线性模型也就随之产生了。现在有些期刊要求投稿人进行定量研究时，同时考虑情景效应、测量问题，这又推动了多层线性模型的推广。我举一个简单的例子对以上的统计分析方法进行对比，假如现在研究中国居民出游意愿的影响因素，首先要对受访者的年龄、收入情况、出游次数进行统计，做一个简单的描述性统计分析。这是研究中最基本、最需要做的一件事情——描述性统计分析。之后再研究到日本、到韩国的中国居民年龄差异，就可以用到简单方差分析来对比去日本和韩国分别是怎么样的。进而研究可支配收入对出游意愿的影响，这便可以用到简单回归分析。这里的出游意愿就已经被当成是一种显变量了。在有些情况下，变量是潜变量还是显变量很多时候取决于研究者是怎样给它下定义的，假如把它定义成显变量，它就是一个显变量。现在的很多研究中都把出游意愿、满意度等当成显变量去做处理。如果进一步研究出游国消费者敌意和文化认同对目的地态度的影响，由于消费者敌意和文化认同都是不能直接测量的潜变量，这时候就需要用到结构方程模型。最后要研究地区因素对出游意愿的影响就需要用多层线性模型。

　　第三部分是我自己命名的超定量研究方法。在传统定量研究里，我们主要观察的都是独立个体的行为，比如消费者行为研究，研究的就是消费者；上市公司研究，研究的是上市公司，这都是个体行为。传统的定量分析都是建立在样本之间是相互独立的假设条件下进行的，是针对个体行为的特征而开展的研究。样本互相独立是一个很重要的基本假设，但是在现实生活中，我们的样本并不是相互独立的，而是在不同圈子、不同关系网络里面相互联系着的。1967 年有一个实验提出"六度空间"的假说，说世界上任何两个人最多通过 6 个人就可以把他们连接起来。当然这只是一个假说，但它也很好地证明了在社会网络里面难以找到完全相互独立的个体。在社会网络的角度下，个别行为不是由个体的特征决定的，而是由其所处的整个网络决定的。这就对传统定量研究提出一个挑战，传统定量研究里的"个体之间是相互独立的"假设是不存在的、不客观的。当然，到目前为止，关于样本是否独立的批判，也仅仅是对传统定量研究的一个挑战而已。除了研究假设不一样之外，超定量研究方法与传统方法的分析重点也不同。传统定量研究分析的是个体的特征,但是社会网络分析的是节点间的关系。什么关系、什么位置、什么角色、社会网络的密度是怎么样的、中心度是怎么样的,社会网络分析主要关注的是这几个方面的问题。在这里我就不进行详细介绍了。超定量研究方法还包括大数据分析。传统定量分析尽量采取随机抽样方法进行分析,然后再推断总体特征。但是,大数据获取的就是总体数据,是所有消费者、所有行为的数据,不存在抽样问题。除此之外,传统定量研究都是寻求因果关系,而大数据关注的重点却是相关关系,因果关系对它来说并不是最重要的。举个例子,左老师研究红色旅游对国内政党认同感知的影响,这就是一个因果关系。大数据分析则关注购物推荐、机票价值预设等非因果逻辑问题。通过淘宝等网上购物平台,消费者在购买了一样产品之后,淘宝使用其他购买该产品的人的其他消费行为,对消费者进行产品推荐,这里面的产品推荐来源,使用到的便是大数据分析。这样的大数据结果出来,我们无法获知为什么的问题,但知道该怎么做。

最后提出一个思考问题:超定量研究的两种方法究竟是对传统定量分析的颠覆还是传承?社会网络分析中关于个体之间是互相联系的观点,是对传统定量分析的错误假设进行颠覆。此外,大数据分析对传统定量研究的抽样问题提出了质疑。抽样肯定会带来一系列问题,就算是随机抽样,也会有一些偏差,并且很多时候我们是做不到随机的。大数据分析的都是总体数据,避免了抽样过程带来的偏差。这都是对传统定量分析的挑战。在现如今的时代背景下,大数据也只是一个初步的应用,我们需不需要去做与之相关的研究,其实还是一个问号。

这就是我和大家分享的全部内容。

**主题讨论**

**王彩萍**:谢谢黎耀奇博士的发言,大家有什么想法想和他一起交流?

**刘丹萍**:我想请教您两个问题,我有两点不太明白的地方。第一个是关于您说的传统的定量分析,它假设个体之间是没有联系的。社会网络分析也是我正在学习的,它有节点,这个我明白,但是传统定量分析不也是从随机抽样里总结出基本规律来，然后假设样本之间不也是一个整体吗？整体不就是一种联系吗？我不太理解你为什么说传统定量分析是假设个体之间是没有联系的。第二个就是关于您刚刚提到的社会网络分析，我现在想用社会网络分析研究人的社会关系、社会网络是怎么建构的。因此，选择研究对象也是一种抽样，抽样完之后才去分析他们每一个被抽的样本之间的节点、网络是怎么建构的。那我请问这不属于抽样吗？

**黎耀奇**：我的理解是这样的：从传统角度看待抽样，是有较为明确的样本数和总体数的概念的，但传统角度的样本数和总体的概念是与社会网络分析的概念不太一致的。比如，我现在想研究我们这个会场的个体关系特征与其行为之间的关系，我假设个体与其他参会者的关系越强，其活跃程度越高。按照我们传统定量的逻辑，在座的每个人都是一个样本点，我们只需要抽取30个人进行统计分析，做假设检验，就能得到我们想要的结论。但是，在社会网络分析中，我们这个会场只是一个案例点，并使用网络分析的方法对这个案例点的内部结构和关系进行分析。如果要对这个结论做统计分析，需要找30个样本点，做30个类似的调查，每个会场作为一个样本点，对样本点的总体特征做统计分析，之后就可以得到不同的社会网络关系。又比如说研究一个团队的密度和绩效的关系，可能团队密度越高，它的绩效越好；或者说他的团队越稀疏，它的绩效越好。这样就是整个网络才是一个样本点，就不是一个抽样了。

**刘丹萍**：可能是因为我还在初学阶段，听不太明白。

**黎耀奇**：我也是初学阶段。我对传统的几个方法比较熟悉一些，后面的社会网络分析和大数据我也只是在学习，可能有些不足的、错误的地方，请大家指正。

**赖　坤**：关于大数据，我觉得这是一个难题。关键问题在于大数据是否真的能够按照你说的来消除统计学的不足。统计学的精髓在于用小成本来知道大规模的总体信息，如果能够通过抽样获取大数据的信息，成本又低一点，我要大数据干嘛？也许大数据给我的准确度是80%，但如果我的抽样能达到75%，只损耗了5%，我为什么不选择抽样呢？还有，有时候大数据是不可能实现的，比如现在大数据可能就是网上的团购、消费记录，可是还有很多情形，我们根本就没有大数据信息。大数据这个概念我个人觉得有点搞笑。我的理解可能有偏颇，但我是这么觉得的。

**赵　莹**：我同意赖坤老师对大数据代表总体的观点的发言，为什么？举一个简单的例子，在做景区调查的时候，我们可以调查景区的游客，可能在这个景区调查一个月，随机抽取样本。现在的情况是景区已经实现了电子化的建设，所有的人如果想进入景区都需要刷卡进入，景区这一个月的游客都是全部有记录的。对于社会科学者来说，是不需要重新去采集样本，因为数据已经存在了。所以，大数据给社会科学带来的这个惊喜，就是存储了总体数据，不需要另外花时间和精力去做小样本调查，这是我目前对大数据的一个理解。但是，大数据带来的惊喜仍然存在很多的问题，刚刚黎博士讲的有些方面我也是认同的，但有一些我不太认同。我认为大数据克服了数据缺乏的问题，但也带来了数据爆炸的问题。研究社会科学的人以前可能处理的样本是 1000 个，而基于大数据则是 10 万个、100 万个，你怎么来处理呢？大家刚刚也说了，因为我们所有的开发都是初级的，我觉得从初级的感受上来说，自然科学对于大数据的挖掘可能比社会科学更有能力，因为计算机或者物理学的方法对于数据的物理性、空间性规律研究更有效，例如采用蒙特卡罗模拟挖掘人的行为数据的模式，是有更加本质的理解。但是我们作为社会科学者来说，目前只是能认识它，再联系自己的研究问题。带着问题去做一个研究，这个时候大数据是摆在那的，这样才能更有效地利用大数据。

**李　军**：我提一点关于大数据的看法。我个人觉得刚刚赵博士提到的问题，其实市场经济学里面有涉及过，但它秉承的逻辑是不一样的。市场经济学强调的是在前因果时期，人类的研究是一个序列，最早是发现它相关，发现相关之后，再进一步进行研究。所以，我觉得大数据不强调推断，会不会是更加功利主义的。但我们传统的统计其实是实证主义的，它的假设设立就包含科学性，从最开始实证，为什么这个假设要这样子设立，这跟大数据不设立假设是不一样的。像金融研究大数据用得多，它没有我前面提到的解释，它只有预测，预测不管原因是什么，只关心最终的结果。

**黎耀奇**：其实研究方法都不是重要的，重要的是我们研究者如何去想。或者说，大数据给我们呈现的是这种东西，但是我们怎么去深挖，这才是对我们、对研究者来说最重要的一点。再或者说，大数据只是一个工具而已，如果把它看得太重要的话，那这个工具就取代了它的意义。

**李　军**：关键是和研究问题有什么关系，我个人觉得，关键是研究问题，你的问题是什么样子,它就会确定你要用的方法,关键在于研究问题的实质。

**王彩萍**:我个人非常同意李军和耀奇最后的观点,我个人的感觉也不知道对不对,所以就提出来和大家探讨一下,能用最简单的方法证明最真实的道理的方法就是最好的方法。下面换许月英博士为我们汇报。

# 事件感知价值及其对旅行结果的影响[①]

许月英

(澳门旅游学院)

大家下午好!"学术沙龙"这个名字,让我以为它是讨论会,好像是林徽因以前办的那种太太们的沙龙,是那样的方式,但我没有想到是这么正式,所以很紧张。这是我们正在做的研究,其中有篇论文是今年(2014年)6月份要去比利时参加 TTRA(Travel & Tourism Research Association,旅行与旅游研究协会年会)并进行展示的,我想可能会涉及一些版权的问题,就改了一下题目,内容也会有一点点不一样。可是这样处理后,展示的时候我的解释可能就会有点不清楚,因为这只是其中的一部分。如果有什么不理解的,到时候我们再来讨论。我们研究的是澳门的一些 event(事件),有3个研究成员,分别负责不同的部分。特别是做到 SEM(结构方程模型)的时候,我发现 AMOS(一种结构方程模型的分析软件)比较好用,就学着用 AMOS 来研究结构方程模型。这里有很多人也做 SEM,也许能挑出来毛病,到时候如果发现有问题的话,请见谅。

首先,为什么我们会做这么一个研究?因为我们实际上算是澳门政府公职人员,所以我们做的这些研究计划要跟政策制定相关。我们来看一下澳门的地图(PPT 内容略),澳门就是这么小的一个地方,这是澳门半岛,下面是氹仔,再下面就是路环。氹仔与路环之间填海形成了一个热门地区,很多大的酒店都聚集在这一片,是新的旅游区。传统的旅游区主要是澳门半岛上的东区大三巴牌坊这一块,和它相连的是北区。在这张地图上,这些地方看起来很大,其实合在一起就只有30平方公里多一点。所以,其实澳门的旅游资源是非常有限

---

[①] 黄业坚、谭秀嫦对本篇发言亦有贡献。相关内容已经发表:Xu Y H, Wong I K A, Tan X S. Exploring event bundling: The strategy and its impacts [J]. Tourism Management, 2016, 52:455—467.

的，尤其是自然资源。在文化上面，澳门这样的"小地方"也可以是文化遗产，可是对于中国内地人来说这应该不算什么，像在特别小的莲峰庙或妈祖庙参观时，很多游客甚至连一点点拍照的欲望都没有。但是，澳门政府不想太依赖博彩发展旅游业，因为现在澳门 GDP 的 80% 以上都是来自于博彩，政府觉得这样很不安全。特别是去年，国内政府开始强力反腐，博彩业的 VIP 收入少了很多；还有现在收紧了政策，原来游客可以在澳门过境待 7 天，现在可能是 3～5 天；同时赌场里银联卡的使用受到了管制，其实很早以前政府就觉得这样很危险，因为如果我玩博彩的话，完全可以不带钱，只带一张银联卡就行了，现在这个也要受管制。

澳门现在在追求的是经济适度多元化发展，定位是"世界休闲旅游文化中心"。像澳门这样小小的地方要发展成世界旅游中心，好像有点不可思议。但是，它有了这个决定，要实现这个定位目标，就需要有新的突破口。因此在经济适度多元化的前提下，事件是一个比较重要的增长点。因为事件可以制造出很多新颖的吸引物，还能发展出无限的可能性，也就是说：要把事件创造出来，你可以不需要历史，也不需要文化，你只要有创意就可以，同时可能也不需要当地有很大的地方。所以，事件的发掘对澳门就很重要。澳门地方小，政府做什么都很容易，还有资金也很多，今年可能又每人发几千块钱，看得出政府有资金去举办这些活动。但是，要怎么样做才能达到一个持续性的发展？政府不希望出现那种一举办活动就有问题发生的情况。澳门经济贸易促进局启动了一个举办会议的激励计划，太具体的细节我今天就不展开了，值得提到的是：可能 50 个人以上就构成一个会议，就可以获得一个政府补贴的预订折扣。在类似商贸文化交流上面，澳门政府所持的是鼓励大家去澳门开会的态度。澳门还从 2010 年开始设立由特首专门发文成立的 MICE（Meeting, Incentive Travel, Conference, Exhibition, 会展与奖励旅行）发展委员会，由财政司司长担任主席，专门研究会展业的发展，这里的"会展"就包括了所有的事件，而不仅仅是会议和展览。我们就想对它现有的事件进行研究。那么，我们的研究组合里面应该有哪一类的事件？因为事件有很多分类，体育事件、公司事件、商业事件，等等，我们首先一个个想出来，然后将它们组合起来。

今天介绍一下我们的第一个研究。其中第一个部分做的是 food festival（美食节）和澳门的 Grand Prix（"大赛车"）。不知道有没有人去看过澳门的"大赛车"？它应该是比较有名的。澳门这个地方虽然比较小，但有很多喜欢极限运动的人,这些赛车的运动员都会来参加,观看的人也很喜欢,希望可以从其中得到很多体验。因为我们是去看一个"事件",我去那里看过它的预习赛,看到赛车呼呼地冲过去,一旦它发生什么意外,它就更是"事件性的"。这个事件去年是第60年,今年是第61年,办了很长的时间,也是澳门最重要的一个事件,虽然参观的人不是特别多。因为毕竟地方很有限,喜欢这个运动的绝对人数可能也不是那么多。另一个事件是美食节。我们为什么要做这个研究?这些东西虽有烟花、音乐节,但其实都很难从营销的角度凸显出来。哪里的食物都一样,哪里的节庆都一样,到底要如何来实现一个区分?那就是差异化。想到这里,他们在做的时候的确就做了些改变,就是把这两个事件拼接在一起,通过event bundle(事件捆绑)——就是捆绑式的销售——把它们接到一起。"大赛车"一般是两个周末共四天,美食节是两个星期,很多时候是17天。它们原本不是放在同一个时间的,除非是哪一年特别凑巧刚好同期。如果大家感兴趣,可以上澳门旅游局的网站看看,它全年都有事件,而我们做事件的时候如果特别想把什么绑在一起的话,目的就是希望一年到头游客来了都有事情做,也就是区域政府等等都有事情做。美食节原来是在9月,后来为了赛车节,就推迟到了11月,这样就能将这两个事件绑在一起了。这样的初衷就是白天围着看赛车,其他的时候如果我不看比赛——因为它不是什么时候都有比赛的,我还可以去看场演出,去放松一下,去休息一下。所以,就把它们放在一起了。我们想说,其实这是一种创新、一种尝试,当美食节本身还没有太大吸引力的时候,如果跟另外一个事件绑在一起,是不是就会更好一点?而且对组织者来说,会更省时间和资源。当然它也会有一些问题:澳门的街道本来就已经很堵,而赛车期间为了比赛会把那些路都封起来,所以就会更堵。更堵的话就可能带来更严重的拥挤,给这里的环境、游客、当地居民等造成不方便。所以,我们在想如何去更多地探索现象本身。其实就应用组合事件或者捆绑事件而言,我在任何一个地方都可以把它合起来,喜欢不同的事件的、喜欢美食活动的、喜欢音乐会的,通通都吸引过来,所以说,这是一个整合的东西。澳门还有端午节的龙舟赛以及烟花节,再跟"大赛车"和美食节结合起来看的话,有个问题会很有趣,那就是什么样的事件和什么样的事件适合捆绑在一起,怎样捆绑才会增加吸引力和提升游客的体验。

我们的具体研究问题包括这几个:首先,我们可能会评估,我们去参加任何一个事件,其实是看重什么。因为"价值"是刚才黎(耀奇)老师说的潜变量（latent variable），它需要一些可以测量的东西；可是能够被测量的，又需要很多个项，所以我们要看一下它的影响因素到底有多少，这就是第一个问题。然后第二个，我们认为我们研究的新东西就在于资源整合，但是可能在特性上面不会有什么新奇的地方。接下来就是 perceived value（PV，感知价值），它有不同的因素，可能会影响到其他变量。还有一个比较重要的是，我们关心的这个事件，它最终对于一个旅游者的目的地感知有没有什么影响，可不可以贡献什么东西。这是更重要的研究，但应该属于另一个研究计划了。

我们采用了两个方法来研究这个捆绑事件。第一是采访法。我们采访了很多官员，还有事件组织者，询问他们对于这种把两个事件放在一起——有时候还包括整个促销都绑在一起——的做法有什么样的看法；也采访了一些学术界的人，因为他们有时也做他们的分析，可以提供一些看法；然后采访旅游局、文化局，就他们组织的这个事件进行采访。有些看法、发现是不一样的，有积极评价，也有些不好的评价。然后，我们就涉及的问题开始设计问卷，这就是第二个方法，使用问卷调查。在去年（2013 年）的 11 月，就是在这个捆绑事件举办的期间，派学生出去收（问卷）。做这个研究的花费其实也是挺高的。我们让学生去收一份问卷要 40 块钱，如果你没有给 40 块钱，是不会有人帮你收的，也不可能都靠老师出去收。最后收了 800 多份，其中有 300 多份问卷的填写者是参加了这个事件捆绑的，就是两个活动（美食节和"大赛车"）都有参加。而又因为这次所研究的对象全部都得是游客，所以在数据样本的分布中，澳门人只有 2 个，241 个是纯粹的游客。

说说研究的发现。我们用 EFA（探索性因子分析）找到了 3 个因子，就是最终的 e-value 的因子结构。当然我们会想这是我们从不同的地方搜来的（量表），已经构建得挺好，都已经通过很多次验证了。那么每次换一个样本的时候，因子结构会不会一样呢？所以，本来我们拿到的这个量表里 economic value（经济价值）和 emotional value（情感价值）是不一样的，可是它们结合在一起了，就是说：不管我们用的是大样本，还是分成 3 个小样本，它们全部都堆叠在一起。没有办法，我们就只好单独取用经济价值来评价，但这其实是比较难以解释的，因为经济价值只是说我来参加这个事件是很"合算的"，或者是说我觉得这个价格是可以接受的、是很合理的，而情感价值是说我觉得参加这个事件是很时尚、很有趣之类的价值感受。这是我们对第一个因子的处理。第二个因子是 social value（社交价值），就是我和家人或朋友在一起参加事件很快乐。当然，这都是传统的价值维度，我们只不过是把它再处理一下而已。第三个是 educational value（教育价值），即从事件当中学到了什么。在这里会存在 guess item（猜测的题项），所以后面做 SEM 的时候，它所占据的权重可能会大一些，它的 proliferation（扩增）会再大一点。现在，我们就把这 3 个因子——经济价值、社交价值和教育价值——当作了显变量，当作了可量测的变量来做。然后，再加一个控制变量——来澳门的次数来控制。很多人因为经常去澳门，他们对澳门本身的印象和信赖可能已经固定了，所以很难控制，不过后来发现这种情况最后并没有对结论产生显著影响。

其实我们做"控制"之类，也就是刚才说的各种各样的分析方法，都比不上理论的重要性，也就是说当理论合适的时候，无论你关心的是什么问题、你用什么方法，只要能解决问题都行。我们在建立理论的时候，可能用的这些因子都不是新的东西，但是我们希望整个研究本身会是一个新的东西。所以，在这里我要声明一下，正是因为现在没有人讨论过这种事件捆绑在一起对于游客的影响，我这份论文才可以拿得出去，才可以有贡献。

我们试验了两个不同的理论模型。现在的结果发现，如果我们比较相关性的话，经济价值的影响就会更大一点。对此我也有过担心，在审稿的时候审稿人也说因为这个因子上的题项太多了，所以权重偏了。社交价值的影响比较小，但也是显著的，在 0.5 的这个 p-value 上是显著的。这两个都是显著的，p、significant（显著的）的值，也是很有相关性的。对我说的事件捆绑——其中的体育事件就是"大赛车"、文化事件就是美食节——研究所得到的发现是，对于经济性来说，组合事件的影响是最大的。当然了，内地人去澳门旅游，两个月之内只能去一次，例如我女儿现在要去，拿着通行证在两个月之内也只能得到一个签注，很麻烦。所以，只要能够去这个地方一次的话，人们总是希望旅游体验在各个方面都很好，希望什么都有，烟花表演、赛车、美食节、文化节庆……这样的话就能感受到整个澳门的文化。接下来，影响第二大的是 MFF（Macau Food Festival，澳门美食节），第三才是 MGP（Macau Grand Prix，澳门格林披治大赛车）。这 3 个事件的经济性都是显著的，同时，不同类的事件之间，对澳门的 trip value（旅行价值）是不一样的。因此，政府在设计的时候可能就会有很多考虑，因为现在已经有很多事件了，当然有些是不成功的，尽管每年都在办，但是办得很辛苦，没什么人来花钱，而政府还是希望有一个很好的收入。第二个因子方面——社交价值，只有 MFF 有，因为它

## 第四节　旅游管理

本身就是一个社会事件，而其他2个事件与此关系不是很直接。最后是教育价值，反倒是 MGP 更大一些。我觉得可能是因为很多人去看这个比赛就是想知道什么是"大赛车"，或者是哪一个赛车手开什么车。所以，他就会了解一些关于赛车的知识，就会学到很多东西，这是主要的情况。以上就是基本的研究发现。

我们做这些花了很多钱，学生也辛苦，11月份的澳门其实也挺晒的，偶尔也会遇上下雨。可是我们到底得到了什么？第一，就像我们讲的，澳门没有以自然资源为吸引物的旅游线路，因此当人们来旅游的时候，利用事件可以提高他们的感知。我们的这个研究，再一次证明事件是有用的。第二，不同的事件类型会存在差异，可是接下来重要的是：什么样的类型其价值是最高的，而且还要看是什么样的价值。可能还要补上到澳门旅游的动机这个变量，不过那可以放到下一个研究中。不同动机的游客来澳门旅游，他们看重不同的旅行价值，这个时候事件能够最大限度地给他留下最好的旅行效果。第三，事件的潜力。做完这个大的数据收集以后，我们就这种把几个事件放在一起的情况又采访了几个游客。很多人都说如果不看赛车的人，永远不会主动去看赛车；那么，为什么把美食节和 beer festival（啤酒节）放在一起，喜欢食物的人就会去呢？因为吃跟喝是很自然联系起来的，对吧？当然，也有一些人就是想看些不一样的。所以，游客的类型这个变量可能也很重要，这可能又会是另外一个（研究），也是我们接着马上要做的。我现在也被学校推荐到事件委员会去做其中的成员（但司长还没批——原作者注），我去了的话可能会对相关政策有一点点影响。我们可以根据研究结果，向政策制定者提一些建议，考虑把某些事件捆绑在一起。当初，美食节的组织者是很喜欢把美食节和"大赛车"放在一起的，因为可以一起促销，对吧？因为"大赛车"已经有60年历史了，而且它有很多忠实的顾客——粉丝团。美食节组织者是愿意跟"大赛车"绑在一起的。现在很多年过去了，他们又想，因为在"大赛车"期间真的很堵车，很多路都是不能走的，人们得绕行，当然也就出现一些消极的东西。对于当地人来说，他们常年都在那里，不关心你把两个事件绑在一起，所以他只感受到了那种消极的影响，包括酒店又贵了、街道又很吵。所以，接下来还有一个问题就是关心一下当地人怎么看。我们这个研究只是证明了捆绑事件可以改善游客感知价值。可是哪些事件和哪些事件放在一起会更好一点？下一步需要再做些案例来比较。这就是我的展示，谢谢！

## 主题讨论

**王彩萍**：谢谢许老师的发言，大家有什么问题？

**李晓莉**：许老师，谢谢你这个精彩的演讲。我想问你一个问题，就是这种捆绑在一起的事件，在你的研究当中，它是增加它的 value（价值）的，而且有一个积极的效果。在澳门，美食和赛车其实是两个不同的部门在组织的。假设在广州的话，美食是旅游局组织得多，赛车可能就是由体育局来组织，如果把它们绑在一起，那在运作上面就会存在很艰难的问题，那这两个部分怎么去协调？澳门是有更高一级的部门来协调它的运作呢，还是有一个专门的事件委员会或是一个什么样的机构？你能不能和我们讲一下，谢谢！

**许月英**：我们说的 combined（合并），是比较纯粹的 combined，有一些捆绑可能比较松散，它只是在时间上放在了一起。在促销上，因为去年是赛车的60周年庆，他们比较看重，所以放在一起做推广。但是，组织者的确不是同一个，赛车有独立的委员会，而美食节是由一个澳门饮食联合商会来组织，它花的钱主要是由旅游局来出，因为美食节举办成本比较少。它可以跟"大赛车"放在一起，但是资金来源是不同的，它的定位也是独立的，它们之间没有什么联系；但是政府决定把它们放在一起的时候，"大赛车"也愿意，因为他们的粉丝反正来了也没事做，他们担心粉丝会觉得很单调。而美食节也希望可以搭一个便车，吸引人过来。所以，一拍即合，但是在操作上没有太多的交叉，这对于政府的促销来说，肯定是省时间、省钱的，因为做一套计划就可以了。去年其实还和烟花节放在一起，烟花节虽然是在10月份，它的烟花比赛现在也做得知名度蛮大的，国外很多国家也在开展这种比赛。我不知道在广州怎么样，但其实旅游局和体育局在某些方面也是可以合起来的。我们现在讲的是目的地的营销，可能在操作上面会有一些问题，可能一些比较大的城市会有一些问题，但澳门会好一点，因为他们不缺钱，所以就少了很多事。

**李晓莉**：比如说在某个条件下 A 和 B 是有相互影响的，那它们是怎么影响的？在另外一个条件、另外一个题目下可能也是有影响的，但是在系数不同的情况下怎么判断它是有影响的？比如用你的 H3 举个例子，有没有条件证明

## 第四节 旅游管理

H3？其实你是做了三个模型，对吗？

**许月英**：这里不是三个模型，这就是一个模型。

**李晓莉**：一个模型，那事件类型有几个选择呢？

**许月英**：三个。

**李晓莉**：那系数就会有一个总体。

**许月英**：因为这个分析是另一个同事弄的，我们第一个模型是先运行的，它肯定对这个有影响，而且都是显著的。我是在810个样本下面做的，但是我把这个事件类型做成三个不同的group（组）。

**李咪咪**：这个事件类型你怎么取值呢？因为它是个定性变量，它不可能像其他的变量一样，越大表示越高，那你怎么解释呢？

**许月英**：可以做编码啊！

**李咪咪**：假设我是审稿人的话，我会问你一个基本的问题，即你是怎么把这个对价值的感知转移到目的地去的？就是说，我们旅游者去一个目的地，他的感知或者是忠诚度是由很多因素决定的。你可以说我去那里的motivation（动机）是参加这个事件，但是我的感知是不是更多地受到其他的没有办法控制的因素的影响？你的事件的价值怎么才能够转移呢？它对目的地的价值的一个deviation（偏离），然后再转移他的忠诚度，我觉得这些都应该再写写。

**许月英**：你是说价值为什么会影响旅行价值？这个应该没问题吧！

**李咪咪**：我觉得这个不是有问题，而是你现在所做的价值的感知只是对事件的感知，但游客对旅行价值的感知，受到更多因素的影响。

**许月英**：其实任何的模型都会这样，这个R-square（指模型拟合的精确度）我忘记是多大了，可是都是要有大样本才行的，对吧？肯定是会有其他的影响。

**李咪咪**：但你现在这个模型做出来，并不能……

**许月英**：我觉得可以，因为"我"需要参加"大赛车"，觉得这个价值很高，不管是经济价值还是社会价值都很高，所以"我"去澳门旅游。比如"我"就在那待一天，澳门整个旅游的价值"我"觉得也很好啊！

**李咪咪**：我觉得这个价值可能还是对事件的，并不是对目的地的，所以说当你过渡到目的地忠诚度时，它其实是事件忠诚度，就比如说这个赛事。

**许月英**：价值有不同的测量方式，忠诚度也有不同的测量方式。

**李咪咪**：我明白，但是，你现在肯定地说它就是口碑效应，还有目的地忠诚度，无非就是这两个，但这都是用于衡量目的地的。我的意思是说，你可以说我是因为喜欢去澳门，所以会说我会推荐澳门或者怎样。我觉得你的逻辑有个中断，其实你最后做出来的是他对那个事件的忠诚度，而不是对目的地的忠诚度。这里中断的或者欠缺的就是：他对事件的感知或者那些价值，是怎么去跟对于目的地的感知或价值对接的？

**许月英**：既然事件是目的地的一部分，我去目的地可能会去买东西、赌钱、参加事件，那么为什么我去买东西、赌钱或者参加事件，就没有影响到我对这整个旅行的评价呢？当然这是一个影响因素。

**李咪咪**：它是会影响，但不是一个决定因素，就是说你这个模型没有错，但是不完全。如果我是审稿人，我就会质疑你的事件的价值怎么能够过渡到目的地的忠诚度。

**王彩萍**：我不得不打断一下，谢谢！下面欢迎香港理工的季明洁博士给我们汇报。

## 香港旅游吸引物的预期值、服务质量、感知价值、旅行次数和游客满意度：跨文化的视角

季明洁

（香港理工大学酒店及旅游业管理学院）

大家好！刚才主持人叫我博士，其实我是在读博士。我的学科背景也不是旅游学，我本科是学英国文学的，硕士是学财务管理。像我这样"出身复杂"的学生在国内不多见，但在国外并不罕见。我硕士毕业后，第一份工作是审计师，在四大会计师事务所之一——普华永道——工作。工作两年半之后，我跳到了一所大学——澳门科技大学，教会计和财务，差不多教了4年书。说来也巧，我应聘时，雇佣我的那个学院是管理学院，4个月后当我入职时，部分教师从管理学院分离出来，成为独立的"国际旅游学院"，我也随即变成了旅游学院的教员。从此，我和旅游开始结下了不解之缘。一开始，我只教酒店与旅游业的财务和管理导论，算是老本行，后来慢慢地我也开始负责教一些旅游管理课程，例如客务运输、节庆管理。再后来，就是我现在的状态了，为了职业的发展，我去年（2013年）年底到香港理工大学在职读博士，至今已经有5个月。所以，请各位老师、各位同仁多多指教，我很愿意到这里开会，和大家交流。

我非常感谢把我的原英文标题翻译成中文的这位同学或者老师，因为我自己完全不知道它对应的中文是什么。由于我在之前的教学中绝大部分时间都是用英文讲课和阅读，中文能力有点退化。而且我个人也倾向读英文，因为英文简洁明了，一个词可以表达好多意思，有时候甚至可以表达四五个意思；但是读中文，我们要自己断句、断词，而且我个人感觉用中文写作的风格比较含蓄。当然为了增进学术交流，我以后会注意提高我的中文阅读和写作水平，以及口头表达能力。

我今天报告的内容源于我们博士生定量研究课的一个作业。我们的任课老师把他手里的一套原始数据发给我们，然后又把他用这个数据发表的文章发给

我们。他说:"同学们,你们从我发的文章里找找灵感,再用这个数据讲一个全新的、有趣的故事。"我们一看,数据是关于满意度的,积极性顿时就被打消了一半,因为这个话题被人研究很多遍了,达到了一定的"饱和度",要想讲一个"有趣"的故事,还真有难度!

我们先读了几篇最新出的相关文章,发现了几个趋势或问题:第一,时下流行用 SEM(结构方程模型)解读满意度形成的过程(process),或论证满意度和其他变量之间的关系,例如,刚才许月英老师提到的,与 value(价值)、modification effect(修正效应)、loyalty(忠诚度)和 service quality(服务质量)等变量的关系。但是 SEM 并不能说明哪些变量对满意度的作用和意义最大。了解这些对于旅游服务业来说是更加有意义的,因为业界会有意识地把自己有限的资源合理地放到最能够影响满意度的层面上。所以,我们回归到最简单的一个想法,就是来测量一下究竟哪一个层面对满意度的贡献是最大的,我们也确实得到了出乎意料的发现。

第二个问题就是跨文化研究。我们在阅读文献时发现很多人引用霍夫斯泰德(Hofstede)的文献做跨文化研究。霍夫斯泰德把文化相似的国家放在一起研究而忽视了这些国家的个体文化差异。现实生活中,有些目的地的主要客源地就是被认为属于共同文化的国家,例如香港的客源地主要就是亚洲国家,但这些亚洲国家在文化的维度上还是存在个体差别的。基于这两个疑惑,我们就设计了以下这三个问题。第一,就是用多元回归来看一下,大家都特别熟悉的 expectation(预期)、perceived service quality(PSQ,服务的品质感知)和 perceived value(PV,感知价值)对满意度的影响;第二,测量不同文化游客的满意度差异;第三,研究游客游览次数和满意度的关系。由于时间的限制,我会结合简单的文献综述,重点汇报一下本研究的模型。

大家对满意度应该很熟悉了,满意度往往是从"差异"(disparity)的角度去定义的,就是"预期"和"实际"体验之间的差异,即 EDP(Expectancy – Disconfirmation Paradigm,期望不一致理论范式)。我的授课老师所发的文章也是用这个定义来测量的。基于 EDP 定义,预期值通常作为 PSQ 和 PV 的 antecedent(前项)。但是 Yuksel 和 Yuskel 在 2001 年发表的 2 篇文章[①]中对 EDP 角

---

① Yuksel A, Yuksel F. The Expectancy – Disconfirmation Paradigm: A Critique [J]. Journal of Hospitality & Tourism Research, 2001, 25 (2): 107—131; Yuksel A, Yuksel F. Measurement and Management Issues in Customer Satisfaction Research: Review, Critique and Research Agenda [J]. Journal of Travel & Tourism Marketing, 2001, 10 (4): 47—80.

度的满意度定义做了一下反思，他们认为 EDP 在发展和执行这两个层面上有很大的疑点。今天由于时间的关系，我只介绍四个疑点，因为这几个疑点和 positivism（实证主义）的关系最为密切。第一，如果满意度是游客期望和游客经历之间的差，是不是游客没有预期值就没满意度呢？第二，很多情况下，由于认知局限，游客对目的地的期望是模糊的、不具体的、很难量化的，对不对？好比让我去南非旅行，我对它几乎没有什么具体的印象，更不能准确地估计一个预期值。这个情况下，由于预期值偏低，根据 EDP，游客的满意度值就会升高。是不是预期值越低，满意度就会越高呢？根据这个逻辑，是不是目的地就没有必要提高服务水平，只要降低游客的预期值就可以提高游客满意度了？第三，预期和满意度的测量层面不一致。我们知道就算是游客对某一个目的地有预期值，这个预期值也是基于一些片面的感知的。但是，我们对满意度的测量——由于亲身经历——是多层面的，这造成了这两个数值实际上被纳入了不同层面的计量。第四，如果低预期值、低实际体验的差和高预期值、高实际体验的差是一样的，是不是说这两个满意度的体验意义是一样的呢？基于此，我们小组认为满意度不应该作为 PSQ 和 PV 的前项，而应该把这三个变量放在同一个层面来处理。

我们的研究方法是使用调查问卷，由于数据是授课老师提供给我们的，数据收集过程就无须介绍了。关于分析方法，第一个问题用多元回归，其他问题用 ANOVA（方差分析）。接下来，我讲讲结果部分。

调查问卷反映出，受过大学教育的人群占游客总数的 6% 到 8%；再看游客的旅游次数，40.2% 的人都是第一次来香港，来过 1～3 次的或至少来过 1 次的人占 34.7%。下面看看第一个研究问题的结果，即预期值、服务质量、感知价值当中，哪个变量对满意度贡献最大。如表（PPT 内容略），预期值的 P 值是 −0.7，它对满意度的贡献（standarized beta）只有 1.7%，这样看来，对目的地来说，不用担心游客的预期值太低；PSQ 对满意度的贡献是 40.5%，显然很重要；PV 对满意度的贡献值是 41.4%，是最大的。这样看来，对于香港的各个景区来说，要提高游客满意度，第一个是要调整好价格（因为数据对 PV 的测量主要是通过香港物价）；第二个就是一定要注意服务品质。

我们再看第二个研究问题，即不同文化的游客是不是在满意度上也有差异？我们发现，对美国人来说，他们的满意度是最高的，这验证了现有文献的结论，即文化差异越高，满意度越高。但是再看来自其他国家的游客，你会发现，虽然内地的文化和香港的文化是相对接近的，但是内地游客的满意度并不低，而是在居中位置，而泰国游客的满意度是所有亚洲国家里最低的。看来，文化差异并不能解释各国游客满意度的差异。留下的疑问就是，还会有什么其他方面的原因吗？

第三个问题是研究游客游览次数和满意度的关系。现有文献倾向一个结论，即游客重游次数越高，满意度越低。这个结论很好理解，因为重游次数越高，游客对这个旅游地越熟悉，新鲜感就会下降。但是，我们研究发现游览的次数和满意度并不是一个直线关系。第一次来香港的游客，满意度水平是很高的；但对于那些游览香港 6 次的游客，他们的满意度比第一次来香港旅游的游客还要高；而满意度最低的是来香港 10 次以上的游客。所以，游览次数和满意度并不是一个很明显的直线的关系。那么接下来，我们看看一些讨论的部分。

首先，服务品质预期对满意度的影响是比较低的。我们用实证支持了 Yuksel 和 Yuksel 对从 EDP 角度定义满意度的反思，认为预期值在测量游客满意度时可以忽略。其次，服务的品质感知和价值对满意度影响最大。再次，跨文化差异对游客满意度有影响，但它并不适用于所有不同文化的客源地。我们认为，旅游目的地景观的吸引程度与游客所在国的吸引程度的对比，可能是解释不同文化的游客满意度差异更合适的角度。最后，游客的满意度并不是和游览次数成直线关系。我们发现游客的满意度其实发生了一个转弯。我们似乎可以参考一下研究长期旅客情感变化的文献。根据这方面文献看出：长期旅客的情感会经历四个阶段变化，开始是兴奋；第二阶段情感下降，失去兴致；第三阶段情感有所提升；最后一个阶段，融入目的地文化当中，再次回到正面情绪。所以，通常来说长期旅客的情感是先高、再低、然后再高，呈现出这样的变化过程。但是，根据我们的研究结果，为什么游客的情感在重游 10 次后没有再回归到正面呢？我们认为可能是因为观光游客和长期旅客的游览目的不一样，前者对目的地文化没有很强烈的适应的需求；而后者要努力、积极地去调节自己以适应当地文化。

## 第四节 旅游管理

**主题讨论**

**王彩萍**：大家有什么问题？

**曾国军**：我提一个问题。按照我的理解，对于价值的一个感知，应该是预期值和感知价值的一个差，才会影响你最后的这个服务感知价值。那最后你为什么要拆开来做，而不放在一起呢？这是第一个。第二个，我对你的那个游客游览次数的一个解释有一个建议，也许是不同次数的顾客是一个不同的群体，比如说我来一次的，可能我一生就来这一次；可能我来很多次的就是像这种居住在珠海然后跑到澳门去的。反正是有不同类型的群体，可以从这个方面去解释。

**季明洁**：第一个问题中，您是说我为什么又把它拆开来做是吗？

**曾国军**：对，按照我的理解，比如说这个手机的价值，我希望它能比我想象得更好，这是一个差额，差额会影响我的价值感知，而不是说它的预期值会影响我的价值感知。

**季明洁**：这个，因为您还是传统观点，传统观点就是说差额。

**曾国军**：那为什么你要拆开呢？你要讲理由啊。

**季明洁**：我在报告中提到了从EDP角度阐述满意度的缺陷，既人们可能没有"预期"，另外，预期和满意度不在一个层面上，相减得出的差异不符合逻辑。

**曾国军**：按照你这个方式做的逻辑，我觉得你要说清楚，你前面要做很多铺垫，说明你这个逻辑是正确的。

**季明洁**：谢谢！另外，通过我的这个研究，我们发现预期对满意的贡献是非常小的，也可以从一定层面体现出预期对满意度的影响其实没有像传统想象的那么大。

**王彩萍**：好，那我们欢迎张辉博士。

# 大树底下好乘凉？攀附性目的地品牌口号对旅游者态度和意向的影响

张 辉

（中山大学旅游学院）

各位老师，下午好！我今天演讲的题目是《大树底下好乘凉？攀附性目的地品牌口号对旅游者态度和意向的影响》，这项研究是由我跟徐红罡老师共同完成的。之所以做这项研究，是因为之前有一个地方的旅游口号让我们想了很长时间，陕西省有一个城市叫商洛，它的旅游口号是"秦岭最美是商洛"。围绕这个目的地品牌口号，他们做了非常多的宣传，但是效果并不是太好。所以，我们就想研究一下这类目的地品牌口号的宣传效果即对旅游者的态度和旅游意向会产生什么样的影响。我们也会进一步考察，目的地熟悉和消费者的认知需求在上述关系中的调节作用。

首先要说一下，旅游研究领域对目的地品牌口号有不同的称呼，有的学者称之为旅游口号，有的学者称之为目的地品牌定位口号。我们不太认同这样的叫法，我们认为比较严谨的叫法应该是"目的地品牌口号"，至于原因，下边会讲到。

我们知道，目的地品牌口号在目的地品牌化过程中发挥着重要的作用，一方面口号反映了目的地管理组织期望的品牌识别，另一方面它也反映了旅游者所持有的实际的品牌形象，所以说目的地品牌口号是品牌传播的一个非常重要的载体。目前，很多目的地品牌口号的研究都是涉及如何评价一个口号，比如对目的地品牌口号进行语言学分析，或对目的地品牌口号进行归类，这都属于定性研究。定量的研究非常少。如果我们站在目的地管理组织的角度，现有定性研究的借鉴意义其实非常有限。因此，我们想去关注一类比较特殊的目的地品牌口号，考察它对旅游者的影响是怎样的。在本研究中，我们将这类特殊的目的地品牌口号称为攀附性旅游目的地品牌口号，我们将考察这类口号的特征,即相关性、极端性、具体性,对旅游者目的地口号态度、目的地态度以及旅游意向的影响。

里奇和里奇(Ritchie & Ritchie,1998)将目的地品牌定义为"用于识别和区分目的地的名称、符号、标识、字标或其他图画。目的地品牌传达了与目的地独特相关的、难忘的旅游体验承诺,它巩固和强化目的地体验的愉悦记忆和回忆"。这个定义其实是从美国市场营销协会的品牌定义发展出来的,它主要是从一些有形的要素去定义目的地品牌。从这一定义中,我们可以发现品牌最本初的含义。我们知道品牌(brand)这个单词,最原本的意思是燃烧的木头,后来被引申到在动物身上打上一个烙印,以示所有权。里奇和里奇对目的地品牌的定义强调品牌的有形要素,但是如果借用品牌"冰山模型"来看的话,品牌的有形要素仅仅是冰山的顶部。真正理解和运用品牌,更需要关注品牌的无形要素,比如品牌的核心价值、文化、个性等。在此,我们引入品牌识别(brand identity)的概念。法国学者开普菲尔(Jean–Noël Kapferer)把品牌识别概括为6个方面,涵盖了有形要素和无形要素。还有美国的阿克(David Aaker)把品牌识别区分为核心的实体和延伸的实体。核心实体是比较稳定的,它们在长期内会保持一种相对稳定的状态,而延伸的实体可能会在不同的情况下,围绕着核心实体发生一些变动。从品牌识别的角度来看,旅游目的地品牌口号属于品牌识别的有形要素,但是目的地品牌口号的设计,应该建立在品牌核心价值的基础上。

在很多情况下,品牌口号本身就是品牌的核心价值。比如耐克的"just do it",它既是耐克的品牌核心价值,同时也是品牌口号。我们一直强调,品牌口号的设计应该源于品牌的核心价值,而不是由外而内地去设计,这一点被很多人所忽略。品牌口号是品牌价值的外在表现,它能够影响消费者对于品牌的感知,例如品牌确认和回忆,以及品牌联想,这二者共同组成消费者的品牌知识。如果消费者拥有足够的品牌知识,他们就会对旅游目的地的营销活动表现出一些差异化的反应,这种差异化的效果叫作品牌资产(brand equity)。

我们还应该注意区分品牌口号与广告口号。很多情况下,品牌口号的传播都是以广告的形式来实现的,但是品牌口号跟广告口号还是存在很大的区别的。品牌口号主要衍生于品牌的核心价值,它是非常稳定的、长期不变的,而广告口号只是一种短期的行为,定位于产品本身,可能会在不同的时间发生变化。以雀巢的"味道好极了"为例来说明一下,这个口号就是典型的定位于产品本身，因此只能是一个广告口号，它不能称之为品牌口号。这也是需要注意一下的。

接下来我们回顾一下目前有关目的地品牌口号的研究现状。现有的一部分研究关注目的地品牌口号的类型和归类，还有一些研究关注口号的设计和评价，或者说什么样的口号是有效的，还有一类研究是从语言学的角度分析目的地品牌口号，比如考察口号的修辞和韵律的使用。可以发现，这些研究大部分是定性的研究，定量分析非常少，有待进一步研究。

在本研究中，我们将攀附性目的地品牌口号定义为：主要是通过这种口号把一个不知名目的地攀附到一个知名度相对高的对象，这个对象可以是其他的目的地，也可以是一个虚拟的对象，比如说天堂。由于目的地品牌口号往往是通过广告来传播的，所以广告理论为本研究提供了重要的理论基础，尤其是比较式广告（comparative advertising）。但是，需要说明的是，攀附性目的地品牌口号不同于间接比较广告，因为口号中直接提到了不知名目的地与被攀附对象。攀附性目的地品牌口号也不同于大部分直接比较式广告，因为不知名目的地与被攀附对象并不存在竞争关系。所以说，攀附性目的地品牌口号属于一类比较特殊的直接比较式信息。攀附性目的地品牌口号的典型例子如三亚的"东方夏威夷"。最著名的当属"上有天堂，下有苏杭"，虽然这不是一个目的地品牌口号，但是基于此产生的"天堂城市，苏州之旅"被认为是不错的口号。

攀附性目的地品牌口号的一个非常重要的特征是目的地与被攀附对象之间的相关性，因为把不知名目的地攀附于知名度高的目的地或虚拟对象，二者必须要有一个很好的相关性。相关性主要是旅游者头脑中这两者之间的关联程度。这种相关性，可以是地理上的相关性，也可以是在人的头脑中建立起来的相关性。攀附性旅游目的地品牌口号还有一个典型的特征就是它的极端性。有的旅游目的地在攀附的同时还要去贬低别人，通过贬低另外一个知名度高的品牌去提升自己，这样就会导致一个极端性的问题。极端性往往会表现在这样的一些词汇上，比如"最"、"第一"、"更"等。攀附性旅游目的地品牌口号的最后一个特征是它的具体性，当然，这个可能是大部分品牌口号都有的一个特征，具体性是指口号的诉求是否清晰。有一些口号，比如"晋善晋美"，可能很多人并不知道山西善在什么地方、美在什么地方；也有一些口号，比如说"好客山东"，相对来说，这个口号的具体性要高一些。根据以往比较式广告

## 第四节 旅游管理

领域的文献，我们主要从目的地品牌口号态度、目的地态度和旅游意向这三个变量来考察攀附性目的地品牌口号对旅游者的影响。

我们基于现有的理论基础来分析攀附性目的地品牌口号对上述结果变量的影响，在此不做详细的展开。"刺激—反应"模型认为，个体作为有机体，面临外在刺激时，会形成内在的心理和外在的行为反应。根据广告的层级效应模型，我们可以得出，品牌口号会影响旅游者的认知、情感和行为方面的反应。下面是我们详细的假设，具体的推导过程不做过多描述。第一个假设认为，极端性对旅游者的口号态度、目的地态度和旅游意向会有显著的负向影响。在具体性上，我们主要从信息丰富度的角度出发，认为具体性高的口号能够提供更丰富的信息，所以第二个假设认为，具体性会对口号态度、目的地态度和旅游意向这三个结果变量产生正向的影响。在相关性方面，我们主要是根据意义迁移模型来提出假设。我们知道，对知名度比较高的目的地品牌而言，旅游者对它的态度和偏好可能是更加积极的，而根据意义迁移模型，旅游者对口号中的知名度比较低的旅游目的地，同样会产生比较积极的态度。所以第三个假设认为，相关性对旅游者的目的地口号态度、目的地态度和旅游意向有正向的影响。

接下来是关于调节变量的假设。我们关注两个调节变量：认知需求和目的地熟悉。认知需求是消费者行为研究中一个比较重要的概念，它把消费者的信息加工模式分为两大类，第一大类就是靠比较理性的中心路线的一种分析，另一类就是通过外围信息线索去影响消费者行为。极端性可能对旅游者的态度和意向产生负面的影响，但是，高认知需要的旅游者可能很难被这样的一种口号说服。所以，我们提出如下假设，即认知需要正向调节攀附性目的地品牌口号的三个特征对旅游者态度和意向的影响。

关于目的地熟悉，我们也提出了一个假设。目的地熟悉可能是通过一种直接的旅游体验去增加的，也有可能是通过阅读一些材料、广告等形式去增加。我们主要是从旅游者对目的地的知识这一角度来测量目的地熟悉程度的。关于目的地熟悉的调节作用，我们也提了如下的假设：目的地熟悉负向调节攀附性目的地品牌口号的三个特征对旅游者态度和意向的影响。该假设的意思是说，如果旅游者对旅游目的地熟悉的话，那么他可能就会有非常多的内部信息，在这种情况下，品牌口号所发挥的作用就会相对小一些。换句话说，对于熟悉度比较低的消费者，口号的影响可能会更加显著；而对于熟悉度比较高的消费者，这种影响是比较小或是不显著的。

上述假设构成了本研究的研究模型。其中，自变量是攀附性目的地品牌口号的三个特征，结果变量是旅游者对目的地品牌口号的态度、对目的地的态度和旅游意向。调节变量是认知需求和目的地熟悉。我们通过两个具有代表性的目的地品牌口号来收集数据，一个是"塞上江南，神奇宁夏"，一个是"秦岭最美是商洛"。这两个口号都是比较典型的攀附性目的地品牌口号。"塞上江南，神奇宁夏"将宁夏攀附于江南，"秦岭最美是商洛"将商洛攀附于秦岭，而江南和秦岭都是知名度较高的对象。

我们在4个城市做了一次大规模的调研，包括西安、安康、武汉和长沙。总共发放了一千多份问卷，删除了含有缺失值的问卷，最后得到的用于分析的问卷有1049份。在这些样本当中，我们统计了去过目的地和没去过目的地的旅游者及其占的比重，去过的旅游者和他去过的次数。我们发现：大部分旅游者都没有去过商洛和宁夏。我们还运用t检验考察商洛和宁夏样本中的旅游者在具体性、极端性和相关性这三个变量上的差别。在具体性上，商洛和宁夏样本存在显著差别，宁夏口号的具体性更高。在相关性上，也是宁夏口号的相关性更高。我们知道"塞上江南"这个口号从南北朝时期就开始有了，所以江南和宁夏这两个词汇在我们头脑中的联想度是非常之高的。

通过数据的描述性分析发现，目的地熟悉这一变量的得分是非常低的，说明很多人对商洛和宁夏的熟悉度偏低。由于极端性、相关性和具体性的测量是本研究自行开发的，以商洛数据为例进行探索性因子分析发现，抽取到三个因子，但有一个交叉载荷的题项被删除。以宁夏的数据进行验证性因子分析，三因子结构得到验证。测量的质量，诸如信效度等，都是可以接受的。

通过结构方程模型分析发现，总体拟合指标可以接受，其中有三个假设没有得到支持，分别是具体性对目的地态度和旅游意向的影响，以及相关性对旅游意向的影响。调节效应检验发现，认知需求调节了极端性对旅游意向的影响，认知需求调节了具体性对旅游意向的影响，认知需求调节了相关性对口号态度的影响，认知需求调节了相关性对目的地态度的影响，认知需求调节了相关性对旅游意向的影响。目的地熟悉调节了以下四个关系：极端性对口号态度的影响，极端性对目的地态度的影响，相关性对口号态度的影响，相关性对目的地态度的影响。

以上几点就是本研究的主要发现，这些发现对目的地管理组织有一些管理启示。旅游目的地管理组织在设计口号的时候应尽量去简单设计，不要使用一些极端性的词汇。还要增加相关性，如果相关性比较低的话，建立这个相关性的过程也是非常复杂的，较为简便的方法是充分利用在人们头脑中已经建立起来的相关性。目的地品牌口号的具体性也需要仔细考虑设计。从认知需求的角度，对于高认知需求者需要充分运用他们利用中心路径处理信息的特征，宣传的时候加上一些完整性的介绍；而对于低认知需求者，可以通过外围信息，比如图片去影响他们的信息接收效果。在目的地熟悉方面，目的地管理组织可以增加一些宣传方法，不仅可以使用传统的广告，还可以使用诗歌创作、音乐等各种非传统的方法。

以上就是我比较简单的汇报，谢谢大家！

### 主题讨论

**王彩萍**：谢谢张辉博士的发言，大家有没有什么问题？

**黎耀奇**：可以看出来你是做了很多功夫的，包括数据收集和问卷分析。我有两个问题，第一就是你用了什么理论基础？第二，品牌形象，其实讲的是一个顾客感知的品牌印象，这个是从顾客和消费者的角度去感知的。但是，你在这里说的是品牌的核心价值在影响它的一个旅游口号，然后再去影响游客的感知。

**张　辉**：理论基础主要是比较式广告以及目的地品牌化。这个品牌口号本身是源于品牌核心价值，这里的箭头并不是影响的意思，而是说品牌口号的设计要以品牌的核心价值为基础。因为我们现在很多的旅游口号的研究，它并没有考虑围绕品牌这个东西去设计，但我认为口号的设计必须源自品牌的核心价值。

**黎耀奇**：我想问的第二个问题是：你这里面讲的是攀附性目的地品牌口号，如果把目的地拿掉，会不会有区别？在这篇文章里，即旅游目的地品牌和一般产品或者通用的品牌口号有没有区别？你刚刚讲的攀附性目的地品牌口号其实用得最多的是房地产，如"东方威尼斯"等，他们很多都在用这个，那么你在这里面强调目的地品牌，它的效应和其他通用品牌有什么不一致？如果它没有一致的话,那么它的意义何在?

**张　辉：**你的问题其实是 brand identity（品牌识别）和 brand image（品牌形象）的关系。从目的地管理者的角度看,他们自然希望 brand image 完全来自于 brand identity,但是事实上,由于目的地品牌有很多接触点,brand image 肯定也会有很多的形成渠道,从而导致目的地管理组织对游客头脑当中的 brand image 的影响比较小,但这并不排除目的地营销的作用。在消费者行为研究当中,跟这个（研究）比较接近的主要就是比较式广告,但是比较式广告没有这么详细,它一般是采用实验的方法研究,直接或间接式地比较消费者的一些反应。而我们这个主要是归纳了这一类攀附性的口号,然后看一下它三个主要的特征对消费者的影响。

**黎耀奇：**其实我想问的是把"目的地"这三个字拿掉,对整篇文章有没有影响?就目的地在这里面作为攀附性下面的一个内容,就是说目的地品牌是不是区别于一般的品牌?如果没有差别的话,那其实就对应不了你的研究问题,因为品牌在营销里面研究了很多,如果不强调目的地品牌,那么它和传统品牌的那种差异,很多时候就变成了一种类似或重复。这其实是我自己也会面临的一个问题,就是这个旅游目的地品牌的独特性。

**张　辉：**将产品品牌、服务品牌还有目的地品牌进行比较,在目的地品牌当中,可能他的利益相关者（比如政府、企业、当地公众等等）更多,品牌的接触点也就更多。当然在我这个研究当中主要是针对旅游者或者是消费者,或者说目的地的消费者。把这个"目的地"拿掉的话,因为现在其实也没有在比较式广告中做这样一个更深入、更详细的研究,所以我们觉得是有研究意义的。现有的比较式广告,多是研究间接对比或是竞争性的直接比较,而我们总结的攀附性目的地品牌口号当中的目的地和其攀附对象并不存在任何竞争关系,从这一角度来说,对攀附性目的地品牌口号的研究很少。另一方面,比较式广告,往往都是在 20 世纪 90 年代左右研究得比较多,现在可能就比较少了。而比较式广告在我们国家其实是被广告法禁止的,但是在我们现实当中还是用得比较多的。对于比较式广告,像商洛这个"秦岭最美是商洛"出现这样极端的说法,国家的广告法是禁止的。对于这些处于灰色地带的现象,我们觉得也是有研究价值的。

**×××：**我就针对刚刚这个把"目的地"拿掉的问题发表一点感想。因为一般对品牌的研究是单个品牌、单个产品或者单个公司,是单一的,而目的地它们有很多产品、很多公司、很多酒店、很多旅行社,都很多。你的那个口号要覆盖到整个目的地上,有这么多的企业,但品牌是针对单个的产品,所以是不一样的。我觉得他们有很多的差异,这个"目的地"应该不可以拿掉,但是,你应该做更大的解释去说明为什么不可以拿掉。

**王彩萍:** 好,刚才这位嘉宾的回答帮张辉提供了一个很好的解释。确实,我们在做旅游研究的过程当中,很多时候要考虑到为什么要做这个行业,它有什么特别的意义。当然,如果不回答这个问题,我们直接就说因为旅游(研究)中没有人做过,我就做这个,也是可以解决一些问题的。但是如果能对这个问题有更好的回答,我想这应该是一篇更好的研究,可以做再进一步的探讨。

**孙九霞:** 我还是想接着刚才张辉这个话题,说一个不是他研究范畴之内的,我说的是一个现象。现在,很有意思的一个现象就是不知道中国人怎么啦,还是原先我们就是这样的,我们很想做"别人",我们动不动就是"中国的迪拜",就是城市营销,这是政府起的(营销口号)。那为什么特别关注营销口号呢?我们做旅游规划的,发现我们最不满意的就是它的旅游口号,它想一鸣惊人却惊不了人,所以就一直在想要叫什么。刚才你举的那个例子,"东方威尼斯"是哪里叫的?是苏州!到了天堂还不满意,还要到威尼斯吗?一个是"上有天堂,下有苏杭",这还不行,还要当"东方威尼斯"?!我们是不是一定要做国外的什么,比如中国的瑞士?这是一个。另外一个,我们要回到古代,回到唐朝,西安有唐代音乐舞、梦回唐朝、梦回什么的。但是这样不行,想想国外,想想过去,是不是我们有点不知道怎么办了?这就是一个深层的文化经营的东西,可能在旅游这里聚焦了。最后,我借这个机会简单地总结一下:在座的各位,我们一共有25位演讲,今天有13位讲了,明天还有12位。我们今天的讨论,让我特别高兴,每个人好像也不累也不困,就是体力和脑力都还在状态。那明天,我希望也继续用这种战斗的状态去把我们的交流做完。谢谢大家!

# 旅游与空间

第五节

- 开场白
- 个体休闲行为的城市空间透视
- 基于客源地出游力的旅行社空间布局分析

## 开场白

**余晓娟**
（中山大学旅游学院）

各位老师，各位同学，早上好！今天我们的第一场讨论是关于地理空间的。我的学科背景是本科修读经济学、硕士修读人文地理学、博士修读旅游行为研究。其中，硕士论文研究的是地理行为的主题，应该算是地理空间研究方面一个匆匆的过客，所以，我没有太多可以做点评的修养。今天，我们有三位演讲人：第一位是赵莹博士，她的主题是关于个体休闲行为的；第二位是胡志毅博士，他的主题是基于客源地出游力的旅行社空间布局分析；第三位是石伟博士，他的主题是关于大都市的近郊区旅游空间实践趋势发展模式研究①。接下来，首先请我们的赵莹博士来开始她的演讲。

---

① 因技术原因，未能搜集到石伟博士的发言录音，在此向石博士和各位读者深表歉意！

第五节 旅游与空间

# 个体休闲行为的城市空间透视

赵 莹

(中山大学旅游学院)

各位老师、各位同学,早上好!在开始之前,我想说两点:第一点关于我个人的背景,我从本科、硕士到博士,一直都在学习地理学,尤其硕博阶段是在一个非常传统的城市地理学团队里学习,所以你们都是我在旅游学方面的前辈。去年秋天,我来到旅游学院工作,开始了我的研究转向,准确讲是研究问题的转向,因此今天分享的是一个概念性的、框架性的题目。第二点关于大数据专家,我实在不敢当。今天所讲内容,可以说跟大数据有关系,但也可以说没有关系。为什么呢?在大数据的认识中,如果只研究它包括了什么、是怎么收集的、有什么变量,这是知识,不是智慧。而真正的认识大数据,应当有自己的分析视角,有自己的理论,对任何一套大数据都能剖析出对自己研究问题的意义。所以,我今天的题目主要讨论的是个体休闲行为在城市空间范围及其对城市空间的意义,是一个框架性的讨论。

首先,我想讨论一下休闲的意义,这是我从城市研究转到大旅游研究的一个原因。休闲行为是现代化生活的一种标志。从个体角度来说,通过休闲、消遣、娱乐的活动,获得了身心的解放,满足了个性化的需求;休闲之后,人的创造力和工作效率是提高的,休闲是生活中不可缺少的一部分。在中国,人们已经基本上满足了温饱,并正在实现全面小康。那我们多余的精力和时间是花在哪里呢?在生活水平较高的大城市里,很多人认为城市生活已经进入了休闲的时代。

但是,人们对于休闲的定义并未统一。旅游研究可能会把休闲和旅游等同起来,或者把休闲作为大概念,旅游是其中的一部分。城市研究认为休闲是认识城市问题的一个角度。一位年轻的学者在 TM (*Tourism Management*) 上发了文章,他对一日旅游行为的定义是:离家 20 公里、4 小时以上的出游活动。

这在空间和时间上都划出了边界，建立了休闲与城市的连接，即基于居住地的出游和消遣。我的休闲行为定义是：基于长期的居住地，时间范围不超过一天即24小时（如周末），空间范围在城市市区和郊区，休闲主体完全可以当天往返于居住地和出游地。城市休闲还包括了工作日中的非工作活动，如下了班之后跟同事喝个咖啡或者去健身，称之为日常休闲行为。

我对休闲行为的已有研究做了疏理。从个体的研究角度来说，在以人为中心的休闲行为研究中，从时间地理学和时空行为角度进行的研究通常将休闲作为并列于工作、购物的一个活动大类。为什么需要专门做休闲行为分析呢？因为研究者想了解不同社会群体的差异，比如说女性承担了很多家庭责任，这时候她的休闲时间会被压缩，休闲方式会被简化。再如老年人的休闲，他在时间上是有保证的，因为不需要工作，但是在身体上是受到制约的，因为他不能走得太远，也不能进行太激烈的活动。聚焦于中国的研究，同样存在一些规律和问题：休闲在中国是源自于对社会学中对于时间利用的关注。如果是做社会群体的差异研究，休闲行为分析能够帮助了解不同群体的弱势所在。但是，此类分析忽略了对休闲行为本质的理解，它对休闲所代表的现代化进程、个人的身心需求和满足等认识是有失偏颇的。

如果把休闲行为置于城市空间进行分析，与过去以城市空间为基础的休闲行为研究对比，有怎样的进步与发现呢？我想通过三个方面来解读。

第一，城市内部空间对休闲的影响的研究主要考虑到空间形态对空间行为的影响。如果居住在郊区大型居住区，周围没有休闲设施，休闲行为就会受到严重影响。在这种情况下，人是有休闲需求的，但是没办法满足。所以，在这样的背景下，很多的规划者就提出，我们应该建立职住平衡的、混合型的空间来让更多的人获得身心的放松，从而提高生活质量和提高生活幸福感。

第二，由于现代城市蔓延发展，城市已经不再是独立的个体，而往往形成一个城市群、都市区或大都市连绵区。因为过去我们对于城市空间流的分析集中在以工作为目的的出行，如居住在深圳，但来广州上班，这是通勤行为。但是现在，很多学者发现以休闲、同日旅游等为目的的出行是城市间交通流的一个主要贡献因素。从休闲行为的本质来说，当一个人想要选择休闲地的时候，他可能不再囿于城市空间的范围，反而是要追求与日常生活有差异的空间，如城里人到郊区、乡村去走走。因此，休闲是城市居民行为扩展、路径扩展的一个重要部分，出行能力的提高使人们不再拘于时间和空间的限制。

## 第五节 旅游与空间

第三，中国的休闲空间研究主要集中于功能性空间的讨论。我找到跟休闲空间相关的一些词：环城游憩带、游憩商业区、城市广场、城市公园等。目前国内的研究注重对实体空间功能的分析，而没有把人放在主要的位置上，人的行为通常只是作为研究的附属对象，而不是研究的主导方面。所以，我觉得国内的休闲空间研究主要是汇总分析，没有考虑个体的需求，也缺少了空间尺度的转换。环城游憩带是在城市的外围，游憩商业区是在城市的中心，学术界还没有建立起一个对城市空间系统的认识。

基于以上疏理，我试图建立一个基于个体休闲的多尺度的城市空间框架（PPT内容略）。框架中的左侧部分是个体活动系统，是我们每天的活动，包括必不可少的通勤、购物、休闲。这些活动就是一个人的活动系统，我们一天只有24小时，活动能力是有限的。在这个制约背景下，休闲行为处于两个极端：一方面，休闲行为具有最大的弹性。如休闲安排通常需要让位于通勤和购物，时间和空间上是可以变化和调整的。另一方面，休闲行为能够更多地、更强烈地反映个人的意愿、个人的能动性。在个人活动系统清楚的基础上，可以以个体为单元进行研究，将其汇总到城市空间的研究中。因此，我们可将城市空间划分为两个圈层：①内部是城市空间的核心区。在这个圈层，人们需要完成较大比例的工作、购物活动。②外部是大都市区。居住是比较早期就迁移到都市区边界的。而休闲行为一开始就已经超越了城市空间，没有特别强的郊区化过程。因为无论是在大城市还是小城市，人的休闲行为很多都是要追求差异的，所以休闲行为的活动空间是贯穿了城市空间和都市空间的大尺度范围的。因此，这一框架是以休闲行为作为研究对象，来解读城市空间、城市发展的问题。

下面举个小例子，让我们很形象地了解一个人每天的活动是怎么安排的。早晨，他要7点多就从家里出门，送小孩到幼儿园，之后到工作地。中午，他要到餐馆去就餐，再回到工作单位。晚上下班后，他可能到一些娱乐场所跟朋友喝个咖啡、聊聊天，之后到商店购物，晚上7点钟回到家。这样的一日活动安排是一个完整的逻辑。在这里头，他能够有自主决策的部分，只有下班之后到回家这一段时间。工作上班时间和下班时间是相对固定的，空间也是较固定的；小孩一定要在7点半之前到达幼儿园；晚上回家做饭之前一定要去商店买食材；吃饭也是中午必须去的。个人可以自主决策的时间是在夹缝中存在的，即不去娱乐场所而直接购物并回家。我们决定是否参与休闲活动、参与多长时间、在什么地方参与，这些是根据前后的活动条件来安排的，有一定的选择弹性，但是并不是无限大的，而是有一个集合。

我们过去在活动制约背景下，分析了个人活动系统的休闲安排。这是2007年北京活动日志的分析（样本量约1000人）（PPT内容略），就像刚才那样把他每天什么时间去哪、干什么都记录下来，再用时空路径进行表达。时空路径的下面是一个二维的空间，纵轴是时间，从下到上代表24小时。时空路径上的不同颜色代表不同的活动：紫色代表与生理有关的（如吃饭、睡觉等）；红色代表与工作有关的；绿色代表与休闲有关的。从时空路径看，可以发现休闲在一个较小空间、较短时间里集中，即下班后到睡觉前在离家附近处活动。

刚才是一天的时间尺度，下面我们看看一周的尺度。这是2010年北京居民GPS跟踪样本分析的三维分析（PPT内容略），我们可以从不同的角度来看样本在空间上的分布，纵轴依然是时间变化。这一个人，前一个周末去了十三陵水库游玩；周一到周五的时间是非常规律的"上班—回家—上班—回家"的生活节奏；接下来，周六整天都是待在家里，表现为竖直的一条线；周日去了玉渊潭公园游玩。上一个周末去的是郊区水库，处于城市的边缘地带；而下一个周末则去的是城市中心地区的市政公园。这种活动模式既有时间规律，也有空间规律。

由于没有一年尺度的数据，我借鉴了田纳西大学的一项研究。他们研究了一位在法国巴黎工作的教授在几个月内的GPS轨迹信息。这位法国教授周一到周五表现为规律的工作通勤规律，每周末驱车前往位于法国海岸城市的第二住宅。一年中有两次特别的时段：一个假期长期待在第二住宅，大约2~3周的时间；另一个假期去了阿尔卑斯山附近的某个度假胜地。所以，这位教授的行为轨迹给我们的启示是：一个人在一年的活动系统中也是具有时间节律和空间规律的。接下来，我对这个活动发生在哪里做了跟踪。

接下来，我们看看休闲行为汇总层面的规律。在城市空间中，居民的休闲活动是发生在哪里呢？如时空路径所示，我们对一个时间进行截面，观察活动分布在城市空间哪一部分。如果将活动类型分开，再来看不同目的的活动发生地与居住空间的关系，其中工作、休闲和家务具有明显的差别，且工作日、休闲日之间也存在较大差别。聚焦到休闲活动，工作日和休闲日是相对稳定的，少量的不稳定特征主要表现在频率和空间方面。休闲活动的时间弹性较大，例如购物活动到晚上 8 点钟就基本结束了，而休闲活动则可能延续到晚上 12 点。

如果说单个城市仅是一个截面，那接下来将北京和芝加哥的城市居民的流动空间进行比较，则更能够有效地说明不同发展阶段城市的休闲行为差别。通过对两个城市的中心区居民的休闲活动分布空间的比较，可以看出：北京作为一个快速城市化、快速郊区化的城市，休闲活动主要分布在城市中心区，包括一部分近郊区；而芝加哥已经是一个大的都市区了，休闲活动不再受囿于城市空间的界限，已经在更广泛的空间蔓延。

最后的总结，我希望将旅游研究与行为分析视角融合起来，核心观点是休闲行为能够反映以人为本、追求生活质量的研究价值取向。对于城市空间的解读来说，休闲行为是认识城市空间向外扩张、居民行为出现圈层跨越的重要视角。研究的基本假设是要找到个体休闲需求和城市空间供给之间的矛盾。在了解人们有需求，但是没有空间供给的情况下，我们作为规划者，应当思考如何为满足行为需求做贡献。同样，空间放在那，公园设在那，但没有人去用，又应该做怎样的行为引导，来让人们更好地去利用休闲空间，更好地优化自己的活动系统。

站在这个讲台上诚惶诚恐，因为我的整个研究都带有特别浓重的城市地理色彩。在与旅游学者不断的讨论中，我也在反思目前的研究视角跟真正的旅游研究有什么差别，或者说能够帮助传统旅游分析发现些什么。我将其总结为点和面的差别。在城市地理学的行为研究中，单日游也好，日常休闲也好，其实都是将休闲行为作为一个"点"来研究的。核心关注点是看人的活动系统是什么时候、在哪里产生休闲活动或旅游活动的。而当它产生了之后，旅游活动内部到底是怎么样的，我们就不再去关注了。而已有旅游学者（如山东大学的黄潇婷副教授）是从时间地理学的角度去研究景区内部游客是怎么走的，当进行旅游活动时，游客在旅游目的地或者景区内部是怎么流动的。此时的休闲活动就是一个"面"，需要细化到对旅游六要素的详细解读。而对于我来说，后者的挑战更大。

最后，做一些地理学者的旅游展望。在数据方面，如果我要做城市休闲活动的研究是有很多的数据可以借鉴的。例如，我来到广州之后就开始用 iPhone 手机，iPhone 手机自动把我过去几个月在广州的所有活动全部都记录下来了，这种被动采集的数据可以为休闲研究所采用。在方法方面，我希望把交通研究中对改进后的交通四阶段法模型引入进来，用休闲行为的研究成果贡献于交通需求的分析。其中，休闲目的出行是一个活动分析模型的主要部分。最后，作为社交网络的分析，休闲行为是一个非常重要的突破点。休闲行为是我们与社会资本保持长期联系的一个重要互动形式。我就讲这些，请各位对我的研究进行批评和指正。

### 主题讨论

**余晓娟**：非常感谢赵莹既有理论又有技术的研究。下面，我们从现在开始大概有8分钟的讨论时间。

**刘丹萍**：我先问一个问题，事先看过您的导师他们之前写过的文章所出示的北京居民的那个数据。我有一个问题，你们说的都是一个人，你们是挑了100个志愿者参与，有一篇文章印象中是100个人参加了这个GPS记录，我不太理解，这1个人和100个人是怎么进行数据整合的。

**赵　莹**：这个就是从微观个体到宏观群体行为的分析。目前借鉴的方法是比如说行为序列的分析，像做DNA序列的比对，看看他们什么样的人是早上出发到工作地，然后中间回家，有这样聚类的分析。另外的视角是，对某一社会群体有一定认识了，主观上对这些社会群体进行划分，再看行为的差别是什么。目前来说，我主要是看这两方面：一个是没有假设的数据挖掘，一个是有假设的群体划分。

**刘丹萍**：那我还有一个疑问，你们招募的志愿者，他们会不会有意对自己的行为进行管束，因为他们知道你在监测他们。你们如何排除这个问题？

**赵　莹**：应该是存在这种现象的。较极端的就是，因为我们跟了他一周，所以有可能有一些比较私密的朋友，他就不去拜访了。这个用方法是无法排除的，我只能说是跟踪了他最日常的工作、购物等等这些没有办法避免的活动，跟了他比较general（普遍）的活动。

**李咪咪**：我听了你一半的演讲内容，然后我有点不太懂。因为柴彦威老师也在做时间地理学的研究，你是把时间地理学方法引进到休闲地理学吗？这有一些什么样的贡献？在他的基础上，你的贡献是什么？

## 第五节 旅游与空间

**赵　莹：** 柴老师就是我的老师。柴老师过去对于行为空间的研究，主要是从通勤等时空相对固定的活动入手的，这一特点在柴老师已有的论著中表现得特别明显。但是为什么要一直做通勤研究呢？做通勤研究的地理学者永远做不过交通研究者。因为通勤是交通里头最关键的因素，但我们的研究对象又是活动，用的是时间地理学的方法，关注的是多个活动形成的活动系统。这样来看，我们的优势是更深入理解人的多样化需求，弥补了就交通论交通的问题。而交通研究中的旅游问题是大旅游的概念，主要研究全球或区域尺度上人的流动特征；而我看的是细节，即城市内部或景区内部游客为什么会去，又是怎样走的；同时，以休闲为目的的活动是城市居民活动系统中最早变化和扩展的部分，是城市群或大都市区人口流动的先锋行为。所以，这些是我一直坚持的观点，我不太去看通勤或购物，他们已经是日常生活中被框定好的活动了。我看的是一些有弹性和能够自主选择的行为。

**李咪咪：** 刚刚你说以后的研究展望是个体和空间供给之类的，那现在也有很多的空间模型是用来做城市休闲空间比如像 RBD（城市游憩商业区）的研究，例如吴必虎老师的 ReBAM（环城游憩带）就是看城市休闲、大城市空间休闲供给的一个东西。因为你刚才说到可把规划结合在一块，可是如果看个体的话，最终还是要把个体转化为群体，而吴老师的群体的休闲活动就是模型的主要考虑因素。其实，休闲活动最主要的考虑因素是钱和时间。他们都会把这两个考虑进去的，然后产生这样的模型。那你这种对个体的行为研究怎么才能转化成为群体，然后对城市、大城市的休闲布局研究有所贡献呢？

**赵　莹：** 我的认识是：吴老师是把一个特定的空间单独拎出来看这个城市的。这一块，就是这个圈层里头的活动。我认为城市空间里头的休闲是系统性的，就像这一个人，他可能会去游憩带如环城游憩带上的十三陵旅游，但是下一周，他的休闲就是在城市内部的。

**李咪咪：** 吴老师他做的不是一个圈层，城市空间的布局是存在一个性能分布的，比如说某一类的休闲空间，像博物馆这些，它就会集中在城市中心；像那种地价稍微低一点、空间稍微大一点的休闲空间，它就会逐渐往外扩散。其实我觉得对个体的研究，最后还是要把它落实到群体上的，因为只研究一个人对实践是没有什么意义的。

**赵　莹：** 我觉得吴老师的这个分析是从空间的这一块来出发的，是没有从人的本身来出发的，这是其一。其二是，时间地理学强调人的活动安排是有系统性的。例如每一个人的活动，它一周有一个系统、一个月有一个系统、一年也有一个系统。内部分布是有一些差别的。基本单元是个体的研究，能够更清楚地解释群体行为形成的原因和机制，更有利于精细化的管理与规划。

**孙九霞**：那有什么意义呢？你可能要想人为什么要提这个问题呢。其实这是一个讨论的过程。比如说，我们对群体的分析是没有问题的，都要建立在人的分析上。那接下来要考虑用什么好的方法来将你掌握的大数据进行分解，比如说一个人在活动过程中与孩子、家人、朋友的关系，也就是把社会网络、社会关系考虑进来的时候，从个人视角进行解答就有意思了。这是我想说的第一个问题。第二个问题是，将这种休闲活动的分析放在北京城就更热闹了。比如，北京的绿色那么少，与西部的城市一对比，看看两个城市居民休闲生活分别是什么样子的。我觉得西部城市的绿色可能很多，但实现休闲活动就是另外一个话题，因为种种因素的制约使其不一定能够实现休闲活动。这样的研究就可贡献于城市发展问题的讨论，比如说城市本身的空间。北京的城市空间是收缩的、单中心的，它对应于环，根据环的大小来确定圈层；而广州可能就是不一样的，广州的空间是发散的，空间之间的边缘感觉没那么强烈。例如番禺，既可称为郊区，又是美食和旅游的中心。这样所反映的广州城市空间与北京就完全不一样，这就是第二个方面。

**余晓娟**：我必须打断一下，相信大家肯定有很多很有趣的意见和建议，允许最后一位发言人发言。

**张骁鸣**：我发现这个研究很大的背景假设是你认为空间需求的表现其实就是行为，把它当作了需求的本身。因为我们一定程度上是受城市制约的，所以体现出来的行为不一定是真正的需求。这个背后是心理、行为和空间三者之间的关系，我觉得现有研究框架只体现了后两者，即行为和空间的关系。而个人真正的需求，不一定完全表现出来了。

**孙九霞**：我忘了刚才想说的一点，你在这里把购物和休闲截然分开，这与现实存在一定距离。例如，我去到 shopping mall（大型购物中心）里，本身目的就是为了休闲，然后顺便购物。如果我带着一家人去想要去的地方，情况就又不同了，但你这里把它分成两段，没有考虑活动目的也是有混合性的。

**赵 莹**：我回应一下这个问题，这个假设是建立在行为受到制约的基础上

## 第五节 旅游与空间

的。关于人有各种可能需求的行为，目前是有假设偏好的方法去研究的。但是像时空可达性这样的分析，我现在还没有做到这一步，这将是未来研究的一部分。孙老师说到休闲行为的复杂性问题，我想这个一直都是通过对每个人行为的细致解读来认识的。我也同意人的行为是有变化的，后面还要改进这样的分析方法。

**余晓娟**：好，那我们后面继续来讨论。下面我们有请胡志毅博士演讲。

# 基于客源地出游力的旅行社空间布局分析

胡志毅

（重庆师范大学地理与旅游学院）

首先，非常感谢中山大学做这样的沙龙，让我和王四海老师这两个身处粤港澳以外的青年学人，有这样难得的机会来到中山大学进行学习和交流。其次，接着赵老师的话题，我有一点小想法。刚才提到的休闲空间是具有社会意义的，以前曾经有个博士论文就聚焦在城市茶馆的社会意义研究。同时，根据地理学的时空观，休闲空间还有另一个维度，即空间类型。不同的空间类型，具有不同的空间位置，对不同的人群具有不同意义。换个角度而言，不同人群的休闲模式和休闲空间偏好可能会不同，从而建构出不同类型休闲空间的不同社会意义。如果有可能再往这个方向深化和整理，或许会有一些有意思的发现。

前面的各位老师讲了很多国际化和研究前沿的话题，相比之下，我关注的话题属于传统的地理学研究的内容，即传统旅行社门店的空间布局问题。在旅行社的名字前面加上"传统"两个字，主要是为了与越来越多的网络旅游服务供应商相区别。关注这个话题的原因有两点：原因之一是在网络旅游服务商越来越多的背景下，传统旅行社出现了服务业态和服务内容的收缩。一些大型旅行社集团，如重庆渝之旅集团和旅游百事通集团，在城市中新开设大量面向城市居民、以组团业务为主的门店，期望以此实现传统旅行社的业务转型。那么，这种转型将会导致怎样的旅行社空间格局演变？反过来，旅行社应该如何应对这种新空间格局？这个问题或许简单，但很现实。原因之二来自于关于学科归属的思考。目前，旅游学人有着不同的学科渊源，相对更擅长各自学科领域的研究范式和研究方法。例如，昨天吴老师提到的计量模型，这需要深厚的经济学功底。我的本、硕、博都出身于地理系，地理学的基础相对扎实一些，以前曾经做过类似的城市饭店布局分析。这就构成了我的下述研究的两个出发点。

在传统地理学理论里,一般存在三个空间尺度。第一个空间尺度是宏观的,例如分析旅行社在全国范围内的空间分布格局及其演化趋势,或者发展状态的空间分异。第二个是中观尺度,可以具体化到特定区域或者跨区域,例如粤港澳区域、成渝经济区或重庆市。旅行社在区域尺度上的空间扩张特征和影响因素是什么,又如何评估旅行社在区域范围内布局的合理性和科学性?第三个是微观尺度,在城市和城市街区的尺度上,这些以吸收客源为主要目的的旅行社门店的空间选址因素有哪些,影响程度有多大?这是我从不同的三个空间尺度思考的一些问题。在这个思路引领下,我在过去一年多时间里,分别做了一些工作,借此机会简短汇报一下,请大家批评指正。

首先是在微观尺度方面,主要工作是分析了名列全国旅行社百强的旅游百事通集团在重庆都市区的布局特征和影响因素。目前来看,旅游百事通的市场策略非常明确和简单,就是快速地在城市区域设置专门招揽游客的门店。它以重庆为中心,最早在重庆市范围内快速布点,现在已经形成了全国门店网络,初步统计大概有1000多家门店。2011年,它在重庆主城区已有接近200家门店。这是它在主城区的分布图(PPT内容略)。基于这个分布图,我们做了两件事情。一是通过门店分布图与城市地图的叠加分析,看看旅行社在城市的布局有什么样的特征,这些特征跟传统的旅行社布局特征相比有什么变化或不同。二是重点分析了旅行社门店在城市商圈、城市干道和大型社区附近的布局特征。这里需要特别提到的是,现在旅行社门店向社区扩张的趋势非常明显。同时,根据人文地理学的企业空间行为的理论框架,分析了旅行社门店与其他城市设施的空间关系。通过实地调研,主要有以下几个方面的发现:

第一是旅行社门店与传统的和最基本的城市生活服务设施的紧密关联布局。例如超市,大量的旅行社门店出现在超市大堂的醒目位置。再如城市商业区,依然是旅行社门店的优先选择位置。这就引出一个结论:旅行社的招揽门店与城市商业区、超市等这些城市生活空间单元有非常相似的布局,可能从侧面说明了旅行已经成为城市生活的必需品,而不是传统观念中理解的奢侈品。

第二是旅行社的空间竞争和伴生布局的问题。大家都知道,当你在城市里发现一家肯德基餐厅的时候,很可能在附近就会有一家麦当劳,这就是所谓的竞争性伴生布局。现在,旅行社布局呈现出类似的情况。当你发现一家旅游百事通门店的时候,旁边可能就会有另一家渝之旅、宝中或海航乐游的门店

（注：上述都是重庆市内门店数量排名前列的旅行社集团）。这些门店与旅游百事通的经营业态和经营模式几乎完全相同。此外，还有互补性伴生布局。调研发现，一定数量的旅行社门店布局在酒店大堂里，尤其是城市商务酒店，其目标市场显然是酒店的商务客人。这就产生了旅行社与酒店的互补性布局。

第三是旅行社的楼宇经济现象。在城市中心区，地租水平的不断上升会对地租水平承受能力不同的各种业态产生不同影响。具体而言，能够承受高地租的业态进入中心区，比如奢侈品店、银行、高星级酒店；同时，一些利润率低、承受不起高地租的业态就会退出城市中心区或往楼上走。旅行社的布局策略就是上楼。那么，什么样的旅行社门店会选择上楼呢？在传统观念中，招揽客人的旅行社门店应该临街，面对着川流不息的人流，赢取市场机会。但经过实地调研发现，旅行社的顾客来源有两种。第一种叫随机顾客。门店临街，这类顾客看见广告走进来，从咨询到最后成交。第二种叫广告客户。旅行社通过发布在报纸等各种不同渠道的广告吸引顾客，因而不需要临街。例如，在香港铜锣湾恒隆中心的8楼，集中了大量旅行社；在九龙塘城市中心也出现这样的现象。我们把旅行社在城市中心商业楼的集聚现象称之为旅行社楼宇经济现象。

第四，我们在调研中得知，旅游百事通会根据门店销售收入的多少将其划分为A、B、C、D四个等级。基于这种分类和门店的空间属性信息，例如是否临街、是否在社区或商圈、是否靠近交通干道等，我们用独立样本T检验再观察不同空间位置的门店销售等级是否有显著差异。分析发现，一些结果和传统认知比较吻合，也有一些结果和传统认知并不吻合。例如，城市商圈依然是一个优势区位，不管是否临街，商圈都能给门店带来好的销售业绩。又如，楼宇门店和临街门店的业绩其实并没有显著差异。原因可能在于，楼宇门店和临街门店的客源是有区别的。再如，传统观念认为，与其他很多城市商业设施一样，靠近交通干道对旅行社门店而言是一个好位置，但是，检验发现邻近干道的门店与其他门店的业务差异并不显著。原因在哪里呢？通过查阅实地调研照片，最终发现交通干道形式不同，其对干道附近的商业门店包括旅行社门店的区位影响是不一样的。例如，城市新区快速路的大部分路段，因为没有设置过街天桥或人行横道，导致人流的横向阻断。最终结果是快速路的交通便捷并没有给旅行社门店带来旺盛的人流，作用反而是负面的。接下来，我们准备继续用GIS空间分析方法（例如核密度分析或ESDA方法）进一步分析旅行社门店

第五节 旅游与空间

的空间布局特征。

其次是在中观尺度方面。我们初步构想了一种方法，虽然目前的思考尚不成熟。分析什么问题呢？正如刚才已经提到的，目前出现了一些大型旅行社集团在特定区域范围内快速的空间扩张现象。因此，如何评估这种空间扩张的合理性问题就成为一个亟待解决的问题。例如，可以假设广之旅集团在天河、越秀、海珠等核心城区布局 100 家门店，而在番禺等远郊区布局 10 家门店，那么，这种数量规模的空间差异是否合理呢？我们尝试了用"出游力"指标来评估这种空间差异的合理性。具体而言，作为衡量一个区域潜在出游市场而非接待市场的指标，出游力概念早在 20 世纪 80 年代就已经被提出。在前人研究中，出游力与实际出游率之间的关系已经得到验证，出游力越大，潜力越高，出游率就越高。对旅行社而言，一个基本假设是居民出游潜力越强，旅行社应该布局越多门店，以满足市场需求。基于这个假设，我们尝试用出游力指标评估大型旅行社集团的组团门店的空间扩张的合理性。基本分析思路是，首先，把出游力指标体系进行因子分析，看看影响区域居民出游潜力的关键因子；随后，提取公因子建立一个回归模型，计算出各个空间单元的出游力值；最后，把每个空间单元的出游力值和旅行社门店数量进行拟合分析，得到一个拟合曲线。

大家请看屏幕（PPT 内容略）。第一张图显示，重庆市居民出游力的空间分布格局与重庆市区域经济发展格局吻合程度较好，说明区域经济发展指标依然是影响区域出游力水平的主要因素。同时，这种出游力空间格局，与前期研究相比较，可以发现在不同空间尺度和空间范围内呈现出不同的形态，如全国、如泛珠三角等。重庆市明显呈现一种单核同心圆的出游力衰减模式，随着与主城区距离的增大，出游力潜力逐渐减弱。第二张图将拟合曲线与实际门店数量的散点分布进行了比较，旅行社在主城区过度密集，集中度超过 80%，数值都在拟合曲线上方，从规模优化角度看，需要减少门店数量；相比之下，在城镇体系规划中被确立为区域性中心城市的门店数量偏少，数值都在拟合曲线下方，需要增加门店数量。这个拟合分析结果将旅行社在区域范围内的门店数量规模与城市等级次序联系了起来，我个人认为很有意思。

当然，上述分析方法可能存在不足之处：一是没有考虑竞争问题，由于没有办法收集到各区县的旅行社数量，我们只使用了旅游百事通的门店数量数据，即只考虑了单个旅行社集团的布局合理性问题。二是没有解释为什么区域出游力和旅行社门店数量是一个非线性关系。补充一点，这条拟合曲线能够通过回归方程的回归系数的检验。我们尝试了分段拟合，但拟合效果不如曲线。三是这条曲线是否存在拐点，目前，这是让我们困扰的一个问题，也借此机会求教于各位。

最后是在宏观尺度上研究旅行社空间格局。目前，在宏观尺度上，能够获得的旅行社数据主要有两个方面，一是数量规模，二是根据中国旅游统计年鉴提供的旅行社经营数据。曾经有学者采用数量规模数据分析旅行社的空间布局特征，但尚未有学者分析旅行社发展效率的空间差异。所以，我学习和借鉴了发展效率的分析文章，包括左冰老师在《地理学报》发表的文章，尝试用DEA–Malmquist模型来研究旅行社发展效率在各个省域单元之间和东、中、西部三大区域之间的空间差异状态。值得一提的是，曾有国外学者专门把10多年以来采用DEA方法研究旅行社、酒店和景区的论文进行了综述，文献估计有十几篇到二十篇左右，这些研究的一个共同特点是基于企业调查数据。遗憾的是，在中国没办法做这种类型的企业调查，因为任何一个大型旅行社集团都不太可能提供涉及企业核心信息的经营数据。DEA方法的前提是需要产出指标和投入指标，所以在中国只能采用面板数据。当然，我同意各位老师包括李军老师已经提到的，中国的面板数据质量存在一些问题，但是"有"比"没有"好，哪怕数据糙一点。PPT显示了初步的分析结果：初步结论就是我们最关心的全要素生产率在研究期内总体处于一个上升状态，而且上升驱动力主要来源于技术进步。同时，过去10年间，我国旅行社技术进步的主要贡献因素是规模效率的提升。简言之，行业就业人数的规模增长速度远低于旅行社接待规模的增长速度。事实上，利用刚才选的投入指标和产出指标再算一下，可以发现旅行社从业人员人均接待的游客数量和人均所创造的产出营业收入增长迅速，在一定程度上也能验证前面的结论。最后，东、中、西部三个区域的发展效率计算结果是，东部地区和中部地区的增长速度明显高于西部地区，主要原因是西部地区技术进步呈现负增长。

最后总结一点，目前，旅行社产业呈现出线上和线下结合的发展趋势。但是"如何结合"是另外一个更重要的问题。我认为，从空间视角出发，应该思考在虚拟空间和实体空间同时存在的背景下旅行社业务如何运营的问题，也包括这个新背景未来如何重构传统服务业态。刚才我已经提到，目前已经出现了传统旅行社业务收缩的情形，进而在一定程度上重构了旅行社传统业务链条,最终重塑旅行社在不同空间尺度的静态布局形态。反之,这种过程会如何反馈于互联网时代的广义的旅行服务业发展,值得深入研究。以上内容是我的一些不成熟的思考,请教于大家,也欢迎大家提问。

### 主题讨论

**王四海**:我提一个问题。就是你刚才讲到的线上和线下结合,现在大家都在讨论这个问题。原来芒果网依托港中旅,但芒果网成立以来一直亏损,然后就被卖掉了。你怎么看这个问题呢?

**胡志毅**:我认为所谓的"线上线下结合"实际是一个笼统的提法。在实践中,存在很多不同的模式。例如,传统旅行社在接收顾客的同时,也利用网络平台接收顾客,真正的接待服务再转给另外的传统旅行社去做。这是一种收客端的结合。再如,在收客端和服务端中线上和线下同时结合,也有很多不同的表现模式。您刚才提到的,芒果网被收购,而且发展得不好,从行业发展角度来看,可能的原因是它的业务模式与其他网站(比如携程网)高度重合,相比之下缺乏竞争优势。

**王四海**:事实上,芒果网拥有很多线下资源。港中旅有自己的酒店、景区和其他相关交通服务。它收购芒果网的初衷是想把芒果网和这些线下资源整合起来,再形成统一的 logo。结果发现不成功。我一直没用过芒果网的金卡,一是它的产品和服务价格偏贵,二是它没什么特别的(服务亮点),它卖的东西携程也卖,并且携程做得更好,尽管携程严格意义上不属于线上和线下结合。芒果网虽然拥有港中旅这么多资源,但最终不得不卖给港中旅搞信息工程的部门来负责。

**胡志毅**:是的。所以我认为,刚才提到的"如何结合"问题,是值得下一步深度思考的问题。

**李军**:你刚才讲到,运用三个因子建立回归方程计算出重庆市居民出游力水平,随后又用出游力水平与旅行社门店数量进行简单回归。我的建议是,为什么不直接用三个因子对旅行社门店数量做一个多元回归呢?你利用出游力的三个因子作为自变量进行多元回归，可以看到那三个变量的影响。事实上，那三个影响因素（经济发展水平、交通水平、农村居民生活水平）很有意思，都可以直接当成单独的自变量。另外一种分析可能有点难度，叫 non‐parametric（非参数估计），就是一个变量对另外一个变量数据的分布没有很强的数据假设，但是它的前提就是没有正态分布。

**胡志毅**：确实如此，我一直在想，将出游力作为唯一的自变量是不是太简单。

**李 军**：补充一点，如果能在一个演绎模型的基础上做验证的话，这个研究就会显得很严密了。如果我来做的话，我会先构建一个博弈论模型，再用数据去验证它。你是不是可以考虑？这个思路在微观行为经济学里面比较常见。

**胡志毅**：刚才我展示的那个研究，一个重要的前提是现有能够收集到的数据。我目前不太清楚博弈论模型验证的数据要求，请教您，如果用博弈论模型验证的方法，这个数据能够支撑它吗？

**李 军**：主要是要从空间角度思考问题。比方说，两个餐厅或者餐饮企业，存在空间竞争现象，体现在对不同消费人群的空间偏好。它在 A/B 两个极端，那它一定会趋于两者之间的中间点上，在相交的图上，这在政治学上叫中间投票人，要争取中间的那个区位。在空间布局上可以考虑一下。这是我的建议。

**余晓娟**：胡博士，我有一个问题。在中观分析层次上，在需求侧您提到的是客源地出游率，具体是重庆市整个区域的总需求。但在供给侧，您只采用和分析了旅游百事通这一个企业。所以，这个分析是不是有点不对等呢？

**胡志毅**：确实如此，重庆市内两家旅行社集团与旅游百事通采用了几乎一模一样的经营模式，在搜集数据过程中，我们发现旅游百事通门店数量接近 200 家，另外两家分别有 80 多家和 60 多家。没有把这两家拿进来分析的原因，一是暂时没有往那个深度去做。目前的思路是对这三个旅行社在重庆市都市区的空间分布形态做比较分析，看看有什么不同，然后能够部分回应您提出的这个不足。第二个是您提出的分析对象不对等的问题，确实存在。考虑到旅行社经营模式的区别和在区县的数量数据难以获得，怎么把以组团业务为核心的旅行社全部纳入分析，我们暂时没有想到更好的办法。

**左　冰**：我再提一个建议，关于那个全要素生产率分析中旅行社的技术进步方面。如果你希望进一步分析的话，可以继续分解。因为全要素生产是很 general（总体的），把人力资本等所有的技术进步因素都考虑进去了，你可以考虑进一步将旅行社的技术进步的源头进行划分，探讨其到底是人力资本还是投资或硬技术进步引致的。比如，是否可以去调查重庆旅行社的人力资本状况、学历资本的提升状况如何，等等。

**胡志毅**：谢谢！利用旅行社的个体调查数据，可以从一个案例的角度进一步分解分析。

**左　冰**：对，看一下旅行社技术进步的来源到底是什么。

**王四海**：能不能再问一个问题，前面我没听到，在你的调查中，有没有发现一个问题，就是旅行社技术进步和在线旅游领域的发展对旅行社布局有什么影响？

**胡志毅**：这是我下一步想做的事，他们到底怎么结合，并且体现在空间中。比如说，在之前的调查里面发现，新出现的社区门店只收客，绝对不会做接待的。这就是旅行社空间扩张中的业务收缩，二者紧密关联。

**王四海**：门店只能报名，不能接待。

**胡志毅**：门店简化和收缩业务的基础是内部管理系统的完善，它们都会利用一个内部业务控制体系，包括网络平台，来实现以门店报名为起点的前后台服务流程。

**王四海**：我还有另外一个问题。目前，很多业务是延伸结合的，例如生活便利店就已经可以直接接受旅游者报名，这个对旅行社经营有没有影响？在2008年以后，以广州的"广之旅"为例，采取的策略不一定是扩张的。例如，受到2008年金融危机的影响，它的门店规模缩小了很多。期间不仅没有扩张，还撤掉一些门店，也有优化组合的门店，而且门店类型也在发生变化，有些变成了体验店。建议你去看一下，广州几个体验店都蛮好的。

**胡志毅**：谢谢王老师的建议！会后有机会我去实地了解一下，正好可以比较一下广之旅门店与旅游百事通的区别。

**余晓娟**：谢谢胡博士！那下面我们有请石伟博士来发言。

# 旅游教育与研究

- 开场白
- 放养与圈养：康奈尔大学酒店管理学院与香港理工大学酒店及旅游业管理学院哲学博士培养模式比较
- 建立"旅游问题学"：初步研究
- 旅游研究的想象力：从 Tourism Management（2012—2014）书评看国际旅游研究

饶 勇

（中山大学旅游学院）

大家辛苦了！青年才俊齐聚一堂，这一个月当中，广州的天气从头到尾都是晴天。刚才我看大家讨论得非常热烈，热烈到外面有很多好吃的、好喝的大家都忘记了。我们在时间上做一个小小的调整，我们从10：25开始，结束的时间就在这个手册上的时间的基础上顺延10分钟。刚刚来的时候，听到一个很有意思的话题，就是在旅游教育界，这30年来我们经常碰到的现象，是所有遇到一起的人经常互相打听你的学科背景是什么，是来自社会学、人类学、地理学还是经济学。这样的一种尴尬说明，与这些传统的人文社科、老牌学科相比，我们旅游学科还非常年轻。但是，尽管很年轻，从旅游发展的实践需求来看，旅游教育所承载的体量非常庞大，一个很年轻的学科将支撑一个很庞大的教育体量，这就给我们在座的各位带来很大的挑战。这也造成了近30年来旅游教育的分分合合、起起落落。不过，比较幸运的是，所有的旅游教育者，选择旅游研究和教育职业的这些学者，都有一个共同的特点：心胸开阔，坚韧不拔。所以，即使受到了很多非议，面临着很多诱惑，我们在基础研究上面仍然是一步一个脚印，踏踏实实，从没有路走到有路，用突围的成功反哺了旅游教育的发展。最大的一个成功就是在过去两年，教育部的本科专业目录调整里面，我们旅游专业正式登堂入室，成为一级学科。当然换句话说，对于旅游教育来讲，基础研究和旅游教育之间的关系到底该如何相辅相成，实践的多样化及其快速的变化对我们的培养模式带来了很多挑战。每天我们都在讨论，我们到底应该走康奈尔模式，还是应该走剑桥模式或者瑞士洛桑模式，天天在讨论这些话题。那么今天，我们就请刘赵平博士以他的亲身体验来告诉我们他的想法。大家欢迎！

## 第六节 旅游教育与研究

## 放养与圈养：康奈尔大学酒店管理学院与香港理工大学酒店及旅游业管理学院博士培养模式比较

刘赵平

（香港理工大学酒店及旅游业管理学院）

今天这个天气人本来是会热出一身汗的，刚才孙院长的点评却把我吓出一身冷汗。我今天要讲的算不上学术问题，待会儿大家就像听故事一样，听我讲讲"放养"和"圈养"这两种不同的博士培养模式。我刚刚接到这个邀请的时候，看到是粤港澳青年学者沙龙，一算年龄我已经不是青年了，如果我要参加，不能因为我一个人就把它改成粤港澳"中青年"学者沙龙。后来我又查了一下世界卫生组织的定义，青年是从20岁到45岁，我勉强在这个范围里面，所以就斗胆来了。我想我以后会参加所有把我划分在青年行列的活动。

《围城》里面有个教育部的官员，经常说"兄弟我在伦敦的时候"，讲的是留学回来的人逢场合必提自己的留学经历。由于我讲的内容会涉及康奈尔大学（以下简称为"康奈尔"）的一些事情，所以大家肯定将不断听到我讲"兄弟我在康奈尔的时候"，请谅解我不断讲起自己的"光辉历史"。正式开始之前，我先讲两个故事。一个是来自康奈尔的故事。这个视频（PPT内容略）是在某一年康奈尔大学中国学生会自己组织的春节联欢晚会上的一段少儿舞蹈表演，我是晚会的组织者。请注意中间的这个小姑娘。后来我一直在康奈尔读书，直到我快毕业的那年，又一次参加学校里面的华人春节联欢晚会。刚才少儿舞蹈里面的那个小姑娘，当初是个小学生。她在我毕业那年被康奈尔大学录取了，然后以康奈尔大学学生的身份在新一届的春节联欢晚会上表演。通过这个故事，我想说的是我读博士的经历有多么漫长。另外一个是关于洛桑酒店管理学院的故事，这个是最近发生的事。我们香港理工大学的酒店及旅游业管理学院最近开了一个全球旅游研讨会，由我们学院和洛桑酒店管理学院、休斯敦大学酒店管理学院签一个三方合作开办硕士项目的协议。洛桑酒店管理学院的教务长过来向我问好，我一看他特别面熟，后来想起来他在康奈尔读硕士的时候我做过他上的一门课的教学助理（TA），他现在已经在洛桑酒店管理学院当了教务长。而我，才刚刚毕业回到香港理工大学，开始我的助理教授职业生涯。就是说，我的博士之路走得非常非常长。经常有人见到我就说您读得真辛苦，问我已经读了几年。我就通过这个场合正式公布一下，我在康奈尔大学待了 8 年时间，2003 年进康奈尔，2011 年拿到博士学位毕业。

1998 年，我从南开大学硕士毕业进入国家旅游局开始工作的时候，李咪咪老师刚刚高中毕业；当李咪咪老师 2007 年从普渡大学拿到博士学位的时候，我刚刚答辩我的论文研究计划。我最近看到两个国内的故事，说的是某高校的一名研究生，因为读研不顺利、找工作受挫，选择了放弃生命的不理智行为。还有前两天看到一条新闻，某研究所的博士，因为岗位津贴停发，就拿着菜刀把导师堵在屋里。看到这些消息我就想，今天我讲的这个话题，可以引发大家分享各自读博士期间的酸甜苦辣的故事。

我到香港理工大学酒店及旅游业管理学院工作以后，通过博士生招生面试以及自己带博士熟悉了我们学院的博士招生和培养程序，才发现不同学校博士培养的过程居然有这么大的差异。从时间上来看，香港理工大学的博士生，按规定 3 年就可以完成学业，有的需延长的也可以三年半或 4 年完成。此外，香港理工大学建立起了一套非常规范的博士培养体系，这个体系和康奈尔大学酒店管理学院有着很大的差别。所以，我试着比较研究一下香港理工大学和康奈尔大学这两个地方的博士培养体系，就用了"放养"和"圈养"这两个词。康奈尔大学的博士培养像是一个放养的过程，把你放在草原上，让你自己去吃草、产奶。香港理工大学的博士培养，就是把你养在圈里面，给你一步步安排好，按规定上必修课与选修课，实际上是给学生安排了一个非常系统的培养过程。你按照这个系统的安排往前走，到时就可以按时毕业。

回想当年我们在康奈尔的培养过程，学院对博士生选课是没有任何要求的，你选多少课、选什么课、选院内的课还是选院外的课，这些都是没有限制的。所有关于选课的事情，学生和导师两个人商量就可以了，所以有很大的自由度。比如说我当时选课的时候，学统计就去生物统计系，学微观和计量经济学，就去经济系。也就是说，你可以按照自己的喜好或者是未来的发展方向决定选什么课程。虽然需要导师的同意，但导师一般对整个学院，特别是对其他学院开设的课程不是特别熟悉，所以基本上就是学生拿着拟修读的课程的注册单给老师，老师说可以，学生就可以确定自己要修的课程。读博士期间，学院对学生的 GPA、选课数量等都没有特别的要求。关于论文选题和研究计划也是完全由学生和导师两个人商定，导师会给学生很大的自由度。比如说，如果最初导师想要你研究某个方向，但和你的兴趣不一致的话，你就可以和导师商量，提出另外的研究题目和方向。经导师批准后，你就可以研究你喜欢的方向。

读博士过程中，唯一约束性的规定，就是研究生院要求博士生的研究计划最晚需要在入学后的第 6 个学期（经过你的导师或者院长的批准还可以适当延长）通过答辩，在香港理工大学读博士的话，这时候已经基本上快毕业了。论文答辩的过程也比较简单，答辩委员会由 3~4 名成员组成，除了院内的老师之外，需要至少有一个其他学院的老师参与答辩。在答辩过程中，导师是答辩委员会主席，起着很强势的作用。

关于毕业答辩的时间，康奈尔大学的研究生院建议学生在 7 年之内完成学业，在特殊情况下，还可以适当延长。学生若有充分的理由，每次交一张表格就可以延长 1 年的时间。我通过调查了解到，我读博士的时间还不算太长的，我认识的朋友中有读人类学或者政治学等文科博士的，花费了更长的时间。康奈尔大学的酒店管理学院对在读博士管理比较松散，没有很多规章制度。但是，学院会通过其他渠道来鼓励学生早日完成学业。康奈尔大学的酒店管理学院在录取博士生时，会同时给学生 4 年的奖学金。前 4 年的生活费、学费由学校负责。4 年以后，你如果还没毕业，就得自己负担各项费用。作为私立学院，康奈尔大学的学费非常贵，当时一年的学费要 3 万多美元。所以，如果你不按时毕业，一般人也撑不了太长的时间。但是，由于我当时得到爱人在经济上的强力支持，这方面有些懈怠，读书拖延了很长时间。

对比康奈尔大学的放养，香港理工大学的培养机制就是圈养。首先，关于选课有非常明晰的指导。博士生入学后，学生本人和带博士生的导师都会拿到一本手册。学生一般需要完成 6 门课，其中有 5 门可以看作必修课。只有 1 门课是可以自由选择的。选题和研究计划一般要求在 15 个月之内完成，最长可以延长 3 个月。如果你不能通过的话，就得退出，这对学生来说是非常大的压力。研究计划答辩委员会和论文答辩委员会的主席不能是导师本人，必须由其他老师来做主席。这跟康奈尔大学不一样。在康奈尔大学，答辩人的导师是答辩委员会的主席。在香港理工大学还有一个区分：答辩研究计划的委员会和答辩论文的委员会不是同一批人，一批人负责研究计划答辩，另一批人重新组成论文答辩委员会。也就是说有两个不同的委员会：一个负责研究计划答辩，另一个负责论文的答辩。这就是放养和圈养两种基本的博士培养模式。

　　针对这两种模式，我找一些老师做了进一步调研。因为香港理工大学酒店及旅游业管理学院的师资很强，有65位老师，分别来自20个不同的国家和地区，这些国家和地区可能都有自己不同的博士培养体系。比如说，我从一位英国大学毕业的老师那里了解了英国的博士培养机制。英式机制基本上是先选好导师，学生提交一个研究计划，在选课方面没有什么特别的要求。学生花两三年的时间把博士论文做出来，经过一定的程序后可以拿到博士学位。我还了解到在有些地方，比如澳大利亚的某个大学，学生博士毕业时不用进行论文答辩，书面论文提交以后，由评审委员会的成员书面提供反馈意见就可以。所以我开玩笑说，通过了解不同的博士培养体系，可以总结出一条拿到博士学位的捷径（当然这是开玩笑，这样说不是一种正确的表达方式）：你可以先申请在美国大学入学，因为美国大学博士入学的时候不用提交研究计划。而在英国体系下，你需要带着自己的研究计划去申请博士入学，学校要考察你的研究计划是否提出了一个很值得研究的问题、是否有完整的理论框架、是否可能有显著的理论贡献，等等。在被美国大学录取之后，转学到英国去。因为美国代表性的学校都是有一个完备的博士培养课程体系的，而转到英国的培养体系下是完全不用选课的。所以，学生在英国不用选课，把论文做出来，在快要答辩的时候转学去澳大利亚，因为澳大利亚博士论文不用答辩。这样就走了一条捷径，当然这个是开玩笑的。

　　在访谈过程中，我碰到一位英国某大学毕业的同事。他说，你把所有的事情都归咎于博士培养机制是不对的。在同一个机制下面，还有很多其他因素会影响到读博士的过程和结果，比如说导师也是一个非常重要的因素。他曾经在自己的学校观察到同一个学院里面的两种风格迥异的导师。有的导师对学生要求非常严格，规定每两周见一次面甚至每周见一次，每次见面都要讨论论文写作的事。有些导师则是一种比较放松的管理风格，他们觉得学生都是成年人，要学会自己安排自己的生活和学习。如果你作为学生自己都不往前积极推进的话，你的失败跟他没有任何关系，学生作为成年人要为自己的选择负责。所以，导师也是有各种各样的。

　　我在查文献的过程中，发现斯坦福大学前校长肯尼迪（Donald Kennedy）

说过：在整个大学教育体系中，一名学者要扮演多重角色①。一般大学老师既要发现新知识、发表文章和做好教学工作，又要求带好学生、和行业建立联系以及做好其他服务工作，等等。但是在博士培养模式这方面，经常存在一些问题。在整个读博士期间，学生得到的基本上只是关于通过科学研究创造新知识方面的训练，多数人缺乏教学方面的训练。比如说，很少有博士生学过教育心理学等方面的课程。在讲课方面，很多新毕业的博士都是在没有受过系统训练的情况下直接被推上讲台的。所以，对很多年轻教师而言，教学的方法和技巧是靠自己长年摸索积累起来的。这是整个博士培养机制里面的一个问题。另外一个问题就是在带学生方面。像我们现在工作以后就可以带博士。但是作为博士生导师，我们没有接受过如何带博士的系统训练，应该通过什么样的渠道去跟学生沟通？如何保证学生学业顺利？如何给学生提供生活或者其他方面的知识、心理辅导？这些方面，我们很多时候心里是没数的。导师在没有受过系统训练的情况下就开始带学生，也带来了一些问题。导师在博士生培养过程中扮演着一个很重要的角色，但很多导师在如何与学生打交道方面是没有经过系统培训的。

因此，经过以上分析，我就想导师其实也可以分成两类：一类就是非常严格的；另一类就是相对灵活、鼓励学生做自己喜欢做的事情的。再加上学生本身，我的研究就提出关于博士培养的三个维度：学校机制的维度、导师的维度和学生自身的维度。博士生当中，有些学生严于律己，有些则是自由散漫型的，或者说是自由洒脱型的。比如我就是自由洒脱型的。那么博士培养这个过程，到底它的本源是要实现什么样的目的呢？我觉得培养博士的首要目的就是为了大学这类组织的复制。因为大学作为一种组织要延续，所以需要源源不断地培养出青年学者参与到研究和教学的队伍当中来。从导师的角度来看，带学生的目的，功利一点来说，可以多发表文章，同时如果自己的学生研究的东西和导师的研究方向一脉相承的话，学生发表文章时大量引用导师的文章，这样导师的文章的引用率也会提高。但这也是导致很多导师不支持学生做和自己不一样方向的研究的原因。我个人也有这样的经历。一开始，我导师曾给我安排题目想让我做酒店集群的研究。当时需要用到 Smith Travel Research（史密斯旅游研究）提供的数据，但是这个数据库当时只对康奈尔大学酒店管理学院

---

① Kennedy D. Academic Duty [M]. Cambridge, Mass.: Harvard University Press, 1997.

的老师和研究助理开放。我想，如果我要基于这个数据库做研究的话，辛辛苦苦做完，毕业后到另外一个学校工作以后，就接触不到那个数据库了，这样做对我来说没有很大价值，于是就想换一个题目来研究。但换一个和导师不同的方向来做研究，老师一般不是很支持。比如说，你是跟着鲁班学徒的，但是如果你出师以后是去做豆腐，那么虽然你做的豆腐口味特别好，也卖得特别好，大伙儿也会想，这个同学豆腐做得特别好，肯定很能干，但是别人不会把它归因到你是鲁班的弟子那里去，因为鲁班本人不是做豆腐的。你如果木匠活做得好，别人会想到你是跟了个好的师傅，但是做豆腐这个应该不是跟鲁班学的，你豆腐卖得好跟师傅鲁班的关系不大。所以，导师可能有这种天然的意向，需要学生跟着自己一直往下做相关的东西。一方面，这样做可能你更容易成功发表相关的文章；另一方面，导师可能也有一些其他方面的考虑。

从学生的角度来说，有些人读博士是为了找个维持生活的工作，就是混口饭吃，因为做生意不顺，或者官场不顺，所以到学术界来混。也有些人就是真的特别喜欢做研究，把研究当成自己的终身事业，喜欢发现和创造新知识，给社会做贡献。从这个角度来讲，我的研究问题就是：有没有最理想的博士培养机制呢？如果有的话，它是什么样的？比如说，让你描绘一个理想的博士培养机制，它大概是什么样的状态？在这种组织机制、导师风格和学生风格的不同组合当中，它们各有优缺点，但哪种组合更有效，是我前面说的那种学校要求严格、导师要求严格、学生也自律的模式，还是那种制度明确严格、学生 3 年按时毕业然后就走向教学研究岗位的那种培养机制，还是其他的？对于三者风格不匹配的，比如说学校要求很严格、导师要求也很严格，但是学生自己比较自由和洒脱，这样是不是一定会死得很惨？此外，有些情况是三者都走向另一个极端，学校要求很灵活，导师很随和，学生自己也很洒脱，尽管三者听起来很匹配，但效果未必好，最后就可能变成我这样的情况了。一个什么样类型的组合是比较理想的带博士的模式？我就想做这么一个研究。因为这是一个正在进行中的研究，我还想通过一系列的深度访谈和一些跟踪访谈来认真研究一下。

现在汇报的内容是根据前期的访谈简单总结出的几点。有些老师会给学生讲读博士时需遵循的规则，我自己总结出来一个，就是沟通特别重要。我在读博士的过程中，中间一个重要的节点就是答辩研究计划。在这个环节，由于和导师之间、和指导委员会其他成员之间没有充分沟通，带来很多麻烦。我的一

## 第六节 旅游教育与研究

位指导老师曾建议，我可以按照商学院的博士论文模式做三篇小文章。我以为他和我导师沟通过了，是他们共同认可的想法。但是后来才知道，他们之间其实是没有沟通过的。我导师一直坚持我需要做一篇大文章。但是，委员会成员互相之间没有达成一致，导致了我原来想好的那三篇小文章不能做，只能重新换一篇大文章的构思。此外，读博士期间要把全部心思放在论文写作上。我们香港理工大学有一名发表很多文章的老师，他说要做好研究的一个最核心问题就是要心无旁骛，要全身心地投入到研究工作上。本来我还有另外一段录像，就是我在康奈尔的中国学生学者春节晚会上演小品的视频，我当时读博士时兴趣广泛，没能做到心无旁骛。还有，对研究的兴趣也是很重要的，如果你真的是完全不在自己的兴趣点上做事情的话，论文很难做得顺利。

对导师访谈的另外一个问题就是问他们觉得带学生最关键的一个东西是什么。我问了我们那儿一个非常成功的学者，我说："你带学生的时候，是因为你的导师对你宽松，所以你对你的学生也宽松吗？"他说："不是的，我是因材施教。我对一些自主性非常强的人，就对他很宽松；对一些自我比较洒脱的人我就很严厉。"他是这样来调教学生的，保证他们在一个相对紧凑的节奏上面往前走。其实，我昨天会上听刘俊老师提到从博士到后博士阶段的过渡有点困惑的时候，我就猜想这个和博士培养的过程可能是有关联的。比如说，如果你在读博士的过程当中，做的是一个非常感兴趣的事情或者是在理论上可能有很大贡献的事情，毕业以后你顺着原来的方向自然延续就可以了，这样不会有困惑。这是我的猜测，但未必是正确的。但是，如果你是在研究导师指定的题目或者是跟着导师的一个项目在做论文，之后自己寻找新的研究方向的时候，在这个衔接的环节就可能会产生一些困惑。最后，在结束的时候，想起昨天和刘俊老师聊天，刘俊老师和我见面的第一句话就是："刘老师，我读书的时候看过您写的文章。"一个功成名就的大教授，见了我说他读书的时候看过我的文章。这一方面说明我年龄大了，另一方面说明最近几年没有发表新的成果。如果有新成果的话，别人就不会说你1998年或者1997年那时候发表过的文章了。这也算是提醒我需要多努力做好当前的研究。还有另外一个问题，本来想找咪咪老师问一下的，就是从博士毕业之后，现在自己可以带博士生，你从学生的身份转换到导师的新身份，这个角色转换过程当中的感受是什么？

### 主题讨论

**李咪咪**：我也毕业7年了，跟我同一年毕业的都已经是教授了。

**刘赵平**：我面临的问题是，我刚刚博士毕业但现在可以带博士生。我自己还在困惑当中。从做博士生到带博士生，关于这个转换，不知各位有没有什么成功的经验可以分享一下。我占用时间给大家讲了一段故事，谢谢大家！

**饶　勇**：非常感谢刘赵平兄弟，给我们分享了非常精彩的故事。我概括一下，有三个启发：第一个，我们听了一个放养的兄弟回到中国以后，开始干圈养的事儿；第二个，我们了解到了在海外读博士的最优化路径，就是在美国入学，然后转学英国做研究，最后到澳大利亚去论文答辩；第三个，有一个很重要的启示，就是以后的博士生招生简章上要标明学校和导师的风格便于学生自做选择。OK，大家有什么样的看法？有请那一位。

**史甜甜**：感谢刘老师非常有趣、精彩的演讲。关于老师提到的这个问题，其实我是一名中山大学旅游学院的在读博士生，我自己在读书的整个过程也会想这些问题。我看了一些书，可以推荐一下，一本是《给研究生导师的建议》，一本是《给研究生的学术建议》。前一本是国外体系的，但是能给我们自己培养出很多的学霸；后一本是给研究生的建议。这两本书之外，还有一本书是教你如何做博士研究的，这里有很大一部分在说你和学校、和导师该如何相处，我读了挺受启发的。然后另外一个就是觉得您学以致用，从专业的视角来反思整个旅游教育，我觉得很棒。谢谢！

**刘赵平**：谢谢这位同学给我开的书单！

**林清清**：刘老师好！您讲得非常有趣。因为等一会儿我也要讲，所以我现在有点紧张，我觉得您讲得太好了。我就是想说，您刚才讲的，由美国入学，转学到英国，再转学到澳大利亚的话，我就是听到得太晚了，我要是早几年听到的话就好了。

**刘赵平**：不要当真啊，我是开玩笑的。我是真的没有系统研究过，但是你要愿意做试验的话可以去试试。刚才曾提到，其实研究方法里面有个实验法。

## 第六节　旅游教育与研究

比如说带学生，我现在其实有很强烈的愿望，如果有机会带两个博士生的话，我一个放养一个圈养，看一下这个结果。但是，这样做的代价太大了，拿别人的命运来做实验，不太合适。我以前开玩笑说，我曾想做一个更大的社会实验。我在美国生老大，在香港生老二，在内地生老三，然后看这三个小孩的命运会有什么差别。后来，我就意识到这个太沉重了，父母和孩子们可能都难以承受。这种东西你要愿意的话可以牺牲自己去做尝试，也可以问其他的人"有没有人尝试过两个不同的模式"等问题。转学院的例子现实中是有的，但是多数是出于无奈，而不是为了走捷径。一般人读博士的时候，是不希望有任何意外情况发生的。像这样换题目、换导师，只要有任何一个特殊的事件导致你不跟主流走的时候，后面的事情就像火车晚点了一样，你晚点了就得让下一趟车，到了每个车站都得让其他正点的车，这样下去就会落在后面越落越远。现在，当有学生跟我聊天或者问问题的时候，我都建议在所有事情上你尽量不要"与众不同"，顺着统一的安排往下走是最省力的选择。当然有人有不同意见，我们学院另外一位老师跟我说过，对于按照常规培养体系培育出来的学生，他自己有点义务未尽到的感受。也就是说，要培养一个学生，就要把他/她真的当成一个得意弟子，把他/她扶植得、培养得非常好。但是，受学院3年期限的限制，他只能按照3年来做计划。如果允许有4年或者四年半的时间，他可以做一个更好的计划，把这个学生培养得更好。这是一个没有把尽快地让学生毕业拿到学位当作博士培养目标的一个不同认识。

**左　冰：** 刘老师，我看你有进行优劣的比较。我记得好像在教育评估里面，要评估老师的教育成就。但是，在这里可能有很多的人跟我一样比较疑惑的是，你怎么进行比较？因为你是把学生毕业作为一个终点来比较。而我觉得，相对于将学生毕业的时候作为终点来比较，学生毕业其实只是一个起点，因为一个人的研究生涯是很长的，不能跟踪那8个模式里面培养出来的学生，到他/她退休的时候一共发了多少文章。

**刘赵平：** 对，你说的那个非常理想。这个在我刚才引用的那本书（*Academic Duty*）里面就提到过，现在我们这个体系一般是考查一种即时的影响。比如教课，只考虑即时影响的话，教会计的和教财务的老师容易得高分，因为学生从中能学到很多具体的知识。学生以前不会看财务报表，现在学会看了，感到有很大收获。但是我们教战略的，特别吃亏。因为我觉得我教的这个战略会对学生整个一生产生影响，但是，学校不能等10年以后来看我的学生的成长状况,才来做教学评估。所以,你的想法很好,但可操作性较低,操作起来很困难。在上述的讨论当中有一个假设,就是说目标是让学生及时毕业。因为我在评价不同的培养体系的时候,其中一个重要的指标就是,学生按照这个体系的要求按时毕业的比例。考虑把按时毕业的比例作为一个方面来打分。其实应该有更多的指标,比如你提到的毕业的学生在几年内所取得的成就等。但是度量成就也有很多问题,例如是度量文章数量还是度量影响等一系列的东西。你提出的是一个非常好的问题,就是不太好操作。

**王四海**:刘老师,我想问一个小问题。像在美国,比如论文答辩,有没有"放水"的?在中国,我就知道,举一个例子,一个女同志在怀孕的时候进行论文答辩,她往讲台前面一站,其实评委的标准就降低了,如果没有太大的问题几乎都能通过。

**刘赵平**:在美国的这个体系,基本上是取决于导师。作为导师,你是把你的个人信用押在这个论文答辩上面的。学校呢,把所有的信任都放在导师的身上,相信导师不会因为喝一顿酒或者收了一袋茶叶就给学生一个博士学位。所以说,美国大学里博士生导师的权力非常大。一般来说答辩过程都是这样的,论文陈述与答辩完成后,学生回避,然后指导委员会成员现场讨论,过5分钟、10分钟学生回来以后老师"祝贺你",就算通过了。我答辩完了以后,出去站着等了20多分钟才让我进去,那是我在历史上感觉时间走得最慢的20多分钟。因为时间越长,你就越感到可能要发生什么事情。虽然一拉开门,他们也是"祝贺你!"但当时就感觉到他们是经过了很严肃的讨论。我的论文指导委员会有3个人,包括我的二导还有三导,那几位导师都是功成名就的学者。我在读博士期间,我的二导从助理教授升职为有终身教职的副教授,我的三导从副教授升职为正教授。这从另外一个角度说明了我学习过程的漫长。

**张朝枝**:我想我问的问题和左老师有点像,因为实际上我们所有博士毕业后都面临博士后、后博士时期。比如说,从国外招聘一个老师过来,很快就面临这个问题,比如你是哪个国家毕业的?结果可能是你博士毕业的学校很牛,但是进来以后啥都干不了,也不能发文章。那我就想问,根据你在康奈尔的经验,也就是说放养培养模式和圈养培养模式,哪种模式在后博士时期更可能多发表高水平的文章?

**刘赵平**:我觉得圈养培养出来的是标准化的产品,风险很小。圈养可能也有很优秀的，或者平均水平以上的，一般至少没有太差的。但是放养式出来的学生更容易走向两个极端，很多人不成功，但是可能也有个别很牛的人在里面。所以说，特别差的人和特别好的人大多是从放养式模式出来的。以酒店管理学院为例，康奈尔大学为什么这么强？康奈尔的历史上有40多名诺贝尔奖获得者，各个学科都很强。你自己有任何爱好，在康奈尔都是可以得到自由发挥的。比如说大数据研究开始流行，如果你在酒店管理学院，和工程学院或理科统计专业的人一结合，就可以迅速进入这类研究的前沿，这种来自其他学院的支持非常强大。所以说，如果你想自己设计一套很系统的自我培养的内容，你可以自由安排所读的课程、找适合的导师和论文指导委员会成员等，这有可能让自己经过博士学习变成一个非常牛的人。总的来说，圈养体系培养出来的一般没有次品，放养体系出来的有可能走极端。

**李咪咪：** 最后一个问题。接着张老师和左老师所说的，在这两种模式培养下毕业的学生，他们写文章或者做研究的风格，这个方面我觉得你也可以研究一下。

**刘赵平：** 对，我觉得这就是我未来的研究方向之一。我这个研究是正在进行中的研究，是突发奇想冒出来的。在探讨过程中，我发现很多人对这里面所涉及的内容都非常感兴趣，每一个东西延伸下去好像都可以做一个小文章出来，因为大家都觉得学界应该要反思博士培养体系。我们是从事教育工作的，但是，大家其实很少从研究的角度去想这些问题，没有很深入地思考这个问题。而这其实又是关系到很多学生命运的一个题目，但是很少人去认真思考研究这些问题。

**孙九霞：** 可能中间还可以研究一下中国内地算什么养，我们是放养、圈养还是什么，我们是喂养还是什么养，爱吃不爱吃的都给你吃。

**饶　勇：** 由于时间关系，我们的讨论就到这里，这个研究非常有意思。孙老师刚才讲到，其实我们也有创新，我们有一种新的方式叫作托养。面向全国各旅游院校的博士生，在今年（2014年）8月份，可以把你们的博士生都送到中山大学，由我们和香港理工大学托养10天。这是一种新型的培养模式，放养、圈养之外还有一个托养。好的，基础研究也好，旅游教育也好，都是旅游知识生产的一部分。旅游知识生产从创造到转移到扩散，在整个过程里面，赖坤博士认为有一个核心问题需要先解决，那就是先建立问题学。赖坤博士在我们学院工作期间，一直坚定不移地向我们所有人，像传教一样地传播他关于旅游问题学的各种思考，我们每个老师的书架上都有一本他推荐的书，叫《科学哲学》。下面，我们欢迎赖坤老师！

## 建立"旅游问题学":初步研究①

赖 坤

(中山大学旅游学院)

我今天要讲的是旅游问题学研究。在上次我们内部的一个学术交流上,我已经讲过一回。之所以又拿出来讲,是因为那次我没有机会讲得特别清楚,加上后来自己又做了一些新的思考。这项研究实际上纯粹是出于个人兴趣,由我和李军老师还有澳大利亚的一个老师一起合作完成。

我首先介绍一下我们的研究背景,就是说旅游问题学这个选题是怎么蹦出来的。这个研究最初的起点实际上是缘于我在读博期间上的一门课程。当时我在香港大学读博,我们有一门叫作"地理学哲学议题"(Philosophic Issues in Geography)的必修课。这是我们系里面大部分学生最怕的课,因为听说不少人"挂科",当时我们内地过去的研究生都很紧张。不过,那次给我们上课的老师比较仁慈,后来大部分的同学还是过了。那门课让我产生了一个疑惑:地理研究和哲学为什么有关系?后来,我发现两者真的有点关系。再后来,在我自己做博士论文的时候,我的研究涉及卡尔·波普尔的本体论,所以做了一些哲学思考。这或许是问题学研究最初的起点。读完博士以后,我又做了后面的一些思考。我观察到一个现象,即学术问题在研究活动中具有一种非常的特殊性。我找不到恰当的词语来描绘它,就是非常特别的特殊。

我们先来看一下这几位科学哲学家,他们都在谈问题。虽然没有一个人去专门谈问题,但是他们在各自的哲学著作中都零零星星地谈及了问题。这是我的一个观察。我找几个地方来简单地说明一下。比如说约翰·杜威(John

---

① 本文是基于发言的转录文字。由于当时的发言主要是对PPT进行讲解,转录文字内容是不完整的。出于可读性、逻辑性和交流的考虑,发言人对转录文字做了较大调整。如果读者希望获得本研究的书面版本,可参阅已发表的论文:Lai K, Li J, Scott N. Tourism Problemology: Reflexivity of Knowledge Making [J]. Annals of Tourism Research, 2015, 51 (2):17—33. ——发言人补注。

Dewey),他是哲学家兼教育学家。他说"一个得到清晰阐述的问题已经解决了一半"。这不一定是他的原话,但就是这个意思,我一下找不到英文原文。还有埃姆雷·拉卡托斯(Imre Lakatos),他说科学发展其实是一种"问题转换",而非库恩所谓的"范式更替"……拉卡托斯接着说,科学演变中应该不是范式变了,而是问题变了。我们都知道,在科学革命的理论中,托马斯·库恩(Thomas Kuhn)是很重要的一个学者,贡献比较大。但是拉卡托斯说科学发生革命不是因为范式不同了,是问题不同了。还有拉里·劳丹(Larry Laudan),对了,在 PPT 中提及的科学哲学家中,他是唯一现在还活着的一位。他认为,科学的本质是对突出问题的持续性解决(当然,我这里的翻译不一定到位)。他认为,科学的进步不是因为向着真理迈进而是提出新的问题,科学的进步还在于对旧的问题给出了更好的解决方案。这里稍微解释一下。如果我们发现了一个新问题,这个发现本身就有价值(而发现一个新问题你又解决了它,那你的研究就具有更大的价值)。如果针对的是旧问题,就是问题在研究之前就已经存在了,但是过去的解决方案不太好,而我给出了一个更好的方案,这也带来了学术的进步。这些就是拉里·劳丹给我的启示。

卡尔·波普尔(Karl Popper)是另外一位有关的哲学家,刚刚我还提到他的本体论。波普尔在知识论上也有很多的贡献。他说科学研究基本上遵循这样一个逻辑:P1—TT—EE—P2(起始问题——暂时性理论——错误消除——新问题)①。这个逻辑的意义是什么呢?其实就是排误,意思就是你的方案里面可能有错误或者有杂质,在研究过程中要把它去除。到最后,研究会有一个问题的转换:从第一类问题转换到第二类的问题,问题在质量上提升了②。我们解决了原来的问题之后,问题的质量会发生变化。比如说,20 世纪 70 年代的旅游研究可能会问人为什么要旅游,但是到现在我们可能不再会去问这个问题了。这是因为过去很多人研究过这个问题,它基本上得到了解决。

博士毕业后,我又重读了这些文献,都是西方哲学领域中鼎鼎大名的哲学家写的。这些杰出的哲学家们都在谈问题,这说明什么呢?说明问题很重要。我觉得他们给我的提示就是,问题对于研究具有特殊的重要性。国内有一个叫林定夷的老先生。他就是我们中山大学哲学系的教授,现已经退休了。他对科

---

① 当然波普尔推崇后实证主义,该研究逻辑不一定适用于其他研究范式,比如建构主义、批判理论,等等。——发言人补注。

② 波普尔暗示,新问题较之旧问题要么更难要么是全新的。——发言人补注。

学问题就特别感兴趣。他说，我们需要把问题单独拿出来做研究，并且提出了"问题学"这个概念，对此他写过一些论文，也出版过几本专著。

好了，讲了这么多，我的一个中心意图就是告诉大家我们所进行的旅游问题学研究的选题依据，也就是说它是基于何种背景之下产生的。

那么问题学最早被提及是在什么时候呢？林定夷老先生认为问题学的提法最早出现在 1987 年的"第八届逻辑学、方法论与科学哲学国际大会"。我们对此可能不太了解，因为不在我们这个研究领域里。有人在那次大会上呼吁建立问题学。那么问题学初步的定义是什么呢？从相关研究来看，它是对问题的哲学研究或者是对问题的普遍研究，是对问题本身做研究。截至目前，尽管有些哲学家（主要是科学哲学分支）提出建立问题学的必要性，也做了一些探索，但是在整个（科学）哲学中问题学还尚未建立起来。实际上，问题学能不能真正建立，还不能确定。从 1987 年到现在近 30 年的时间里面，实际上我们并没有发现问题学真的建立起来了。

那旅游问题学的情况又如何呢？由于问题学本身尚未得以确立，其实旅游问题学还无人问津。另外，我们旅游研究者大部分重视的是具体问题如何解决，而不关心我们所解决的这些问题的本质到底是什么。就是说，我们不太会从哲学层面来思考旅游问题的一般属性。如此一来，旅游问题学作为一个研究论题无法被我们旅游研究者提出来。旅游问题学是什么、是否可以建立，就是本研究要关注的。

本研究的目的实际上很简单，就是想尝试建立旅游问题学。就是问：旅游问题学可不可能建立？这里的问题学，实际上就变成了对旅游问题进行专门、深入和系统的研究。我们不研究具体的旅游问题，只对旅游问题本身做研究，这是一个总体思路。

形象一点讲，它就像是一次试验：尝试把形而上学和经验科学做一种融合。哲学是哲学，科学是科学，有没有办法把哲学和科学放在一块呢？注意，科学哲学（Philosophy of Science）并不是这样的做法，科学哲学仍是哲学下面的一个分支，它是在哲学形而上的范围之内的。哲学和科学哲学的逻辑体系都是基于论证的，它们不做经验论证，或许也鄙视经验论证，认为科学收集的证据还不及它们的纯粹思维推理。我觉得我们要尊重多元性，既尊重科学的实证精神，又尊重哲学那种看待事物的方式。

这是传统的看法，但中间有一个鸿沟：上面形而上的是哲学，下面形而下的就是我们经验科学或者科学。但是，我们能不能跨过这个鸿沟呢？其实《旅游研究纪事》（Annals of Tourism Research）的主编就做过一个尝试。他在Annals 上面连续发过3篇文章，是关于旅游之真的……还有另外2篇，我记得不太清楚了。后来，他出了一本书叫作《旅游中的哲学议题》（Philosophic Issues in Tourism）。读了这本书你们就会发现，他的策略是把形而下的旅游研究提升到形而上的哲学。所以，这本书里面几乎没有经验验证部分，主要是一种思辨和讨论。实际上，它是在把关于旅游现象的形而下往上拖，归到哲学的形而上。可是，我的想法是要反过来——或许我们可以这样改变一下思路，即把形而下和形而上叠加起来。这就是我们这个试验的大致想法。我不知道它的结果会怎么样。所以，我今天在这里汇报的研究，其实还不是工作论文，还不是一个特别成熟的东西，只是一个探索①。

接下来，我们的具体研究问题（research question）② 是什么呢？实际上，我们问了几个基本的问题。第一，旅游问题是什么？第二，什么东西影响了旅游问题？第三，旅游问题又影响了什么？这是三个我们要回答的问题。那么，本研究的意义是什么呢？我觉得它可以增进对旅游问题本身的理解。如果问题真的对研究那么重要，那么我们当然有必要去了解它：旅游问题是什么，又影响什么，等等。另外，此项研究还可能会对旅游研究的反思做一些维度上的拓展。现有的旅游研究反思视角繁多③，但是独缺问题这个重要视角。本研究还有一个意义就是可能对科学哲学中问题学的建立有所裨益。

我接下来谈一下本研究的理论模型。我采取的是演绎思路：从现有的问题学文献推导出旅游问题学的理论框架。问题学涉及哪些文献呢？其实主要是科学哲学的一些经典文献，包括前面提及的那4个哲学家的经典文献，还有其他哲学家的文献。除了这些核心文献，就是问题学的哲学家——包括我们中山大学的林定夷等老师的研究，还包括一些对问题感兴趣的哲学家——的研究。第三类文献是对哲学感兴趣的科学家对问题的谈论。比如爱因斯坦，他曾经也谈

---

① 在作者发言5个月之后，这篇工作论文才被 Annals 接收。这期间，作者又对论文做了很多调整。——发言人补注。

② 在中文语境，question 和 problem 都可译作"问题"。但是，它们的意思不尽相同。总体上，problem 较之 question 宽泛，一个 problem 可以导出多个 question，question 也比 problem 具体。当然，也有人认为两者可互换。——发言人补注。

③ 从目前的文献来看，反思旅游研究已经成为学界的关注焦点之一。所采用的视角包括知识社会学、研究范式、方法论、研究方法、地理、学科、性别、实践性、后殖民，等等。——发言人补注。

论过问题，他在《物理学进化》一书中高度赞扬提出新的科学问题对科学进步的重要性。

那么，我们可以从这些文献里面找出什么东西来呢？可以找出三个部分：问题的本质、问题的前置、问题的影响。实际上，我们是把那么多的、相关的、零散的文献组织在这样一个框架之内，然后用这个框架来指导我们的旅游问题学的建立。这里运用的当然是演绎逻辑。

那么基于问题学研究的旅游问题学有什么样的理论框架呢？我们按照问题学研究的那三个部分，提出旅游问题学也有三个部分的主张：①旅游问题的本质；②旅游问题的前置系统（就是有什么东西影响旅游问题的本质）；③旅游问题的影响。然后，我们对每一个部分又进行划分。比如说，在核心、本质里面，又分内涵和外延两个部分；旅游问题的前置部分可以分为个人因素和环境因素两大类；旅游问题的影响可以分为特殊影响和一般影响两大类①。

前面刚刚建立的理论模型更多的是基于一个推理的过程，它是根据演绎的思路建立的。如果我们在这里就停下来，那么我们还是在做科学哲学的研究，而不是在做旅游研究、经验科学的研究。接下来怎样做实证部分呢？我们首先需要把这个理论模型进行操作化处理，就是将它转化为一些具体的提问。由于模型本身过于复杂，我们在此只能做取舍。实际上我们只能检验模型中的关键部分。

我们把这个部分转化为三个很具体的提问。第一，旅游问题的内涵是什么？我们没有考虑旅游问题的外延。第二，个人与环境因素是否影响旅游问题的内涵？我们只是把内涵纳入，把它的外延这个部分舍去了。第三，旅游问题的内涵是否以及如何影响问题对研究的激发作用？我们舍弃了问题内涵理解如何对问题在引导、评估研究中所扮演角色的验证。可见，我们在模型的操作化中做了很多妥协。注意，为了对模型进行经验验证，我们必须把它降到一个比较小的、可操作的尺度上。

那么，我们是如何具体测量模型中的变量的呢？我们参考的主要是我前面提到的问题学文献，是比较经典的科学哲学家的一些观点。比如说，在"范式"变量的测量中，我们用的是库恩本人的一些理解。当然一些经验判断也是必需的，因为本研究是探索性和尝试性的。这张表格（PPT 内容略）展示的

---

① 具体细节可参阅本人已经发表在 *Annals* 上的论文。——发言人补注。

是我们所测量的变量的几个维度①。实际上，我们真正测的是第三个层面上的变量。举个例子，这里面有一个变量是"研究兴趣"。我们用的变量来自尤尔根·哈贝马斯（Jürgen Habermas）在《知识与人的兴趣》里面提出的三种兴趣：技术、解放和实践。我们就用它们来测量"研究兴趣"，同时稍微加了一些东西进去。我们就是以这种办法，对其他变量做了类似的处理。

接下来是我们收集数据的方式。我们调查针对的是大陆旅游研究者。当时我们其实尝试过更大的数据收集面，但是最后因没有好的机会而放弃了。我们的实际样本是 212 个大陆的研究者，其中还包括一部分的研究生。对了，在场的有些研究生可能就填过我们的问卷。调研时间是 2011—2012 年。数据分析用了分类回归和多元对应分析，实际上还用了方差分析。

对于研究结果，我简单说一下，我们对旅游问题内涵的发现有三个方面。我们在问卷中对旅游问题内涵设置了 6 个定义选项，它们是从文献当中找出来的。如果你不同意上述这个答案，还有第 7 个选项，就是你自己给出的旅游问题定义。结果只有 5 个人给出了自己的定义。前面 2 个并不贴切，基本上没有给出有效答案。看这个研究生，他的定义稍微实质性一点，他说"旅游问题是一种对旅游概念的系统和普遍规律的阐释、论证和应用"。另外，还有几个人认为旅游问题很难定义。比如说，有人认为"旅游问题很难被清楚地定义"；有人说"只可意会不能言传"；还有一个说"我只能说上述定义都非常不专业。旅游学术问题是什么？旅游研究问题与旅游研究中的问题不同吗？你们的提问让人感到困惑"。以上这些是少数人的观点，多数人还是选了那 6 个给定的答案。

那么选择的比例是怎样的？97% 的人把旅游问题理解成"困难"或者"矛盾"。这幅图（PPT 内容略）是不同选项的比例："困难"占 40%，"矛盾"占 21%，还有一些少数的观点。其实，我个人认为旅游问题是一种差距，但是它只得到 6.7% 的人的支持。这个结果显然不是你希望怎么样就怎么样，它是一个投票的结果。

其次，在"旅游问题前置"部分，我们分了个人因素和环境因素。实际上，这两类因素都影响了我们对问题内涵的理解。我们的分析过程如下所述。首先，我们做了一个分类回归，因为大部分涉及的变量都是非连续的，比如

---

① 具体细节可参阅本人已经发表在 *Annals* 上的论文。——发言人补注。

"研究兴趣"、"知识论承诺"、"教育机构类型"都是分类变量,并不是连续变量,所以我们做了分类回归。但分类回归无法给我们提供变量之间具体的共变关系,只是告诉我们两个变量是否相关、相关是否显著、相关强度三种信息。所以,我们接下来又进行了对应分析。我们把所有变量的取值放到一个理论的坐标系里面去,通过分析变量取值的空间关系来判断变量的具体关系。其主要判断尺度是:方向大致相同、落在同一区域的变量取值具有共变关系。后面也有类似的提示,由于时间关系我都跳过去了。

我们的研究发现,影响受访者理解旅游问题是什么的因素主要是:研究者所在高校的科研环境是否有秩序、研究者所在教育机构的类型、中国宏观科研环境是否有秩序、中国宏观科研环境是否严谨、研究者知识论信念、研究者价值论信念、研究者本体论信念[1]。

我们刚刚说的旅游问题理解对问题激发研究的这个角色会产生什么影响呢?也是通过类似的分析,我们发现研究者对旅游问题内涵的理解不同,与他们如何评价问题、选择问题有相关性[2]。

把上述发现综合起来,我们发现了一个可以叫作"旅游问题系统"的整体性结果。该系统的结构是"问题前置——问题内涵——问题影响"。按照我们设定的问题定义(即难题、矛盾、困惑、阻碍、差距、迷宫、其他),我们可以找出其中的结构关系。对"难题组"可做如下解读:当一个研究者对实践价值论立场、历史唯物本体论立场、主体间性及修正中立知识论立场、就职于普通大学或"211"大学、对所在高校及中国整体学术环境持较低评价的时候,他/她倾向于把旅游问题理解为旅游研究中有待解决的难题;基于此种问题内涵理解,他/她又倾向于对(测试)旅游问题的重要性持较低评价,并且选择综合类别的旅游问题(同时涉及真、善、美维度)进行研究。其余6组可做类似解读。

不仅如此,通过合并同类项,我们最后还可进一步把这7组问题结构关系归纳为三大类:建构主义类(包括难题组、矛盾组)、后实证主义类(包括困惑组、阻碍组、差距组)、实用主义类(包括迷宫组、其他组)。以上就是经验论证的结果部分。

---

[1] 具体细节可参阅本人已经发表在 Annals 上的论文。——发言人补注。
[2] 具体细节可参阅本人已经发表在 Annals 上的论文。——发言人补注。

关于讨论部分，本研究的理论意义是对旅游问题学有一些启示。我觉得旅游问题学的建立是可行的。但此项任务并没有完结，毕竟研究的实证部分还有很多不足。而且，我发现旅游问题学本身是多元的。内地情境和香港、澳门或者是与国外的情境比起来，会有差别。即便开展一样的研究，我们也不一定会找到类似的结果，变量的关系很可能会不同。

此外，本研究对问题学研究也有一些启示。如果在纯粹的科学哲学范畴之内、在形而上的范畴之内谈问题，我们或许会面临一个很荒诞的局面：问题可以产生非常多的可能性，但是我们无法框定它。所以，美国有位哲学家叫威拉德·奎因（Willard Quine），他说"真理就是变量的取值"（Truth is the value of a variable）①。可以这样解读他的观点：变量本身不是真实存在的，所有的变量真正存在的形式是一个个具体的取值。比如说，性别这个变量在奎因看来就不存在，没有性别，只有女性的和男性的这两个值对应的状态。男、女性别，或是偏向男性的、偏向女性的，但就是没有一个叫作"性别"的东西。性别是形容每一个人的，比如说我是男性的，这位老师是女性的，这样每个人的具体性别就体现出来了。显然，奎因的观点带有逻辑经验主义成分。

另外，我觉得这里还有对我国现行科研管理制度的提示。目前的"985"、"211"、普通和其他大学的划分体系实际上潜在地影响了我们的知识生产活动。我们的研究表明："985"高校的研究者属于后实证主义问题系统，"211"和普通高校的研究者属于建构主义问题系统，而其他类别的研究者属于实用主义问题系统。这说明身处不同类别教育机构的研究者对旅游问题的前置、本质和影响的认识有相当明显的差别。国家的旅游科研管理机构（比如国家自然、社会、教育科学基金会，旅游局等）应该认识到这种差别，对来自不同组别旅游研究者提出的申请，按合适比例进行资助。目前过于倾斜"985"高校的做法——通过资助其中的、带有后实证主义倾向的旅游研究者——实际上会使得一种特殊类别的旅游问题得到更多的解决，最终导致有偏的旅游知识生产。而忽视"985"高校之外的研究申请，则使得某些类别的旅游问题得不到充分的研究，同样导致有偏的旅游知识生产。难怪，我们目前的旅游研究主要是定量的，质性研究偏少。我觉得，我们现行的这种高校划分主要是基于研究的社

---

① 出自：Quine W V. Pursuit of truth（Rev. ed.）[M]. Cambridge, Mass.：Harvard University Press，1992. ——发言人补注。

会分工——研究型大学科研为主、教学为辅，非研究型大学反之。虽然，我不反对这种分工，但是科研管理机构应该充分认识到其局限性，并采取一定措施予以规避。

最后是对未来研究的建议。我觉得有必要对旅游问题学做非常深入的质性研究。这一点我跟澳大利亚的那个老师、我院的徐老师也沟通过。我们都认为有必要按此思路进一步探索旅游问题学。

> 主题讨论

**饶　勇**：非常感谢赖坤博士很有勇气的尝试，这是哲学与科学的对话。我们从中得到很多收获。我们知道，问题在旅游知识生产中扮演了非常重要的中介角色。同时，我们也开始在思考我们现在这种教育的划分体制，可能确实对问题的本质的理解形成了一定的制约。但是，总体来讲，问题学是否能成立，它还是一个问题，所以想听听大家的意见。

**李咪咪**：非常感谢你的演讲，很开阔眼界，听完你讲，我们都觉得我们不是哲学博士。我想问一下，除了建立旅游问题学还有没有什么其他的问题学，比如说物理问题学、化学问题学，有这些吗？

**赖　坤**：问题学从出现呼吁到现在已经有30年了，但是它没有真正建立起来。我们能找到的、直接的文献是什么呢？是我们中山大学的林定夷老师等一些大学老师的文献。林定夷老先生从1990年起，就开始陆陆续续发表了一些文章来探讨问题学，他也写了《建立问题学》。但是，我个人觉得，他们并没有和科学哲学、和西方国家科学哲学主流圈子建立一种很直接的联系。为什么呢？他们大部分的文献是用中文发表的，而且西方的科学哲学界没有真正去回应这个问题。从那次大会①之后，西方科学哲学界并没有真正建立问题学。西方哲学的观点是，把问题分解到本体论、知识论里面去谈论，并不把它单独地抽象出来专门研究。那么，在我所了解的文献里面，有没有其他学科的问题学呢？好像也没有，至少我没有找到。在其他的科学领域里面，比如说心理

---

① 第八届逻辑学、方法论与科学哲学国际大会。——发言人补注。

学、数学、物理学,都有一些科学家写过一些东西来谈他们领域的问题。但是没有单独抽象出问题学,比如没有物理学家建立"物理问题学"的,而在旅游领域里面就更没有了。所以这个答案可能是:没有。

**李咪咪**:第二个问题是,你刚才说,你是研究旅游问题学中最基本的,这个研究问题是什么,是旅游问题学的前置和结果吗?就我理解是,你是要研究问题学,就是旅游问题本身,对吧?可是,你用的研究方法是做问卷,其实最后你也只是发现,旅游研究者是怎么看待旅游问题而不是说旅游问题是什么。我觉得从哲学的角度看,这本来是一个很大的帽子。

**赖　坤**:旅游问题本身是旅游问题学研究的核心对象。"旅游问题是什么"其实与"我们如何看待问题"是同一个问题。在我们的认识、看待之外,问或者认识旅游问题是不可能的。

**张骁鸣**:赖博士,我有一个想法,因为你又一次引用了奎因的那段话。我的理解跟你有点类似,我想这样说一下:实际上,我们把问题当作是真理,那实际上问题也就是对一堆变量的取值。所谓的问题学,就是对一堆变量的取值。那这个时候,我要回答什么是问题的时候,我没有办法直接回答问题本身到底是什么。我只能说,我研究的是一群人。然后我的回答告诉你,在我研究的情景当中,问题可能表现为一组答案而不是一个单一的答案。

**赖　坤**:不是单一,答案在理论上是多元的。

**张骁鸣**:所以,我们现在不要去追问说,我想有终极的一个答案,所谓"问题"只是一句话。

**赖　坤**:没有,如果这样做的话就犯了一个错误。就是说,你想要框定问题是很难的。比如昨天①我们在定义 tourism 是什么的时候,如果你想找一个单一的定义,其实有的时候很难。tourism 可能就是一个变量,它的取值可能要取决于很多的因素,包括个人因素和环境因素两大类。这两大类因素错综复杂的组合会让这个变量取一个具体的值,而没有哪一个值可以成为这个变量,这是一个很大的区别。

**张骁鸣**:所以延伸再说一句,这个研究最后不是要去回应一个科学哲学问

---

① "粤港澳青年旅游学者沙龙"为期两天,这里的"昨天"指的是第一天。——编者补注。

题,而是说你的研究对指导我们今后具体的研究会有帮助。包括你最后一个分析告诉我们,"985"高校或者"211"高校真的是在做什么事情,但这个事情有意义的部分在哪里,没有意义的部分在哪里。是不是这样的?

赖　坤:我是说,我们身处的环境与我们个人的一些偏好,会影响我们对问题是什么的判断,从而我们的研究也就被引导了,这会影响我们的研究活动。这也跟大家对科学哲学问题的中心性、问题在研究中间所具有的引导作用是一致的,方向是一致的。

左　冰:对,我非常赞成。本来我是有两个问题的,刚才第一个问题被张骁鸣老师给抢先了,然后我就谈我的第二个问题。我的第二个问题是比较具体的问题。虽然你前面讲的都是问题学的研究,但是最后你把研究问题做了界定。其实我觉得,你的研究里面没有脱离范式的影子,你的整个研究思路是把问题和范式对应起来的,所以你有那三个范式的区别。(赖坤:"No,这是一个误解,我等一下解释。")但是你给人的感觉是这样:因为你没有从这里面提炼出问题的本质,你是把问题分别对应到建构主义、实证主义和实用主义,对吧?而这就是研究范式。然后,你根据这些研究范式来对这些高校的知识产生背景进行研究。实际上,我不用去做这200多个人的调查,就看他们发表的论文,就知道他们是"985"、"211"还是一般的院校。那我再看他们论文的风格,我就知道他们是建构主义的、实证主义还是实用主义的。我根本不用前面的那一系列的测量,所以,我就觉得问题的本质在这里。如果你的分类体系是真正按照问题学本身来分的,而不是按照科学研究范式进行分类的话,我就认为你是在进行问题学的研究。还有,第一个问题是和张骁鸣老师比较呼应的,我很疑惑,其实你所引用的那些文献都是在形而上层面演绎的问题来解决这个问题,而你却非要把它拉到形而下的这个层面来,是不是?刚才张骁鸣老师说了问题和真理,因为他们的研究是对问题这个本身的真理的探讨,而不是对问题本身的研究。就是在科学哲学里面,我觉得它变成了问题学,是不是有一个误区,匹配上面有一点错误?

赖　坤:有没有时间回答?如果没有时间回答,我们就会后再聊吧。

饶　勇:有,答清楚了才可以走啊。

赖　坤:是这样子的,我之所以把7组定义分为三种范式完全是权宜之计。我完全可以把它分为A、B、C类或者1、2、3类。这只是一个叫法问题。

这里面主要有两个变量是提示范式维度的，一个是知识论承诺，还有一个是本体论承诺。而我们的范式有三个维度：一是本体，关于什么是存在；二是知识论，关乎什么是知识；三是方法论，涉及知识获得的路径。这三个维度中，方法论没有显著性，所以被剔除了，所以范式里面只留下了本体论承诺和知识论承诺这两个变量。而在所有的分组里面，其实还有旅游问题前置以及好多因素，并不只有范式……我只是觉得，我们学术界可能还对范式有一点了解。所以，我把范式拿出来做"旅游问题系统"的命名，仅仅是命名而已。它是一个系统，它有7组，我们只是把它们的一些相似性找出来，分成了三类；而恰好这三类的范式在两个维度上体现出明显的差别，我们就此对这三类加以命名了。此外，范式承诺对问题内涵的理解的影响其实不是最突出的——在我们的回归方程中，知识论承诺和本体论承诺的回归系数并不是特别的高，其实特别高的是研究兴趣变量。

**左　冰**：但是命名其实是这里面最关键的环节。

**赖　坤**：好吧，这可能是我需要再考虑的。关于第二个问题，如果我没有理解错误，你是想问此项研究是不是背离了形而上的问题学。左老师或许认为我们的研究尝试失败了，形而上和形而下还是水火不容的……但是，我可能偏向奎因的理论，因为奎因认为西方哲学之所以陷入窘境是因为他们仅仅在形而上的、抽象的空间里面去思考很多问题。人类思维是发展性的、多样性的，最后产生的结果就是"公说公有理，婆说婆有理"。现代西方的很多哲学问题，关于本体论的、知识论的、价值论的等等，都是呈现出一个多元的格局，没有定说……所以，奎因认为大多哲学概念都是变量，哲学家研究的是变量。而变量最重要的东西是取值，所以在变量层面的东西是不存在的……一个变量需要被强制取值才存在，真理不在变量层面，它只在取值的层面上。就像我刚才说的，没有性别，只有男和女。

**饶　勇**：非常感谢，赖坤博士的演讲很精彩。我们都建议赖坤博士在回去之后开一个微博，专门就旅游问题学和全国的旅游学者做一个不间断的交流。下面我们欢迎林清清博士来讲旅游研究的想象力，从 *Tourism Management* 和 *Annals* 这三年的书评来看国际旅游研究的发展脉络。

第六节 旅游教育与研究

## 旅游研究的想象力：
## 从 Tourism Management（2012—2014）书评看国际旅游研究

林清清

（华南师范大学旅游管理学院）

近两年，我很少参加会议，参加的话也多是旁听。在今天的会议上获得很多启发，轮到我发言时，我还是非常忐忑的，处于一种很紧张的状态。刘赵平老师刚才提到的博士生培养的宽松环境、"圈养"等话题，让我想到我自己，我接受的教育既不属于美国康奈尔大学的"放养"培养模式，也不属于香港各大学"圈养"的培养模式，完全是在本土宽松环境下成长的。但是，我觉得如果可以用这种"投机"的方法在我孩子的教育上进行尝试，或许还挺有用的。我还准备回去买一本《科学哲学》的书，晚上抱着睡觉。

我以前的学术背景是历史学，进入旅游领域也有很多年了，但并没有特别好的研究成果拿出来与大家分享。今天要分享的这个话题借鉴了历史学的研究方法。起因是我注意到国外的旅游研究，无论是期刊的文章题目还是专著的题目，都比我们的选题更富有想象力，因此我给这个研究改名为"旅游研究的想象力"。不看国外研究的内容，仅看研究话题和书名，都能给我们很多启发。2012年到2014年的书评截止到今年（2014年）5月22日就已经有99篇了。读99本书要花很长时间，现在我们只需要读99篇书评，就可以大概知道99本书的内容，这是一个投机取巧的方式。

记得本科读历史时，我们有一个挺有名的教西方哲学的老师邓晓芒，他被称为"中国的康德"。他曾说过一句话："学哲学的人看学历史的人就觉得学历史的人都是古董，而学历史的人看学哲学的人就觉得学哲学的人都是疯子。"或许这句话有些偏颇，但也可看出不同学科之间常常具有互相不能理解的一面。从另外一个角度来讲，不同学科的联系又让我们获得启示。有本书《地理学与历史学——跨越楚河汉界》就提及历史学和地理学之间有紧密的联系。所以我想，之所以自己切入这个话题是因为关注到一个现象：我们国内的旅游研究非常多，但是相关的书评很少。从书评或是从其他角度进行旅游思想史的研究几乎没有。所以，这就有一个学科的交叉点。

另外，法国年鉴学派对我们研究历史、研究大事件也有一定启发。这一学派和时间地理学的研究方法相关。如果是一个突发的事件或孤立的事件，可以称为短时段的历史；如果用社会时间来看，由一定起伏兴衰形成的周期，可能是一个中时段的变化。但法国年鉴学派最重要的贡献，就是提出了一个长时段的时间概念。这一学派深受地理学影响，认为长期不变或者变化缓慢的，但是在历史上起到非常重要作用的要素，比如地理、气候等，这些对人类的历史有非常重要的影响。很多年前我还在历史系学习的时候，就有很多交叉学科的东西进来，比如历史社会学、历史地理学。也正因为我当时对历史地理学的兴趣，后来才转向了旅游地理领域。此外，历史学从区域的角度探讨问题，比如旅游社会史、经济史、财政史等专门史，同时也关注区域的案例研究，这与地理学有许多不谋而合的地方。

中国经典的《诗》、《书》、《礼》、《易》、《乐》、《春秋》被称为"六经"，对"六经"的研究有两种路子，分别是"我注六经"和"六经注我"。中国古代最著名的一个传统学问——训诂学就是考证、考据，属于"我注六经"，意思是"六经"是根据"我"的理解来进行注解。而"六经注我"，即"我"拿"六经"去发挥、去诠释并为"我"所用，这是两种完全不同的模式。这让我想到一个问题：旅游研究有相当多的学术成果，是否需要进行一定的批判或反思？当然我现在展开的这个研究没有资格进行批评，我只是把这个问题提出来，即我们除了做个案研究，是不是要对整个学科的发展，比如思想史、史学史等，进行一个回顾和思考，因此就有了对 Tourism Management（《旅游管理》，简称 TM）书评进行研究的想法。可能会有同仁问，你为什么选 TM 而不选 Annals（《旅游研究纪事》，全称 Annals of Tourism Research）或者其他杂志？这是因为 TM 上的书评数量较多，而且 Annals 上也有一些重复的书评，加之精力有限，所以就以 TM 为基础进行分析。实际上，99 篇书评和 99 本书相比，已经是很小的工作量了。尽管如此，我仍然没有把握说可以很好地驾驭这个选题，在此就抛砖引玉献丑了。

经过统计这 99 篇书评，根据书名归类，我发现交叉学科的书评最多，约 20 本，可见国外交叉学科的研究非常发达。此外，有关理论的研究也较多，有 13 本书，包括 food tourism（饮食旅游）、heritage tourism（遗产旅游），以及 polar tourism（极地旅游）等，还有一些 general（一般）的研究，或者概念、理论的研究，目的地发展规划、marketing（市场）、branding（品牌）等方面的研究也都归到了这一部分。昨天大家探讨了旅游和休闲游憩的概念，就接待业而言，国内叫酒店业，国外叫接待业，也有很多不太一样的地方。另外，国外的案例研究也非常丰富，这一点也引起了我的一些反思。中国学者目前的案例研究基本上是聚焦于国内的案例。那么我们有没有可能把视野投向一些国际案例或者多做一些国际合作的研究呢？我觉得是非常有可能的。书目中还涉及旅游研究中对旅游影响和体验的研究。我觉得他们（外国人）的研究和选题真的挺有想象力的。

国外的研究或者是交叉学科，或者具独特的研究视角，或者有人文主义关怀，都会给国内相对单一的研究一些启发。在跨学科的研究上，首先是旅游和犯罪，目前，国内这种研究还比较少。其次是旅游与战争，如 dark tourism（黑色旅游），war 是战争，也属于黑色旅游的范畴。这些相关研究都对我有很大启发，比如他们会关注韩国、朝鲜这两个国家在恐惧战争的情况下还会有固定的探亲访友的旅游形式，并研究在这种情境下的旅游，相关的话题包括人的行为及心理等。同样的问题还有在巴基斯坦和以色列之间，比如在以色列居住的阿拉伯人，他们之间也会有一些探亲访友的活动。此外，还有战争对旅游项目的改变，战争本身已经成为旅游吸引物，还有战争和认同、国家记忆，等等，这些议题都非常丰富，可以帮国内的研究找到一个新的突破口。

有一本书叫《旅游与动物伦理学》，我知道有学者研究伦理学，我们学院就有一位庄老师研究医学伦理学。可是，刚刚看到这个书名时，我就在思考这是从什么角度进行研究的。大家思考一下，我们在旅行的时候有什么样的机会和动物接触，比如在沙漠旅行，可能是骑骆驼的方式；或去一个地方看赛马比赛，这时参加赛马的马就成了我们关注的对象，也成为吸引我们去的一个原因。还有一些情境，如"狩猎旅游"，hunting（打猎）或者 fishing（钓鱼）等。这些研究中有很多涉及理论的构建，也有很多案例的研究，让我们的视野变得开阔。

旅游业经常忽略的一个问题是个人在推动历史进步中的作用。国外的解说词很棒，这个地方是某个人发现的，解说词就会把这个人记录下来，但是国内经常会忽略这些，这是很重要的人本关怀和对历史的尊重。又比如《旅游与犯罪》这本书，有一部分议题涉及 criminal offending tourist（针对游客的犯罪行为），也可能有些游客本身就是罪犯，这本书议题也非常丰富。*Giants of Tourism*（《旅游业中的巨人》）是我特别喜欢的一本书，因为我以前就知道托马斯·库克（Thomas Cook），也知道国内主题公园借鉴了国外的发展经验，而上海迪士尼乐园也修建得很不错。可是，我并没有从推动这些重大变迁的人的角度去想这个问题，也不知道在这些发展背后有一些非常重要的人物起到了重要的作用。这本书将旅游不同产业中起到重要推动作用的人物进行了很好的分析。比如希尔顿酒店，希尔顿（Hilton）先生对于连锁品牌的推进；又如分时度假，也有很重要的人在推进；又比如廉价航空公司、赌博业和澳门等均是如此。我们现在也开始关注个人的学术生命历程等，当然这是从学者的角度。还有张骁鸣老师研究的"月亮妈妈"，在旅游业的发展中也起到了很重要的作用。"月亮妈妈"这样的人物，虽然不是上面那本书中提到的人物，但是也是很重要的个体，我们是不是可以多点关注？

再看看这页 PPT 上的书名（PPT 内容略），比如涉及 ANT（Actor-network Theory，行动者网络理论）理论的运用，还有约翰·厄里（John Urry）最新版本的《旅游凝视》（*Tourist Gaze*），都很有意思，而且具有革新意味，涉及历史，将宗教文化认同和记忆的东西融合在一起。还有一些非常有趣的研究，如"1701 年以来欧洲海岸线的变迁"，这是一个典型历史视角的研究。刘俊老师也在这方面做了很多有益的研究。另外，大家提及生产，会用的一个词是"消费"，其实消费和生产在一定的语境下是类似的，也是交叉学科的研究。之前我和刘俊老师讨论的时候讲到了海滨的空间，昨天场合太严肃了，没好意思讲。他说有一个新的空间就是主体性的空间，也就是海滨，跟很多其他公共空间不一样，这还可以是一个情色的空间，就因为很多人穿比基尼等。这个题目也很有意思，在国外的研究中，已经有人从这个角度，比如从游客的身体等方面进行研究，我觉得将其结合起来研究还是很不错的。

那在 event（事件）旅游方面的研究除了管理角度的研究之外，还有一些社会科学方面的研究，我觉得这也是国内研究目前的短板部分。又比如东南亚遗产旅游和 polar tourism（极地旅游）研究等，归进了利基旅游市场（niche tourism market），相对而言，其受众比较少。我对极地旅游研究也很好奇，认为能够实现极地旅游的人很少。后来才发现，在研究的过程中，地域范围并不像我们固有的思维想到的那样，原来新西兰的有些地方也是属于 polar tourism

的范围。另外，它关注的内容也非常有趣，比如人和动物的互动、人地关系、human well-known action（人类众所周知的行动）、当地社区的问题，以及游客自身的积极作用，担任环保大使或者其他方面。回应一下 2013 年出版的《旅游学纵横》，是 5 位知名旅游学者以对话的形式畅谈旅游。国外也有类似的研究，就是旅游研究的一些转向，以及旅游学者的一些讨论，他们也有很多反思。

下一本也是很普及、很受欢迎的书，它研究的范围也很广，比如 authenticity（真实性）等；还有旅游的符号学研究，如慢食运动（Slow food movement）、慢旅游（Slow tourism）研究，又比如 LGBT（Lesbians, Gays, Bisexuals, Transgender，即女同性恋者、男同性恋者、双性恋者和跨性别者），可能会比我们以前说的性旅游的内涵丰富许多；还有目的地发展以及旅游管理、案例研究等方面。再有就是旅游环境方面的研究。众所周知，威尼斯再过一百多年可能就会被淹没，全球变暖对旅游业影响非常大。这本书的视角就是讲世界上所有有这种环境危机的地方，并以此视角进行旅游研究。在座的有些学者可能会关注家庭教育，还有旅游的教育功能等。国外也有这方面的研究，比如 children's experience（儿童的体验），研究视角也是非常开阔的。虽然我们国内也有这种研究，但是国外的交叉学科是一个更好的方向，例如犯罪和旅游、旅游和战争等。

仅从近 3 年的著作我们就可以看出许多有趣的交叉研究，如果我们将时间拉得更长，应该有更多交叉学科的研究启迪我们。从对书评的综述中发现，国外的议题很有想象力，人文主义思想很浓厚，如利基旅游模块也在不断涌现出新的利基旅游类型。当然，旅游地、旅游影响等这些传统的研究也在继续。

最后我想说四点。第一，我们要增强旅游视野的宽度和研究的厚度，找一个我们可以深挖的研究方向。不是说听到哪一个学术概念就马上拿来用，而是要对相关领域的理论有更深入的了解。可能要像赖坤老师一样刨根问底，并大胆地去建构。现在国内也有学者在做 sports tourism（运动旅游）、事件和游憩的研究，后者如赵莹老师是城市地理的学术背景，现在在做休闲研究，这都是很好的现象。第二，可以集结相关学者围绕一些更小而深的专题出书。上面谈到的这 99 本书中，编著的书特别多，一本书中可能有十几个作者。我们国内如果要编著这种书的话，可能是以开国际会议的方式，大家做一个论文集。可是，我认为可以拟定一个更小的议题，然后将相关领域的学者集结在一起，做更深入的研究,这样会更有意义。第三,研究中的一个理想化状态就是可以走出国门,做一些国际案例。这样,无论从案例的丰富度、研究的深度还是研究角度的丰富度来说都会更好。第四,案例的丰富度与理论建构相互助力。案例的丰富度也是我在看这些书评的过程中获得的启发,丰富的案例有助于理论的建构。目前我们国内的很多研究扎到案例中,只有案例是没有用的,还需要进行理论的提升,要有理论贡献。国外学者研究的视域和案例都非常丰富,我们中国学者的研究视角可以更广阔一些,比如进行尼泊尔和中国案例的对比研究。

总的说来,这个研究还很不成熟,没有达到原来想象的那种思想史或史学史的高度。仅是抛砖引玉,让大家可以多关注一下思想史或是对这个学科进行一个整体的回顾和批判性的审视,希望各位老师和同学多提出宝贵意见。

**主题讨论**

**饶　勇**:非常感谢林清清博士对过去三年TM书评的回顾,有一些非常有意思的发现。大家都有什么样的看法?

**史甜甜**:谢谢师姐的精彩演讲!我想请教师姐一个问题,您在对这些书评进行综述过程中有没有发现,个人完成的书和很多人完成的论文集,它们之间有什么不同?比如你提到的他们的想象力很丰富,或者比如说很多人写的议题更宏观。还有一个就是交叉学科的议题,现在很多学校,包括我们,也是有很多学院,您有没有发现从旅游院校出来的研究者和其他学科的人来关注他们的想象力以及议题有什么样的不同?

**林清清**:我觉得你这两个问题很好,有些工作我还没有做,比如统计具体多少本是一个人完成的,多少本是合作编著的。但是根据自己以往读书的经验,有些社会科学方面的学者,特别擅长于开拓一个新的领域,然后集结大家出书。比如在美食旅游(food tourism)这方面,有一位叫迈克尔·霍尔(Michael Hall)的学者就有好几本这方面编著的书,但是同时在旅游和天文学(Tourism and Astronomy)这个方面他有一本属于个人的专著。因此,这些书各具特色,但是总的比例我还没有统计。还有你讲的后一个角度,我觉得以后也可以多关注，这只是一个很初步的尝试。

**孙九霞：** 我觉得现在中国包括大中国整个区域的旅游研究界，从国外拿学位回来的人特别多，而且好像越来越多。但是，我们对国外的研究的确不是特别多。毫无疑问，我们都在说中国是大市场或者是最大的目的地国、客源地国，消费水平也越来越高。但是，是不是我们的研究就一定都要"吃中国饭"呢？我也是在"吃中国饭"，我们这些人也都是，要不要这样呢？我刚才看到这个研究之后有一种感觉，在西方学界早期的人类学家，例如康奈尔大学有一个乔健先生，他创建了香港中文大学的人类学系，他是康奈尔大学的人类学博士。当时他的博士论文就是研究印第安人的部落，他在那里做了大约1年的田野调查。当下的人类学在做什么呢？海外的民族志，就是去海外做田野调查。支撑这样的一些项目，像清华大学、北京大学的老师也已经做了。国内的人类学已经先走出国门了。目前有很多这样的海外民族志，所以我就想，在座的可能有很多是从国外回来的，为什么没有选择在境外做研究？难度在哪里，困境在哪里，这是一个问题。另外一个就是关于这个论文集，我觉得一方面刚才说了是一个评价体系，另外一个就是中国人的这种想出专著、著书立说的愿望特别强烈。好像我们觉得专著就比较有学问，不是凑数的；而在西方，目前像旅游人类学那个《东道主与游客：旅游人类学的研究》已经第四版了，它就是本论文集，但是这并不影响它的再版和高引用率。我们国内好像就没有这种比较好的论文集，这是一个怎样的差别呢？大家可以讨论一下。

**林清清：** 是的。我觉得比如我们学校，一本书就相当于一篇文章，还不一定是A类的文章。这也存在另外一个角度折射的可能，国内学者可能因为其不算数，就不会投那么多心力去做，体现了现在的浮躁和功利主义倾向。但是从另一方面来说，如果你有这种很棒的专著的话，我想可能比若干文章好得多。

**徐红罡：** 我给你一个建议，其实到目前为止，我还没有看见谁对文献评述（review）做一个研究。但是，你没有把文献评述的价值体现出来，和其他人做的好像是一样的。文献评述的一个关键就是评述，它是有批评的，要批判，就是这些人是怎么样来评价这些研究，我觉得这是做文献评述有意义的地方。我觉得下面应该论述一下你为什么做文献评述。但是相关的文章很少，特别现在大家都保守，不一定要批判。尤其是在中国的文化语境中，中国是没有书评的，因为大家不会批评。但是在学术研究中，学术批判其实是非常重要的东西，是推动学术前进很重要的一个因素。所以，我觉得你应该从这个角度，而不应该从历史的角度来说文献评述，因为你看到大家是怎么样来批判的，主要指出了怎样的问题，然后这个写作的情况是不是有助于推动正常的学术氛围，我觉得这样的话，你就可以把这个研究稍微改得和其他的研究有所差异。

**林清清：**徐老师提到很关键的问题，其实我是遇到这个问题的，但是没有进行回应。书评（book review）是很有建设意义的，目前我思考得还不够深，另一个是投入的精力还不够。没有进行这些方面的操作，是因为虽然只是99个书评，但是个别书评还没完全吃透。我看它的书评，也会尽量找原著看，毕竟国内很多书没有，在"谷歌学术"（google scholar）中可以搜索到一部分。我觉得全部读到原著，再加上书评，并消化透，才有资格说批判得是否有道理。但目前我还没完全做到。但是我知道这是一个方向，也是我现在还没有做到的一个方面，我会努力，谢谢徐老师！

**饶　勇：**非常感谢林清清博士做的很有用的工作。我提一个小小的建议，你用这个书评的评述（review）来做探讨，我觉得不是特别合适，因为相对社会实践，关于研究热点，书籍一般会有滞后性。所以，可能做文章的评述，比如一些比较新颖的文章，搜索一些日期较近的文章，可能更容易找到热点。刚才徐老师提了一个很有用的建议。当然你也要扩大你的样本范围，其实你可以从20世纪70年代 *Annals* 的第一本杂志开始，我觉得不能只做 *Tourism Management*，因为这些刊物的定位都会有所侧重。如果能够从20世纪70年代的最早期开始一直做，你就可以做成旅游思想批评史的这么一个整体的回顾。另外，对这个书评（book review）里面的内容，就是徐老师提到的批评的东西，你可以做一个整体的回顾，然后再将它和研究的进展之间做一个模式的匹配，这样可能会得出更有价值的结论。好的，非常感谢大家，今天上午的演讲非常精彩，谢谢大家！

# 案例研究 I

- 开场白
- 越南国家公园并存管理模型：以风芽－者榜国家公园为例
- 美国野营活动流行原因分析及对我国的启示
- 事业编制框架下广州白云山风景名胜区管理制度的创新

梁增贤

(中山大学旅游学院)

  今天下午第一节由我来当"司仪"。我看了一下安排,我们一共拿出了两节来讨论案例研究。这说明案例研究是比较受到重视的方面,我觉得它受到重视可能有三个原因:第一,我们旅游管理学当中很多的知识都来源于案例研究,可以说我们旅游管理学科的知识通过案例研究完成了一个原始的积累,所以案例研究在这个领域还是比较重要的。第二,我看了一下,包括我们今天演讲的一些题目,这次沙龙大概有1/3的题目是跟案例研究有关的,案例研究在目前或者未来很长一段时间里都还是非常重要的一种方法。当然,这个过程中,我们很多人在这个领域会有产出。第三,我觉得中山大学在案例研究上有比较长期的积累,我们有很多长期的案例研究的跟踪,比如说张朝枝老师对张家界的研究。当然可能还有另外一个原因,就是后面的几个议题不知道怎么"包装",于是就成了案例研究。今天我们有三个演讲者,第一个谈的是三个不同的国家和地区的同一个问题——公园或景区管理问题,那么我们首先请李俊丰博士来讲一下"越南国家公园并存管理模型:以风牙－者榜国家公园为例"。

## 越南国家公园并存管理模型：以风芽－者榜国家公园为例

李俊丰

（香港理工大学酒店及旅游业管理学院）

大家下午好！首先非常感谢中山大学邀请我来这个沙龙给大家分享我的研究成果，这是我博士论文的题目：《越南国家公园并存管理模型：以风芽－者榜国家公园为例》。我先简单地做一个自我介绍。我来自越南的胡志明市，2007年在暨南大学本科毕业，主修旅游管理。然后去了英国谢菲尔德大学修读艺术与遗产管理硕士，在2010年加入香港理工大学念博士。自从离开暨南大学以后，我很少有机会用普通话来演讲。今天的这个研究也是用英文来写的，所以在翻译和表达上可能有一些出入，请大家多多指教。

这是今天的演讲提纲，包括：①越南国家公园的系统；②国家公园并存管理模型；③研究目的和方法；④风芽－者榜国家公园；⑤并存管理模型的结论。

越南旅游业的发展萌芽时期可以追溯到19世纪末，也就是法国在越南建立殖民地的时候。法国人喜欢把越南一些大城市的建筑，比如说河内或者胡志明市的建筑，包装成为很有法国风格的建筑，也就是现在你们到胡志明市或者河内能看到的那些古城市建筑。1986年，越南也进行了真正的改革开放。他们把旅游当作一个很重要的经济支柱来发展，也逐渐地促生很多新的利基市场，比如自然景观旅游、生态旅游或者战争旅游。其中，国家公园还有世界遗产地成了标志性的旅游目的地，吸引了很多当地游客和国际游客。

1962年，越南成立了一个"特殊森林使用系统"，专门来管束森林里面所有的资源。这个系统在2003年、2010年得到了更新。现存最新的系统把保护区分成四大类：第一类是国家公园，其他分别是自然保护区、景观保护区以及科研和实验森林区。在这四类中，国家公园是最高的等级。越南的国家公园跟世界自然保护联盟（International Union for Conservation of Nature，IUCN）所分类的国家公园同属一个类别，它们的性质差不多。在越南如果按照管理机构来分，国家公园分成两种，第一种由中央政府来管理，第二种由省级政府来管理。中央政府管理的公园具有跨省存在的特点，它属于两个或三个省，面积比较大，或者是具有特殊重要功能的公园，比如说跨越国境的公园或者是世界遗产地。这类国家公园现在有 8 个。省级政府管理的国家公园位于该省的省内，由省人民委员会管理，现存有 22 个这类别的国家公园。

越南在管理国家公园的这一项做了很多不同的尝试，之前有一个重要的模型叫作半国营管理模型。半国营管理模型是加拿大滑铁卢大学 Eagles 教授在 2009 年提出来的国家公园分类模型之一。改革开放之后，政府觉得规划或者管理国家公园的权力需要下放，因为管理的单一性不再为旅游业带来最佳的利益。于是他们把一些权力交移到各省去管理，因此出现了之前所提及的两类国家公园。半国营管理模型有以下特点：公园的所有权是属于政府的；主要的收入来源是门票和其他的旅游收费；管理机构是纯政府机关，由中央管理或者省级政府管理。根据泰国学者森婷宇等人在 2010 年发表的一篇以菊芳国家公园还有吉仙国家公园为例的关于越南国家公园管理研究文章发现：越南应用的半国营这个管理机制没有达到很好的管理成效。比如说，很多例子证明政府机构的保护意识还有可持续发展的实践存在缺陷；政府机构在规划日常管理中还是缺乏一些有效的管理能力；更重要的是他们无法同时满足国家公园管理的三大目标：保育、开发旅游还有发展经济。在发展中国家，说到国家公园管理的时候，政府只能顾及开发旅游和发展经济。当未解决当地的经济障碍时，保育成为一种奢侈品。保育的重要性众所周知，保育更是中国、越南或其他东南亚的国家要加强的部分。因此，越南引申了一个新的模型叫作并存管理模型。

2006 年，越南发布了新的特殊森林使用政策，在 2007 年、2010 年还有 2011 年该政策得到了更新和有效的具体化。这个政策最重要的一点是一个国家公园的旅游管理活动可以同时在园区里面以三种不同的模式来实现——公共管理模式、私营管理模式还有合资模式。在同一个国家公园里面，政府划分一个地区给公共管理，另外一个地区给私营管理，或者由政府和私人共同管理。这个跟中国的国家公园管理有一点像，但也不完全相同。这个新的模型除了一般的政府管理机构以外，还有其他私营机构参与其中，我们可以把这个模型叫作并存管理模型。它有以下三大特点：公园的所有权是属于政府的；其收入主要来自门票、森林租用税款和极少的政府补助；管理模式将由三种管理模式

(公共管理模式、私营管理模式或者合资模式)任意组合而成。刚才我所提到的私营管理模式是指国家公园管理委员会把国家公园里的一块地租给私人、私营机构去经营旅游景点,期限一般为 50 年。

本文的研究目的是探索越南政府做出应用并存管理模型的原因。本文将以风芽-者榜国家公园为例,通过回答以下三个问题达到这个研究目的:①这个模型是什么;②该模型如何运作;③为什么该模式以这种方式运作。研究方法采用定性研究,通过过程评价还有嵌入性的案例研究来收集数据。这个现象是首次被研究,所以具有探索性。然后我又回答了 what、why 和 how,也使研究具有描述性和解释性。如上所说,越南有两类国家公园,包括了中央管理的还有省级管理的。我认为省级管理的国家公园更明确地阐述了权力下放的现象,因此这是研究分权趋势的一个好例子,所以我选择了省级管理的公园作为研究案例。

为什么要选择风芽-者榜国家公园作为单独的案例来研究呢?首先,因为这个国家公园 2003 年已成为世界遗产地,选它有助于产生"认可效应",英文叫作 endorsement effect。其次,它是很好的自然遗产地,其他国家公园也可以参照它的管理模式给自己做一个 role model(行为榜样)来学习。在 2011 年 6 月份预调研的时候,我在这个公园确定了并存管理模型的存在,于是开始展开正式的研究,这也是选择案例地的一个很重要的原因。最重要的是,越南现今只有这个国家公园存在这种管理模型。

现在,我给大家简单地介绍风芽-者榜国家公园的基本情况。在越南的版图里面,广平省位于越南的中北部,位于河内 500 公里以南。这个国家公园就位于这个省的西边,它的面积是 2000 平方公里左右。它是亚洲第一大、世界第二大的石灰岩地区。旅游者为什么要来到这里游览呢?这个公园虽然比较偏远,但是因为其世界自然遗产的名气,吸引着越来越多游客的到来。这个国家公园有非常丰富的洞穴旅游资源,已经发现的有 100 多公里的地下溶洞,由不同的洞穴系统组成。

在 2012 年,英国皇家洞穴探险队还发现了韩松洞(Hang Son Doong Cave),他们称其是"现存世界最大的洞穴"。这个洞穴现在由当地一家私营公司用来开发探险旅游。因为属于严格保护区,所以每年只能带 220 个游客进去,非常受限制。游览这个洞穴的费用也很高,特定的 7 天团费要 3000 美金。因为需要很大的体力运动,所以入洞前还有艰辛的培训过程。这个洞穴很深很长，去这个洞穴之前，通常专家会带游客先去燕子洞——该公园的第二大洞穴。我在做研究的时候，在这个公园待了半年，有机会带了几次团去燕子洞做考察、访谈和科学研究。

公园核心区包括三大区：严格保护区、生态恢复区以及行政和服务区。核心区大概有 860 平方公里，缓冲区有更大的面积，大概有 2200 平方公里。本研究只注重在核心区发生的旅游活动，因为这是法定的国家公园区和世界遗产地，其他在缓冲区发生的旅游活动不纳入研究范围。风芽-者榜的国家公园管理委员会是公园的最高领导人，在它之下的旅游中心是公共管理模式的主要代理人。除了政府机构，风牙-者榜国家公园的管理者还包括一些私营机构，就是私营管理模式的代表。在我们研究的例子里，只有长盛集团代表了这个私营机构。另外，还有其他的 donor（捐助者）、NGO（民间非政府组织），例如亚洲发展银行，还有德国的 GIZ（德国国际合作机构）这样的发展机构。

这个研究得出了一些结论，这个模型其实是改革开放的产物。在 2003 年得到世界遗产地提名之后，这个公园成为热门的旅游景点。2005 年发现了天堂洞，广平省人民委员会也开始授予私营公司特别的权力去管理这个旅游景区，但是一直没有实现。直到 2010 年，广平省人民委员会才允许长盛集团投资和开发天堂洞，这才奠定了并存管理模型存在的基础。

越南政府发现仅有公共管理不能满足旅游的多样性需求，其实更大的原因是政府缺乏管理这么庞大的国家公园的能力。此外，越南国家政府也发现私营管理机构呈现了良好的管理效应，加上私营机构也主动找到政府要求加入国家公园管理的开发行列。因此，越南政府在没有更好的选择的前提下，就开始尝试把私营机构加入到国家公园管理行列的范畴里来。越南风芽-者榜国家公园现在只存在公共管理模式和私营管理模式，刚才提到的合资模式并不存在，所以这个研究只注重于对比这两个模式的管理成效。

在风芽-者榜国家公园里，有三个最主要的利益相关者：国家公园管理委员会、风芽旅游中心和私营机构的长盛集团。国家公园管理委员会是公园最高权力机构，在不同层次上监督风芽旅游中心和长盛集团。国家公园管理委员会对风芽旅游中心进行直接的监督。因为风芽旅游中心是国家公园委员会属下的一个单位。对于长盛集团，国家公园管理委员会是通过森林租用合约来进行监督管理的。对于合约条款以外的事情，国家公园管理委员会是不能插手的。长盛集团在管理自己的旅游点方面有很大的自由度，特别是在他们运营这个旅游区的范围内。

　　长盛集团加入这个公园之后，就跟风芽旅游中心形成了一个竞争的关系。因为在核心区只有天堂洞是属于私营管理的，因此只能用这个旅游点来了解私营管理模式。但是关于公共管理我就选择了三个比较重要的、代表不同类型的旅游点作为研究对象。第一个是风芽和仙山洞，代表了开发给大众旅游的产品；第二个是默水泉水生态径，是开发给一些比较喜欢生态旅游步道的游客参观的；第三个是八烈士洞，这有一种我们中国红色旅游的感觉。

　　本研究发现，国家公园管理委员的监督角色有以下三个特点。第一，越南的公园管理可以说是非可持续发展的管理。有一个受访者告诉我，"其实你可以用一句话来总结越南公园管理的管理特色：用摘果子活动来比喻，越南人现在开发国家公园，就好像把熟的果子摘下来，然后把还没有熟的果子也踩踏，给弄坏。就是说他们没有把任何资源留给下一代，所以说就是非可持续发展的管理文化"。第二，在应用这个新模型之后，我们发现一些环保的监测功能有所增加。研究结果表明国家公园管理委员会更加关心保育活动，而且一视同仁地将其应用到公园的所有景点中，不管这个景点是属于私营还是属于公共管理的。第三，国家公园管理委员会也存在一些严重的缺点：没有公园旅游发展的总体规划；管理工作的错误投放、集中。德国的GIZ等非政府机构建议国家公园管理委员会应当注重监督而不是自己也去管理旅游景点。因为他们在缺乏旅游管理经验的情况下去管理旅游点是很难管理好的，而且这又耽误了他们的主要监督角色。

　　私营模型的影响是从长盛集团加入到这个管理行列之后才体现的，长盛集团提高了公园的管理水平，体现在它强大的财力和灵活的资金运用上。它把天堂洞的基础建设和设施建设得比国家公园的其他旅游点更好，它也有钱去请专家来传授管理经验。所以相对于公共模式，它是比较有优势的。在这两种管理模式之间，形成了一个竞争的情境，也给公共管理模式带来了一些微妙的变化。通过这个案例发现，公共管理模式开始开发潜在的旅游价值来对抗私营来者。2013年，我们看到风芽旅游中心管理的仙山洞进行了大规模的设施重修，也缩小了公共和私营机构管理的旅游点的硬件差距。更重要的是，我们见证了风芽旅游中心对一成不变的管理风格进行的大改革和反思。中心解雇了一成不变、懒散投身于管理的中心主任，因为他的风格不能与新的私营模式抗衡或者竞争。2012年2月，新的管理主任上任，其管理风格更像私营的做法：守时，互相监督,有月末奖励金,多劳多得,有能者据之。因此,公共管理模式也得到了一些新的变化和提高。

这是并存管理模型的一些正向效应。可以看得出来,并存管理模型的优势是可以调动外来的力量来帮助公园去克服内力存在的不足,还能将国家公园捆绑在一起来销售。因为当一个旅客到国家公园,他们不会区分这个旅游点是由谁来管理的。但是如果私营或者公共管理做得好,他们会给别人推荐说这个国家公园做得不错,于是就成了"蝴蝶效应"。另外,加入新的私营机构也增加了不少游客量,同时减少了游客超载的问题,但是游客超载问题的解决是随机发生的,它是由游客自己来决定而不是由两个模式沟通来决定的,这是他们一个还没达到的正面效果。当然,这种模式也给当地居民增加了收入,因为新的旅游点给了有些人更多的选择,环保工作也得到了改善。因为更多人参加旅游工作,会相对减少砍伐树林的现象。

这个模型也存在很多负面效应,如刚才所提过的越南的非可持续发展的管理文化。旅游工作机会是多了,但是对于整个国家公园的居民来说,2000个工作机会相对于64000个的居民来说还是比较少的。可以说旅游业并不是每一人都能参加,虽然非法砍伐森林的人数有所减少,但是问题尚未得到完全的解决。两个模型也是非常的不成熟,因为他们也是在边学边做。刚才所提到的两个旅游模式的管理者没有直接的沟通与规划,所以也存在很多的问题。

最后给大家做个简单的总结:这个新并存管理模型可以用简单的语言来描述一下,就是通过引入新的私营机构来提高管理绩效。其实,我们可以用"鲶鱼效应"来解释这种并存管理模型。在没有其他私营机构来之前,全部都是公共管理。我们可以把这些政府机构看作是沙丁鱼,不求变、不求新,只求每天安稳地过生活。在引入私营机构之后,虽然只有一个私营机构(一条鲶鱼),但是对这些政府机构起了很大的作用,他们意识到有一股很有冲击力的外来力量,他们要开始做出一些改变。因此,他们自己也主动地组织起来对抗外敌。虽然这些外敌很少,但是也给他们造成了很大的刺激,所以这给公园管理带来了更大的进步和全新的面貌。

下面再讲新模型的贡献、可转化性和局限性。贡献就是解决了刚才所提到的三个研究问题(这个模型是什么,该模型如何运作,还有为什么要这样运作),以及发现了一些尚未解决的问题。在自下而上的管理政策中,这个新模型不是唯一的选择,它还取决于权力下放的程度,就像中国现在,大部分中国国家公园或者保护区是使用分工还有盈利的管理模式，这与越南的并存管理模式是相似的，但是有一些微妙的不同。老挝的国家公园管理就选择了很大程度的权力下放，例如他们把土著居民也加入到国家公园的管理模式之中，让土著居民和政府管理机构一起来运营这些国家公园。至于可转化性，单案例的解释力是有限的，当我们运用到其他案例的时候，是需要通过扩展和修改使其符合当地的情况，就是说要运用分析性的概括手法。这个研究存在以下的局限性：在研究进行的早期，研究者难以进入公园和得到当地人的认可；主要的研究方法是访问法时，难以避免受访者的偏见，因为他们多数从内部视角出发；作者是经验有限的博士研究生；同时，这个并存管理模型还没有得到完整的启用，合资模式还没有出现；最后，这个研究还受到有限的研究时间和预算的局限。大致内容就是这些，有什么问题欢迎提问，谢谢！

## 主题讨论

**梁增贤**：感谢李博士给我们带来越南的新鲜案例。越南跟中国一样，在国家公园发展当中有很多问题其实是类似的，大家并不陌生，现在我们进入讨论时间。

**胡志毅**：我有一个问题，现在我们讲管理的时候倾向于管理不是一个静态的或者是不变的、一个既成的制度的观点。我也把管理看成一个过程，在这个过程当中就可能涉及多个利益相关者的相互协调，所以我就想：您这个案例里面有没有遇到过这种情况，刚才不是一个三角形吗？那在这个三角形的两两之间，他们是否存在发生利益冲突的情况，而在发生这种利益冲突的情况之下，这个框架是如何进行协调和解决利益冲突的？

**李俊丰**：新的私营机构加入之后，没有产生直接的冲突。虽然说是引入了私人机构进来，但是管理方面最高的领导者还是国家公园管理委员会，私营机构也听命于它。另外，我刚刚跟大家说了他们没有直接的对话，是各做各的，只是把私人机构引进来给公共管理机构学习一下，然后发现私营机构的管理更好。我觉得冲突是以后会发生的事情，如果再引入多一个私营机构来管理别的旅游点，他们之间竞争性更明显的话，可能会导致他们的冲突更明显。对，管理也是一个过程，所以说现在只有这个国家公园在运行这个模式，其他国家公园还是停留在半国营的阶段，就是整个国家公园由公共管理机构来管理。

**王四海**：我有一个问题，你刚刚说那个洞每年都进来不多的人，这个数字由谁来定，谁来执行？

**李俊丰**：这个洞其实很重要，它是在非常重要的核心区，也是在严格保护区里面，但是如果按照世界遗产地还有国家遗产保护的要求，这个地方是完全不能让游客进去的。所以，这是一个比较受约束和有争论的旅游点。

**王四海**：在中国比较不一样，比如保护区，有些地方就将实验区划出来搞旅游。在中国这种事情很多，在云南就有，这个是按照刚性的标准来执行的。

**李俊丰**：在纳入世界遗产地的时候，这些区域是国家定的，定了之后就交给联合国，联合国交给旅游组织来审批，但是审批完之后不可以随便地就把严格保护区的地方挪到行政服务区，这是不行的。

**张朝枝**：我想强调一个问题，李俊丰实际上是比较了一个私营企业还有政府管理两套管理体制并存的时候的一个影响，但是你讲私营企业管理的那个景点游客量很小，对不对？

**李俊丰**：没有，游客量也很多。

**张朝枝**：大概有多少？就是私营企业的游客量和政府管理的游客量的区别到底有多大？

**李俊丰**：大概他们的国家公园现在每年接待40万人。

**张朝枝**：40万人，然后私营企业这块呢？

**李俊丰**：私营企业这块只有一个洞，每年接待10万人，所以就分了很多游客。

**张朝枝**：实际上你的整个假说是目前在你看来私营企业产生的效果比较积极。

**李俊丰**：是比较积极的，把整个管理水平提高了。

**张朝枝**：就是推动了整个政府这一块的管理质量，是吧？那目前私营企业管理经营这一块出现什么问题没有？

**李俊丰**：是有问题，因为是通过一个合约来管理私营企业的，就是省政府跟这个企业签订了一个50年的租赁合约，国家公园的管理委员会只能通过合约的条款来管理它，收它的整年的收入的百分之一到二来当作税款。税款根据游客的门票来确定，但是门票是没有办法去管控的，企业可以一天卖1000个人的门票，但也有只上报了100个人的这种可能，但是我觉得这个问题在中国也有。

**张朝枝**：我们这里有很多种情况，具体我们下面再探讨。但是，我还想问另外一个问题，就是现在政府和企业之间的冲突是不是很明显？也就是私营企业和政府，这两个管理主体之间的矛盾是不是很尖锐？

**李俊丰**：他们现在还在互相观看的层面上，还没有直接冲突。

**张朝枝**：就是说，政府现在还没有干预到企业的经营是吗？

**李俊丰**：没有干预，完全依靠他们自己来管。

**张朝枝**：中国这种案例很多的，下午我们可以讨论。

**孙九霞**：但这种国家公园算是政府的吗？政府自己管的这一块成立公司了吗？

**李俊丰**：那一块算是事业单位。

**孙九霞**：事业单位，但有时候中国会成立自己的国营公司，然后在里面再建立私营公司。现在喀纳斯的政府的公园，管委会是公务员的一部分，管委会成立的公司跟私人企业的公司在合作。

**张朝枝**：就是合资公司。

**孙九霞**：不叫合资公司，他们合作，各占一部分股份，但是合作的不是管理是经营，就经营的项目部分合作，管理可能还是按照景区或者条例来管理。它合作的不是管理部分，它是经营部分。我就不知道你这个是哪部分？

**李俊丰**：它是属于经营部分，收入来自刚才说的游票的收入、门票的收入。这个公园的旅游中心是属于政府的，它把53%的收入纳入到他们这个部门里面，给他们的员工开薪水、开分红，剩下的47%就交给国家作税款。所以，他们现在开始很积极，因为他们做的53%越大，他们的薪水是不变的，但是他们的分红会更多。所以，他们现在比较积极。

**胡志毅**：这里面有一个问题，如果是一个事业单位而不是一个经营性主体的话，如果这个景区涉及一些基础设施建设或者是酒店的建设，由一些施工的私营企业来做这个事儿，那这个时候，怎么会是政府的事业单位去直接跟他们签这种合同？

**李俊丰**：如果投资超过1000万越南盾（相当于3000元人民币）时，它就要省里来做批文。

**胡志毅**：具有计划的色彩。

**孙九霞**：国内事业单位也是法人单位，法人是可以签合同的。

**张朝枝**：那么，是谁在投资你们的公务员？还有，你们基础设施的建设呢？除了公司以外，因为53%是作为公司福利发放的，47%交给了国家，如果你们要搞里面的游道建设和公共设施建设，这个钱是从哪里来？

**李俊丰**：来自省里面的税款。

**孙九霞**：相当于拨款。

**李俊丰**：其实就是将它上交的47%部分拿回来而已。

**梁增贤**：那我们感谢李博士，现在我们有请王四海博士来谈谈美国野营活动流行原因分析及对我国的启示。

## 美国野营活动流行原因分析及对我国的启示

王四海

(西南林业大学生态旅游学院)

各位老师,大家下午好!我汇报的题目是"美国野营活动流行原因分析及对我国的启示"。我们先看一下美国野营的规模,美国每年有4000多万人参加野营,占到美国总人口的14%。另外,出游次数少的一年为1～3次,多的可能一年几十次,平均的旅游天数为12～13天。从人口统计学上来看,野营的性别比例差不多,男女比例基本持平。至于年龄,从6岁到65岁以上的都有,6岁以下的也有,但这个年龄段没统计资料。关于收入,低收入者和高收入者占的比例都是比较大的。因此,可以说它是一个全民参与的旅游活动项目。那么所用的野营设备是什么呢?大部分还是传统的帐篷,少部分富裕的人可能会有房车和其他一些设备。

我为什么会谈到野营这个话题呢?原因是前年我在美国康奈尔大学做访问学者的时候,约了一个马来西亚人和一个俄罗斯人,我们三个人都是康奈尔大学自然资源学院的,他们两个人已在美国六七年了,但从未去过美国西部,建议一起去一趟。然后我们三个就达成一致意见,租了一辆车,从纽约一直往西开,然后再折回来,总共花了27天时间,走了17000多公里。在这个过程中,我们大部分时间是住野营地,实在找不到野营地的时候,才住汽车旅馆。我在这个过程中,就思考了一个问题:美国野营为什么这么流行?我把自己初步总结的一些可能影响野营活动的各种因素做个分析,以便对我国的野营活动发展有一定的借鉴作用。

我们先看一下美国野营历史的发展。美国是一个在殖民地基础上建立的国家,人们最初到达这个国家的时候,衣食住行全靠自己。在19世纪初也就是在开发西部的时候,人们每天晚上要靠野营的形式生活。这是展示19世纪末的一些关于野营的书和目录(PPT内容略),我们可以看到当时的野营设备是简陋的，可以说是就地取材，找到木杆，然后找块布就能野营。后来随着户外运动的发展，野营也在发展。美国野营协会在1910年就成立了，2010年是它100周年的纪念。这个组织的任务就是让更多的人出去野营。

  美国人是怎么认识野营的呢？美国人认为野营是一项教育事业，而不是我们普通意义上理解的群众休闲运动和呼吸新鲜空气而已，他们认为这是一项非常重要的不可替代的活动，是全能教育方面不可替代的因素。这就是他们的认识高度。如果一个孩子没有参加过野营，这个孩子受的教育可能被认为是不全面的。在1961年的时候，给总统的一个报告特别提到野营，说明美国在政府层面也比较重视野营。那么，这些野营地建在哪呢？事实上，美国的野营地建到了国家公园、国家森林公园、州立公园等公共场合，当然也有一些私人的野营地。从美国国家公园的分布图中可以看到美国的国家公园还是很多的，每一个国家公园可能有几个野营地。到底美国的野营地有多少呢？我们找几个例子看一下。怀俄明州，也就是黄石公园所在的州，有224个野营地，平均每1038平方公里就有一个野营地，这是它的分布图（PPT内容略）。在纽约州有302个野营地，平均400多平方公里就有一个。在一些旅游比较发达的州，它的密度就更大了，有的州平均200多平方公里就有一个。

  那么，野营地里面有哪些设施呢？实际上都是一些比较简单的基础设施，如水、电供应，当然还包括洗手间。这是一个房车的供应（PPT内容略），包括一个上水管道、下水管道，还有电供应，有时还有网络和有线电视接口。从这些可以看出，营地设备配置不是很复杂。有些野营地不要钱，谁都可以住，所以设施也比较简陋，仅配有厕所或卫生间，用于取水、洗澡、上厕所。有一些大的野营地，基础设备稍微好一点的，有可以专门洗漱的地方，还有专门的厕所，甚至旁边还有个游泳池，这些设备就相对完善一点。当你住野营地的时候，你会看到一个平面图，告诉你的营位在哪个地方，然后你就可以自己找过去。有时候它会给你一个特别的提醒，比如在这个野营地的时候你要特别注意什么。关于收费，当然免费的比较少，大部分还是要钱的，便宜的10多美元，贵的20多美元，如果是开房车，大概40~50美元。有一些野营地不是24小时有人员值班，特别是公立的野营地，它在门口会有一个自动投币机，投完币就自动出一张缴费单，你交完费就可以野营了。露营地开放时间与气候状况有很大关系，像在美国的北部冬季的野营地是关闭的，因为太冷了。像在佛罗里达州，因为夏天温度比较高，又多雨，一些野营地也是关闭的。亚利桑那州南部的一些野营地因为夏季很炎热，所以夏季关闭。

营地的安全隐患多数出在森林比较多的地方，对营地安全造成很大威胁的就是动物。遇到熊我们要采取什么措施呢？垃圾桶是钢板做的，当我们把垃圾扔进去之后就会自动反锁上，熊是打不开的。所以，我们千万不能把垃圾扔到外面，如果扔到外面，熊就会捡拾垃圾，然后会经常光顾这个营地，可能会造成很大的安全隐患。还有，在晚上睡觉之前，我们一定要把所有的食品都放在这个桶里面，你锁上它就打不开了。不仅仅是食物，包括化妆品，有任何气味的东西，都要放在这里面。我们千万不能在帐篷里吃东西，因为掉下的食物残渣有味道，熊的嗅觉很灵敏的，闻到味道后它可能就会去攻击我们的帐篷。还要注意有味道的化妆品，特别是好闻味道的化妆品，不能擦太多。这就是一些安全的举措。我们野营的时候也遇到过一些其他动物的威胁，例如响尾蛇。有一次，在我刚刚把帐篷搬出来的时候，就发现它了。露营地一般会有安全手册或安全警示标志，指导手册上有写到，遇到大型草食动物，至少要离两三米远，不要再靠近了。遇到大型的狼、熊这些动物，至少要离 90～100 米的距离，这样才安全，因为这是它不会攻击你的一个范围。野营地管理的效果怎么样呢？这是来自于游客的观点（PPT 内容略）。我们可以发现，丢垃圾、噪音、偷盗等问题总的看来并不严重。个别野营地遇到较严重的问题就是噪音问题。总体来说，野营地秩序还是比较好的。

除了营地自身的支持，还有什么因素能支撑野营活动呢？其实不仅营地本身，还有来自外部的一些支持。例如气候因素。我们先看一下美国东海岸的气候。纽约夏季高温，但降雨量并没有上去，也就是说在夏季它是相对干燥的，这样就有利于野营活动的开展。而我国有些地方夏季温度上去了，降雨量也上去了，所以暴雨等灾害性天气就比较多一点，不利于野营的开展。在南海岸，如迈阿密类似于我们的广州，全年高温，冬季降雨少一点，比较有利于在冬季开展野营活动。西海岸就更特别了，夏季的时候温度高，降雨量很少，这类似于地中海气候。包括北部的西雅图、南部的洛杉矶都是这种气候。此外，高速公路也有影响，有人说在美国开车要比国内轻松得多，相对车流量要小一点。并且公路大部分是不收费的，高速公路也是不收费的。而有一些公路本身就是一道风景，例如加州的 1 号公路。还有其他的因素，比如油价在美国比较便宜，而且野营地的信息比较多，从网上、手机上都可以搜到周围的野营地的信息。另外，一些较大的商店开在公路旁或者是在郊外，不像我们中国是在市中心,在美国去野营的时候购物比较方便,可以节约时间成本。还有一个就是社会文化因素的影响,美国的假期一般是在5—8月份,这个季节是学生的放假季节,刚好也是野营的好时机。我觉得很有意思的一点就是,西方的国家更注重于私人的领地。这是一个野营地的照片(PPT内容略),这是停车的位置,搭帐篷的位置,这是下一个停车的位置和搭帐篷的位置,我们可以看出一个营位和另一个营位之间没有硬性的隔离物。如果你不遵守规定的话,很容易骚扰到别人,这就没有尊重别人的私人空间。你也不能随便到人家的地方走动,有一些地方连道牙隔离都没有,完全就在一块草皮上,所以你就要注意不要侵犯别人的私人空间。我有时候照相,那位同行的俄罗斯人就特别提醒我,说这不是在中国,你照相就是干扰别人的隐私。我们在走路的时候,要绕过别人的营位走而不能直接走,我们中国人喜欢抄近道,但这是干扰别人的隐私的行为。还有就是,你要遵守公共秩序和有关的规定。比如上厕所,因为不会有很多人去打扫厕所,包括室外环境,严格地说这个环境要靠大家来维持,所以你要有很好的个人行为。还有就是行车时经常会遇到野生动物,遇到野生动物时是需要主动停车的。在黄石公园,有时候交通拥堵不是因为人多和车多,是因为动物多。你不能鸣笛,不能惊扰到动物。动物怎么走你就跟着动物走。不难发现,当我们还在尝试实现女士优先的原则时,有一些地区已经以动物优先了,这也算得上是文明的一种标志。美国人喜欢户外运动,跟野营活动也有很密切的关系。另外,景区门票价格也很低,在美国的黄石公园,一辆汽车要25美元,汽车内可以坐5个人。

  我对上面的所有可能的影响因素做了一个总结。比如说历史文化因素,我们缺乏这个传统。我们的社会重视程度低,仅有部分年轻人参与,缺乏统一的指导和规划。土地支撑系统包括景区、公园和其他土地,从中划一块地方作为野营地在我国其实也不成问题。至于基础设施呢,我们可以看出野营的设施都很简单,没有什么高新技术,就是说入门的门槛低,也不需要投资很多钱,我国在这方面也应该不成问题,但我国缺乏严格的管理的经验。另外,气候也不成问题。至于高速公路,我国的高速公路可能马上就会超过美国,可能会超过10万公里,我国高速公路网现在基本建成了。所以,远途旅游的高速公路网也不成问题。严格的行为规范可能是个问题,野营需要人们自觉遵守各种环境卫生和设施的使用规范。旅游的价格成本,这个对于重视国民教育的国家来说是很低的。我国需要提高国民休闲质量,并且商业环境也有待提高。通过这样的总结，我感觉我们的硬件不是问题，有问题的部分都是在软件。最后总结这两句话：我国开展野营活动的硬件建设不是瓶颈，就是软件建设难度比较大。如何广泛开展适合我国的野营活动还有待进一步的研究，我们不能直接把美国那一套东西移过来，移过来会乱套。谢谢各位老师！

### 主题讨论

**梁增贤**：谢谢王博士以自己的亲身经历给我们介绍美国的野营活动，大家来讨论一下。

**吴晨光**：王老师是否可以给我们说一下中国的野营市场怎么样，因为我觉得就我的体验来说，让我去野营，要睡在帐篷里面，就觉得很不舒服。

**王四海**：野营其实是很舒服的，因为它跟住在高星级酒店的感觉完全不一样。我以前在云南出差的时候，找不到住宿的地方就会野营。但是，也担心夜里窜出来个野兽，对我进行人身攻击。但是，在相对比较规范建设的野营地是不需要担心的。

**吴晨光**：我的意思就是，即使没有安全问题，但它的乐趣在哪里。

**王四海**：乐趣的话，我想问一句，你多长时间没看见星星了？

**吴晨光**：我觉得在中国的话，有很多地方可以看到星星。

**王四海**：到晚上，只要是晴天都能看到。

**张朝枝**：我想插问一下，我跟她提出的问题有点相似，就是一个看法。坦率来讲，刚才晨光博士说的问题还不是很现实。我在美国很多地方野营过，像我们这种在国内环境中长大的人，部分人接受不了这种营地。睡一个晚上，图新鲜还行。其实里面又闷，又不舒服。比方说我在黄石公园露营的时候，当天晚上突然就下雨。除此之外，露营地经常还昼夜温差大。我们中国的孩子不像美国小孩，从小就被粗放式放养，美国小孩的体质比较好。像我们在国内这种环境，从小就娇生惯养，很容易感冒，并且不适应。

**王四海**：这是受社会文化因素的影响。

张朝枝：这不是一两天能够培养出来的，这是一个因素。另外还有一个因素就是，所有的营地是需要很多配套管理的。看起来好像是没管理，而它所用的水、垃圾的处理，整个过程是由一套看不见的体系在运作的。还有就是，如果你开的是房车，房车的废水、"黑水"和整个处理系统包括加油系统、放水系统，以及管道排通系统这些是要有一套方案的。不是说每个地方都一样。

王四海：是这样的，比如在一些比较偏远的地方，下水管是不提供的，只提供饮用水。

张朝枝：这就是干营地，叫 dry camping，刚刚你所说的就是说干营地和湿营地的区别。所以，更大的原因可能还是刚才吴博士说的社会文化因素。

王四海：野营不是单纯的野营，它也跟其他娱乐活动结合在一起，这样就不会枯燥。比如，在美国我看到有划船项目，在游完一个湖后，把船扛到另一个湖，游客就把折腾作为一种快乐。

张朝枝：所以，最关键问题在哪里？我举个例子你就可以理解刚才吴博士的那句话。比方说一个周末，天气很好，太阳很大，如果是美国人，就会马上想，哎，我们马上去草坪上晒晒太阳，去那里玩一玩，在草里打个滚；而我们一看到太阳好大，就想去打麻将，这是根本不一样。

孙九霞：你俩在争的时候，我马上想到的是美国和中国的文化价值观不同。所以，我提出一个建议：不要用"流行"这个词，它不是流行，应该是盛行。一直以来，从有美国开始，它就是这样的，它有一个社会文化基础。另外，可能你要在社会文化这块的差异挖一挖联系。你刚才说了，在中国硬件不是问题。真的是没问题吗？其实，我们的软件、硬件都有问题。保老师在美国自驾游过，也在中国自驾游过，也知道这么多年过去了，中国的营地发展非常弱，没有几个做得好的营地。有些野营地也仅仅是为了赶时髦。那这是为什么呢？里面是有联系的。这提醒很多做规划的人，不要乱给别人规划一堆营地，因为后来没有人用，所以在中国不能随便说要学西方先进的东西，这是一个值得注意的地方。因此，你的研究要把你的社会文化研究清楚。

左　冰：我想接着刚刚孙老师说的，社会文化你只追溯到了美国的建国时期，其实我觉得应该追溯到更早的时期。因为移民到美国的最早的一批人都是清教徒，里面很多人的祖先在如说哥特人、撒克逊人、日耳曼人、斯拉夫人，都是森林民族或草原民族，对他们来说，帐篷就是他们的家。所以，从那个时候开始，撒克逊人、哥特人，这些所谓蛮族就是以帐篷为家。这个方面跟我们中国人截然不同。

**孙九霞：** 你提到这，我有一个例子，就是藏族人有一个节日叫过林卡，就是那天一定要在外面扎帐篷。不同藏区的人，即使在城市，比如说开会，也会扛着一个帐篷，在有空的院子里扎上，这就是不一样的文化。

**刘　俊：** 几位老师说得都很好，我很有同感。我们这几年有一些机会去国外看一看，开阔了眼界。一些地方以前没去过，总是觉得很新鲜。看了别人这也好那也好，就会想这个东西为什么不能在国内搞，这个东西能不能移植到国内，总是在这两个问题当中纠结。但事实上，当你过了这个兴奋劲以后，就会发现这真的是移植不了的。打个比方，在国外看到棵苹果树，苹果又大又甜，如果把这棵果树移植到国内，苹果树就死掉了。不是说这个树不行，不是说这个产品不好，而是这个产品要根植于当地环境，有根植性。它根植于这个由特定的历史、文化、政治、社会、经济等一个综合构成的环境。所以，其实中西方在很多旅游发展当中的差异背后是更深层次的两个体系的差异，只是复制表面上的一个产品是不行的。刚刚两位老师其实说得非常好，背后的支持系统在哪里，综合性在什么地方。比如国外的滨海旅游都是海滩和绿地啊，非常自然。国内的则都在搞高大上的五星级酒店，但我们不能把西方的那种东西移植过来，没有哪个地方政府愿意把这有限的土地改成大规模的滨海公园。不是说这个产品不好，而是产品背后的这个支撑体系是完全不一样的，各有各的合理性，各有各的存在的价值。我觉得把这个后面的支撑体系挖掘出来，做一个中西对比，更有意义。

**梁增贤：** 好，谢谢王老师！下面我们请丁博士来讲一下广州白云山风景名胜区管理制度的问题。

# 事业编制框架下广州白云山风景名胜区管理制度的创新

丁绍莲

(华南农业大学林学与风景园林学院)

非常高兴今天能有这个机会来参加这次沙龙。我是第一次参加这种形式的沙龙。首先,我要讲一下我发现这个问题的历程。其实景区管理制度并不是我的研究兴趣所在,主要是因为我在华南农业大学承担了"景区管理"跟"森林公园管理"这两门本科课程的教学工作,因教学的需要,我便持续关注国家森林公园、白云山风景名胜区这样一些典型的景区管理问题。在上课的时候,我会让学生开展一些课程讨论,让他们讨论一下公共资源类景区管理体制改革的方向。每次讨论课上,学生的讨论都非常热烈。针对景区管理体制的问题,我曾去白云山做了两次访谈,分别对他们的一位副局长、旅游处处长以及建设厅的分管领导做了访谈。访谈中发现了一些跟当前我国国家公园管理体制改革有关的内容,感觉可能对大家来说会有一些参考价值,所以今天就把它拿到这里来跟大家分享。

从20世纪90年代以来,我们国家的这一类拥有公共资源的地方就开始被开发成景区了。围绕这类景区的管理问题出现了多种不同的声音。比如说我的师兄张朝枝博士,他的博士论文就是以张家界为案例来研究景区的管理体制问题。他认为不管是哪一种制度,只要制度安排得当,能够对这个景区公共资源实现有效的管理就是好的制度。我觉得这个提法是非常好的,但是具体如何操作还是没讲清楚。产权转移派主张把所有权、经营权、监督权三种权利进行分割,把经营权转让给企业,他们认为这种经营模式更能够提升资源的利用效率。另外一个学派则一直强调这一类资源根本不能够采取私营化的管理模式来进行管理。从上层的制度建设来看,比如说就法律、法规这一块,目前来说,也没有出台一个如《国家公园管理法》之类的统一的法规。上个月建设部刚刚举办了关于国家公园发展的一个研讨会,那是他们内部搞的。另外,在国家层面，旅游局跟建设部、林业厅也在不断地协商，希望共同推动国家公园制度的发展。但我自己感觉目前尚不具备这样的条件，国家公园制度还是一种理想。

在实践层面虽然已经有了一些尝试，比如说普达措的国家公园、黑龙江的国家公园，但是据相关的研究显示，这些国家公园的管理制度还很不完善，很多条件还不成熟，这些国家公园跟联合国自然资源署定义的国家公园还存在很大的出入。在实际的管理中，这些国家公园绝大部分的资源其实都是被转移、被租赁给企业来经营的。就拿我们首个国家公园——普达措国家公园来说，从2006年建成到现在，国家公园对自然保护区的意义来说不是真正为了保育，更多的是作为一种噱头来进行市场营销。因为当时作为保护区来说的话，他们没有权利来发展旅游。后来，公园管理者就申报国家公园，这样就使得对原有保护区的旅游开发具有了合法性。在我们国家有很多这样的情况，像森林公园也是从林场变为森林公园，因为早期如果是林场的话，是不能开发旅游的。后来，申报为国家级的森林公园之后，公园管理者就有更多开发利用的自主权。大概在2008年的时候，业界、学术界就对国家公园应该由建设部、环保部管理，还是应该由旅游局中哪个部门来管理的问题发起过激烈的争论。当时我的一位同事（城市规划出身）就曾对我说："国家公园如果给你们旅游局来管，那就完蛋了，那以后我们中国的大好河山真的是要被你们全部给毁掉了。"我相信他是出于对资源利用的可持续的一种担心才这样说的。但是更多的争议其实是出于部门利益之争，众所周知，目前我国的景区管理存在严重的部门之争，不同部门都守着各自的管理权不放，例如森林公园是归林业厅来管、风景名胜区是归建设厅来管、地质公园归国土资源局来管，不存在统一的管理部门。其实他们几大部门已经进行了一些协商，因为整体上不管是市场，还是社会人士，或者是学界都普遍赞同采取租赁经营模式。现在几个部门已经进行协商，旨在共同推行这样的一个模式。但是，目前还处于一个博弈的阶段。据说现在已经初步达成共识，在国家层面先搞一些试点，放权给林业部管理。目前已经选了贵州跟云南这两个地方，允许建一定数量的国家公园（据说云南选择了5个点），由林业部门负责统一管理。这个制度推行之后，林业厅在云南那边可能就会有更多的权力了。广东省打算推行国家公园管理制度。但是，因为涉及三个不同的国家管理部门，这样的努力可能也并不那么顺利，据说旅游局与住房和城乡建设部就曾放话"可以申报，但是报上来，还要看能不能批"，由此可见，国家公园管理制度中的部门之争始终没有得到妥善的解决。

以上问题引发我思考，如果制度不完善，国家公园开发不能解决我们现在景区管理中存在的部门之争、政企不分等问题。就像刚才听的关于野营的报告，这种休闲的模式我们也想引进来，但是目前我们还不具备经济、文化等方面的很多条件，所以即使引进来了，也很难像在美国那样获得很好的发展。国家公园制度也是从美国引进的，它是不是我国当前景观管理制度的最佳替代制度呢？还有没有其他更加适合的选择呢？刚才听李博士说，在他的案例中，景区在选择管理制度的时候，发现私营景区经营能力比较强，而又找不到更好的其他制度，所以就把它引进来了。

在思考以上问题的时候我就发现了白云山风景名胜区（以下简称"白云山"）。我在"景区管理"课程讲授的过程中，曾带学生去那里做过调研，调研中我发现了一些比较有趣的现象。白云山虽然是国家级公园，但是面积很小，只有20平方公里。但是，它却获得了很多顶级的头衔。虽然很多专业人士评价白云山时，都觉得它存在不少问题，但就绝大部分使用者来说，特别是广州本地人，对白云山还是非常认可的。从这个意义上来讲，它的管理水平和管理绩效还是值得肯定的。

白云山存在传统的事业编制体制。目前我国没有进行经营权转让的景区，绝大部分还是以事业编制这种体制存在，白云山也是很典型的。但是白云山在此基础上进行了一定的创新。

第一个创新是在地方层面的权力集中。早期，白云山被托管给当时中山大学的林学院，也就是我现在工作的那个地方。当时林学院在那里建立了教学实习基地。后来景区就设立了白云山管理处，从中山大学脱离出来了，成了独立的一个机构。到了2001年的时候，又成立了白云山风景名胜区管理局，归市政园林局来管。到了2006年，它的级别进一步提高，被确定为市副级单位，由市政府直接管理了，景区的局长和书记，直接进入市里面，只有副职是挂在园林局。权力集中最大的好处就是解决了它在地方这个层面的条块分割问题。正如白云山领导自己所言，就部门之争的问题来看，白云山情况比较好，基本上就是他们一个局在管。在他们制定和颁布《白云山管理条例》的过程中也基本上没有什么纠纷，只有极少部分的不确定的宗地问题会涉及一些纠纷。

第二个创新是体制的创新，虽在事业编制内，但实施了局部的体制多元化，打破传统的完全事业编制格局。完全的事业编制叫作参公依公。事业编制跟公务员差不多，就是所有的待遇、奖金都由政府来负责。那么，另外一种体制叫作差额事业编制，即不是由政府全部拨款，政府只是拨一部分，你自己要有一些收入，比如说门票。然后，发工资的时候，发了多少钱，还差多少，核算后申请国家补贴来弥补差额部分。还有另外一种模式，叫作自收自支或者自主经营。目前，白云山在管理体制方面是这三种模式的混合体。

我根据访谈内容做了这样的一个结构图（PPT内容略）。其中属财政和拨款的部门基本上是不可能盈利的部门，这个跟刚才越南的案例挺相似的。这样的部门没有盈利的空间，也不收门票，比如说荷依岭那一部分，这些护林站就是全额拨款的。属财政部分核拨的有麓湖公园等地方，麓湖公园因为它有高尔夫球场和餐饮单位，因此，它能赚到一些钱，不够的部分由政府拨款补上。另外自收自支的就是像鸣春谷、摩星岭这些地方，他们有一定的收益，比如说餐饮和门票的收益，他们的收入完全来自门票等经营项目，属于自收自支。这样一来就会引发逐利行为，例如加大了场地的出租力度，我们看现在的白云山跟10年前相差很大，多了很多商业设施，就是出于这样一种原因；还开发了一些新项目，比如说在鸣春谷开发了一些与毛利人相关的项目；宣传力度也加大了，制作了很多3D的动画；此外，节约了成本，比如说它在开发软件的时候，景区不是直接上报"我要多少钱"，而是跟软件开发公司把报价从120万元谈到30万元，最后以联合开发的形式来开发软件。以上这些行为都是在传统的事业编制底下看不到的东西。

第三个体制的创新就是实施了财务轮岗制这一新的人事制度。为了防止腐败，白云山采取轮岗制度。但是，这种轮岗会受到很多限制。高职位的是不愿意被换到低职位上的，所以他只能是被换到同一级别的其他职位。有一次，有一个财务处长被换去做其他的工作，再加上其他方面改革的影响，他就马上辞职了。

第四个体制的创新就是引入网格化监管制度，对传统的固定薪酬模式进行改革。白云山每位员工需要把工资的10%拿出来作为网格化管理绩效奖金。每位员工都会对应一个网格，这个网格全年发生事故以及处理的情况都会被一一记录下来，作为绩效奖金考核的标准。很多员工对此有一些意见，因为这意味着他们工作量加大了，但是实际的收益还可能减少。但管理人员对此解释说："不管愿不愿意，我们这个单位给他提供的职位，他在外面是找不到的。"目前来看这一制度确实对调动员工的积极性起到了一定的作用，但是影响到了员工对景区的忠诚度。

　　为什么领导会想方设法管好白云山呢？访谈中发现，领导对这个地方的热爱是驱使他们管好白云山的动力之一。访谈中，白云山的副局长曾对我说："等你老了，你就会爱上白云山。"正是出于这种热爱，他就希望这个地方发展好。还有就是政绩考核方面的因素。受访者表示："领导经常会来这里看，而且他们知道即使不管我们，我们也要做得好。"那么为什么即使"上级不管（不视察）也会主动做好呢"？这个就涉及另外一个问题，即社会监督的问题。访谈中，得到一些反馈说在白云山这个地方做官非常不容易。因为白云山每年会面向社会招聘100个义务监督员来监督这管理工作，并且进行了网络化管理。如果管理中自己没有发现的问题被其他人发现了，那么，管理人员将会面临被扣分的处罚。如果这个问题再被往上反映到了市里面，他们的领导都会受到影响。

　　这个案例给了我一个启发，白云山虽然存在既有的传统事业编制体制下的传统问题，但是它局部的问题却通过一系列的改革得到了一些缓解。白云山的例子让我想到了中国的国家公园制度，如果我们的国家公园也要实行这种模式的话，那我们现在具备了哪些条件，而还有哪些条件又是我们不具备的呢？因此，我觉得我们在景区管理制度改革方面可能要步伐放慢一点，好好研究一下这些机制，然后从培育机制慢慢做起。

　　最后希望大家提一些意见，谢谢大家！

### 主题讨论

**梁增贤：**谢谢丁博士！我先问一个问题，就是我总有个感觉，不管是以前的森林公园改制还是自然保护区的建立，我觉得这些表面上以解决问题为导向的制度改革，实际上背后是一个利益的重新分配。我重新来分析你这个案例，就是白云山风景名胜区之所以简单是因为第一它面积比较小，第二它背后是白云山风景名胜区的牌子，它后面只有一个部门，不像张家界后面还有森林公园和国家地质公园，所以很多利益上的协调可以在一个牌子下面解决。

**丁绍莲：**嗯，这个我回应一下。其实以前它也是属于不同的部门，比如说碑林那是属于文化局的，还有黄虎洞水库，它是属于水利局的。但在一步一步的制度的变迁当中，把这种权力集中化了，所以它就克服了这种问题。

**王四海**：我有一个问题，就是这个体制问题是不是国家林业局及建设部，还有国家旅游局的利益之争。最开始时，包括国家公园这件事，是国家林业局在管理，但是旅游局和建设部要到黑龙江做个试点，这就是他们之间的利益之争。其实在这个土地上，真正掌握实权的是国家林业局，有很多自然保护区，真正落到实处了。但是建设局参与进来的风险就是它圈去好一块土地，但其实土地的所有权不属于它。

**丁绍莲**：对，虽然使用权也不属于它。

**王四海**：它就是圈这块地，给你个名声。旅游局连圈地的机会都没有，它干什么呢，为了争这块地，它挖概念，如"5A级旅游景点"。

**丁绍莲**：对，我在调研当中，其实也发现了一个很有趣的事，比如说你说的玩概念，那么关于白云山，有一点我还要补充。白云山也申请了"5A"，但是他们现在就很尴尬。其实他们当时申请"5A"的初衷是想提高门票价格。但是很遗憾，"5A"批下来后广州市不给提价。广州市说"我们不缺钱，你要的话，差多少，你就打详细的报告，如果合理，那我会批给你"。关于林权，白云山以前也是林业部门管的，包括深圳的那个梧桐山森林公园，但最后它也变成了国家级的风景名胜区，只有一小块作为森林公园存在了。这种变更涉及部门话语权以及财政扶持能力强弱的问题。我们国家的住房和城乡建设部的话语权是最强的。比如梧桐山森林公园在申报国家风景名胜区的时候也遇到了困难，因为国家林业局有明文规定，不能随意更改森林公园的性质。于是他们就到省里来寻求帮助。省里面就觉得多一个风景名胜区对深圳来说是一件好事情，于是出面协调景区与省林业厅之间的关系，随后说服林业厅派代表前往北京与国家林业局协调关系，最终让国家林业局同意了变更申请。现在梧桐山里面就只有一小块地方是属于森林公园了。

**曾国军**：丁博士，我有两个建议。就是在我看来你是在讲两个层面的问题，一个层面是治理结构之外的，基于产权明晰的前提下，你谈的是这个企业之外的一些东西，就是它的管理者和监督者。另外一个层面，讲的是在企业内部的那么一些东西。这两个层面在我看来，最好是不要放在一起来交混着讲，这是我的第一个建议，你可以把他们两个分开来讲。第二个，我看到你有一个组织结构图，那个白云山制药厂好像跟白云山风景区没有任何关系，因为我对这个公司还是有一定了解的。

**丁绍莲**：哦，谢谢！

**张朝枝**：我这里有一个问题。其实我觉得景区管理的好坏跟是不是事业单位没关系，因为其核心就跟我的博士论文研究一样，是跟它的监督机制和它的运营机制是不是一套两个相互匹配的制度有关。白云山很特殊，因为第一，它的监督机制是什么？它在领导的眼皮底下，所以工作人员很谨慎。它相当于广州的城市客厅，很多游客来，所以它的监督比一般的景区要严。第二个是，白云山景区不像很多其他的国家公园一样面临资金短缺的问题，白云山一年就2500多万的游客，相当于把整个上海市的人拉过来遛一圈。广州本地居民平均一年去好几趟。虽然现在门票这么便宜，但它整个收入还是非常高的。

**丁绍莲**：它一年收入是一亿两千万元。

**张朝枝**：再加上它的很多公共设施都是政府投进去的，就是它基本上不用为钱而发愁，所以说它就不像其他国家公园一样，为了去赚钱而采取其他的措施。另外，所谓的这个不利于实际发展的这种冲突也是不存在的，所以它的监督机制相对是比较完善的。另外，从政府角度来讲，之所以景区级别这么高，很大原因是它涉及面子和形象的问题。所以，它本身是不是事业单位、是不是企业单位这个都是不重要的，换句话说，如果你要设计另外一套体制来管理，也是一样可以的，只要你给足够的钱，你的监督机制是完善的，一样是可以的。它之所以是事业单位完全是历史原因造成的。

**丁绍莲**：对，其实我在思考这种典型性对其他案例具有的启发性。比如说广州市的经济发展水平和社会舆论对它的监督很到位。我觉得从社会的整体发展来看，这可能是一个大的发展趋势，所以有可能得出这样一个启示：随着我们社会的整体发展，我们的景区管理制度也会朝着这样的一个方向发生变迁。还有一个问题，是制度变迁的成本问题。当然这个可能涉及更多的内容，我在这里只是做了一些粗浅的思考。我可能接下来就要去关注那些试点地方的发展情况。其实白云山也存在这种问题，比如说它的监督机制是不完善的，它只是监督到它里面的某些权责，但是对于比如说环境保护这块是没办法监督的。这也是值得关注的地方。

**张朝枝：**我只是建议你不要去讨论这个国家公园因素，刚刚你说的监督机制，我倒真觉得可以做成研究。因为白云山景区跟一般的旅游区不一样，监督机制中本地和外地的投诉机制是完全不一样的。我到张家界去旅游，人家宰我三刀，我只能气哼哼地回来了，我打电话给张家界市长也没用。

**左　冰：**你打还是有用的，我们打没用。

**张朝枝：**然后在广州，这个监督机制是不一样的，所以进行这个比较，可能还是比较有意义的。不要动不动拿国家公园说事，国家公园其实完全是利益之争，跟这个没什么关系。

**胡志毅：**我接着朝枝的这个思路来讲，如果我们尝试把这个案例往文化方面去提升的话，可不可以有这样一种思考，就是这个里面是体制的创新，这个创新其实有很多源头。刚才曾老师那个提示蛮有意思的，这个地方其实是有两个方面的改变。一个是它内部管理体制的创新，包括他们文化的创新；另外一个就是外部的一些因素的改变形成了某种环境的改变。管理学也是有一些理论讲这个创新的源头。那么关于第二个点，我想提的是关于外部的创新导致它发生的体制的转变和内部的创新所产生的这些东西是如何联系到一起的。他们二者之间的关系是怎样的？比如说，是不是外部的创新激发了内部的创新，或者是内部的创新是真正最起作用的，说不定还推动了外部的环境的改变，包括刚才提到的它的这种建筑环境之类的。

**丁绍莲：**这就是我的一个研究理想。

**孙九霞：**你要知道，白云山非常特殊，除了刚才朝枝说了它的这个旅游的群体不一样之外，事实上它的本质上就是个市政公园。5块钱的门票，它本身就有一个责任要为大家提供这种公共的游憩。因此，它跟一般的旅游区都不一样。现在是特别讲究回报和投入产出的，而白云山对此是不讲究的，白云山是用财政拨款的钱来维护大家的公共游憩行为，因此，它毫无生存的压力。所以，它要面临的各方面的矛盾和冲击都不大。所以你要考虑这个案例的特殊性，考虑它为人们服务的性质。

**梁增贤：**感谢三位演讲者的分享，那我们接下来去茶歇，下午大概3点10分进入下一个环节。

# 案例研究 II

第八节

- 开场白
- 创造性破坏与中国古镇：以大圩和阳朔为例
- 周庄古镇地方性的多样化建构
- 居民对广州城市地标的认知地图研究：基于"老广"与"新广"的对比

## 开场白

刘 逸

(中山大学旅游学院)

各位老师好!我们今天最后一节的沙龙即将开始。时间过得很快,不知不觉我们已经进入整个活动的尾声,也就是倒数第二个环节,因为我们最后会有最精彩的观察员评论作为压轴呈现给大家。那么在这个压轴戏出来之前,我们将给大家带来我们小组的沙龙汇报。我们是案例研究的第二组,有三位展示者给大家带来三个非常不一样的案例研究。其中第一个是一个实证研究,它从旅游出发,但又不仅限于旅游,因为creative destruction(创造性破坏)这个词,已经带给大家一些不一样的感受了。这个词是经济学中由熊彼特提出的,到现在已经快有100年的历史了,将这个词放入旅游研究里面后,会有什么样的升华跟新的东西展现出来,我们待会将由覃群老师为大家介绍。随后,姜辽老师会给大家介绍周庄古镇的发展,那是另外一个故事,讲的是多样化的建构,而并不是说商业化跟传统的矛盾,讲的是一个新的东西。在最后,因为我们的孟威老师觉得"嵌入化视角下旅游城镇化"这个议题不够精彩,所以他决定拿出自己的看家本领,给大家讲一个他比较有研究心得的、很想跟大家分享的题目——居民对广州地标的认知,这个研究是基于"老广"跟"新广"之间的不同之处进行的,"老广"就是老广州人,"新广"就是新广州人,像我们这些人都是"新广"。总之,这些话题都是与我们每个人的生活息息相关的。那么,下面我们就有请覃群老师先给大家介绍这个创造性破坏与中国古镇的案例。欢迎!

## 第八节 案例研究 II

## 创造性破坏与中国古镇：以大圩和阳朔为例

覃 群

（中山大学新华学院）

各位老师，各位学者，首先我要感谢旅游学院给了我这次机会来这里做这个汇报并与大家进行讨论。在座的二三十位师长、同仁都在各个学科领域取得了比较好的成绩，同时又对学术有着非常大热情，所以这是一个很好的机会，让我可以把我的疑惑和想法拿出来跟大家分享和讨论。

我今天要跟大家讲的主题是"创造性破坏与中国的古镇"，选取的案例地是阳朔和大圩，想必大家对于这两个地方或者至少其中一个地方是非常熟悉的。从 20 世纪后半期开始，越来越多西方学者意识到有很多本来具有地方特色的传统乡村社区逐渐被改造为了旅游目的地，这些地方出现了新的景观并开始为追求历史遗迹的、后现代主义的游客提供旅游产品、食宿等。驱动这种地域转变的动机有很多种，有些可能是由利润和经济增长做主导的，在这样的情况之下，许多历史遗产的区域将可能会转变为以大规模消费为特征的休闲区域，在这一点上中国的情况也是一样的。"创造性破坏"是一个最早的且比较经典的描述这种现象的概念，由经济学家熊彼特在 1949 年的时候提出。说的是这种创新就是打破了原来旧的思想来提升现有经济，同时这种创新又被下一次的创新所破坏、替代，最终形成周期循环性的更新过程。这个创造性破坏的思想，对经济学的研究以及许多社会领域的研究都产生过重大的影响，以至于到现在，当人们谈到企业创新、企业的改革和转型的时候，创造性破坏思想里面的一些核心关键词，比如创新、企业家精神等，常常会被提及。

这一理念在其他社会科学领域的发展过程中，有两个人值得提一下：一个是地理学家哈维，他将创造性破坏的概念运用到地理研究的维度上，给创造性破坏加上了地理的维度；而另一个则是加拿大学者米歇尔（Mitchell），他通过对加拿大的几个历史遗产小镇的研究，包括圣雅各布（St. Jacobs）、埃洛拉

（Elora）、尼亚加拉瀑布镇（Niagra-on-the-lake），发现这些遗产小镇的演化有一定的规律可循，且与熊彼特提出的经济创造性破坏有很大联系。Mitchell 提出了遗产旅游小镇演化过程中的创造性破坏的模型。随后学者们通过北美、亚洲、澳大利亚的几个案例地，探讨了乡村小镇中由旅游引发的创造性破坏的现象。在中国，也有一些学者在朱家角、甪直以及周庄的研究中探讨和肯定了"旅游创造性破坏"理论在发展中国家的适用性。然而，这么多个案例都没有着力探讨这种阶段更替背后的动力问题，所以这就是我的研究所要解决的其中一个问题。

在介绍研究的具体内容之前，我们先来看一下 Mitchell 的创造性破坏的五阶段模型。这个模型由 Mitchell 在 1998 年发表的一篇文章中提出，我在这里为大家介绍的是这个模型的中文版，这个模型是在 2010 年的时候由一个学者进行文献回顾时翻译成中文的。历史小镇的创造性破坏过程经历五个阶段，最开始的时候被称作是"初级的商品化"，然后是"高级商品化"、"初级破坏"、"高级破坏"，最后是"后破坏"的阶段。从投资、旅游者的数量以及居民的态度这三个方面去考察小镇所属的阶段。在"初级商品化"阶段，旅游资源商品化投资逐渐开启，游客的数量比较少，游客多是那些真实的遗产体验寻求者。这个阶段由于游客比较少、投资商品化较低，没有带来过多的负面影响，居民的态度基本上是比较积极的，参观的游客可以欣赏到喜欢的并且保存完好的乡村景观。随着这个历史车轮的前进和旅游经济的发展，到了"高级商品化"的阶段后，投资开始大幅增多，有计划的营销活动开始发生，古镇开始自主自动地去营销自己，同时游客的数量也在不断地增加，游客的消费也随之增加。居民的态度开始有一点变化，一些居民意识到负面的影响。这个"五阶段"是基于在圣雅各布做的实证研究进行划分的，圣雅各布是在滑铁卢市以北距滑铁卢大学不远的一座小镇，从滑铁卢市开车 1 个小时之内就可以到。当时，这个地方的发展到了"初级破坏"的阶段，Mitchell 的研究认为在此阶段投资水平还在持续增加，但存在一些偏离主题遗产的投资，其他商业形式也已经开始出现，这个时候游客的数量也是在不断地增加的，越来越多的居民意识到了负面影响，比如数量在增加的游客会把车停在路上使居民觉得这会干扰他们的出入，还有一些居民讨厌游客照相、讨厌游客用很好奇的眼光去看他们的宗教行为。接着就发展到了"高级破坏"阶段，这个阶段的投资范围继续扩大，比如一些大型的酒店开始建设，更多偏离遗产主题的一些商业也出现。

哈维举了一个例子来描述这个阶段，在这个圣雅各布小镇的靠边上一点的地方出现了一个国际连锁的高级酒店——Best Western。它的出现增大了这个地方的接待能力，也极大地促进了游客数量的增加。在这个阶段，更多的居民意识到旅游的负面影响，导致有些居民开始迁出。继续发展进入到"后破坏"的阶段，一些非遗产主题的投资逐渐占了主导，而这个阶段的游客很少是真实的遗产寻求者，比如游客本来是为了小镇的传统历史而来的，而现在这样的人比较少了，更多的游客是来购物的。再比如，当地有一个农贸市场，按照原来的方式，在这个农贸市场卖东西的都是农民，并且开业的时间都是固定的，但是后来由于买的人非常多，所以原有的约定俗成就都被打破，市场开始整个星期都开业，并且售卖的产品由当地农民种植的农贸产品，变成了大规模生产提供的、非原汁原味的且偏离了遗产主题的产品，这个是可能的"后破坏"阶段的形式之一。在这个阶段，居民的负面态度可能会比较少，但是持支持态度的也不一定会多，因为留下来的居民只是接受了旅游活动发展的现实，但是乡村的景观已经遭到破坏，虽然居民愿意忍受这一事实，但是并不代表他们会忽视这一点。在"后破坏"的阶段可能还会出现另一种发展趋势，就是这个小镇的投资没有办法进一步继续下去，而这个时候由于社区不再具备独特性，游客的数量就开始下降。从这个角度看，游客数量得到了控制，居民的负面态度也会开始逐渐发生改变，因为游客数量的下降使原来的乡村景观得到了部分的恢复。以上就是 Mitchell 在 1998 年提出的五个阶段模型。在 10 年之后，再回到圣雅各布重新进行调研，Mitchell 发现这个模型并不十分准确，也不是十分完整，所以就进行了一些补充，就是在原来的"初级商品化"阶段之前，添加了一个阶段——"前商品化"的阶段。在这个阶段，旅游投资的各方面还没有启动，游客、消费者还比较少，居民对旅游的态度认知还不太明确，但基本上是支持的。这个理论还有一个变动就是，投资方面的驱动力除了投资商之外，还有另外一个群体——保护主义者和行动主义者。因此，在原有理论基础之上，又加入了主导景观作为一个判断的维度。主导景观在不同的阶段呈现不同的特点。在这个初级商品化阶段，主导景观是生产式的乡村景观；而在高级商品化阶段、初级破坏和高级破坏阶段，主导景观则是遗产景观；到了最后的后破坏阶段，主导景观是休闲景观。

　　本次研究的理论框架主要是上述理论，是在查阅文献的时候所得到的，我认为它比较适合用来解释遗产目的地的发展演化过程。理论框架确定后，我选取了两个案例地,通过实证研究来探讨一下这种外来的理论模型是否适合于解释中国的历史古镇的发展以及如何适合或者有什么不适合?如果这个模型需要优化,又可以从哪些方面进行优化?这两个案例地在地理位置上和文化渊源上都是比较接近的,是位于中国的广西漓江边上的两个小镇,一个是阳朔镇,另外一个是大圩镇。它们都处在漓江的边上,两者相距大概70公里。从这两天的讨论里听到很多定量研究的方法,我认为定量研究对数据的要求比较高,运用它也需要很多前提,它可能适合于某些类型的研究,但是有些问题使用定量研究并不适合,这跟研究性质有一定的关系。所以,我的研究采取的更多的是定性研究,也有定量的部分,但主要是作为参考。我选取的研究方法有实地观察法、问卷调查、深度访谈,还有一些文献分析。研究的问卷调查主要是在两个地方都去发放内容一样的问卷,问卷的数量是一样的,且问卷发放的时间也差不多。在大圩,是在它三个主要的进入的路口处和古街、中心广场进行居民问卷的发放,而游客的问卷是在两个景点进行发放。在阳朔,居民的问卷是在阳朔公园附近、蟠桃路和西街口进行发放,而游客的问卷是在西街以及阳朔公园还有桂花路进行发放。在质性方面,为了研究这些企业家的动机,我进行了深度访谈,最终在两个案例地共获得30个访谈样本;在政府方面,对政府官员的深度访谈共获得了17份访谈样本,数量不是特别多,但是作为定性的研究,样本数量并不是一个绝对值,重要的是饱和度、访谈的设计以及能不能引发别人去回答。所以,我认为深度访谈还是相对好做的,在政府官员部分,由于访谈难度较大,所以我们得到的访谈者数量少,但是很关键。

下面讲一讲我这个研究的主要发现。首先是问卷调研结果,在大圩的游客方面,调研结果表现为游客数量比较少,他们的停留时间和旅游的消费也比较少。我们的调研对象游客大部分是女性;中年游客有76个,有51个年龄在41~60岁之间,占比也是比较大的;在经济方面,游客的经济情况比当地居民要好,他们游览的地方主要是历史街区、自然景点还有乘船活动,有的游客会购买一些当地的产品,但是他们平均的花费不高,且他们平均待的时间是2天左右。在居民问卷方面,对居民态度的调查发现,居民总体上是支持旅游业的发展的。我们使用李克特的5点量表来测量这些问题,1表示最强烈反对,5代表最强烈赞成:从平均值的角度来讲,大部分的居民认为旅游是能够促进经济发展,这部分的平均分是3.48,算是比较高的;而在旅游能够提高生活质量上的平均分数为2.89,相对比较低;另外,在政府促进发展旅游的工作效果上,大圩的评分比较低,只有 2.56;但是,大部分居民是强烈赞成这个地方应该发展旅游业的,这部分平均得分是 4.13;居民同时也认为应该增加新的投资,这个部分的平均得分是 3.89;但是,在旅游的发展会带来当地物价的升高这一问题上,评分的平均分是 3.04;最后还有一个态度的问题,居民认为发展旅游的好处超过了发展旅游的负面影响这部分评分的平均分是 3.69。

不过,有趣的是,大圩镇的位置虽然跟阳朔离得这么近,又有相似的旅游资源,且都在黄金水道,但是旅游的发展却如此不同。在访谈方面,最后发现,在大圩,开发商和旅游经营者都不把获取经济利益作为主要的动机,更多的动机是其他维持原有的生活方式、保持原来的家族的这些遗产,等等;而政府方面,则表示不太支持旅游业的发展,因为原本的定位是以工业为主导,所以旅游只是其一个亮点。而在阳朔,情况显然是不一样的,将阳朔的游客、居民的调研结果与大圩的各方面进行比较,就发现游客的想法、做法是不一样的;而在企业家这方面,阳朔的企业家更具有创新精神,其旅游产品更丰富,种类更多,销售量也更大,还有一些企业家的访谈涉及内容过多,这里就不进一步展开了;在政府方面,阳朔的政府非常支持旅游业的发展,把它当作一个支柱产业,甚至旅游项目的引进会跟官员的升迁、跟他们的个人利益相关联,而大圩在这一点上是与其形成鲜明对比的。大圩政府在要不要发展旅游业的问题上仍持一种非常犹豫的态度,因为他们认为发展旅游所引发的社区问题比较棘手,认为这里的居民不是很配合。古镇要发展旅游,很多时候都会涉及要把居民迁出去这个问题,但是一旦出现群体纠纷的话,政府认为会难以解决,因此,他们没有下定决心去大力发展大圩的旅游业。最后,我的总结是,基本上阳朔目前的主导景观是正处在发展阶段的 heritage-scape(遗产景观),正在快速地进入休闲景观,这是我得出的一个初步结论。另外,我自己还有一些问题想要与大家讨论一下,就是这个旅游的创造性破坏五个阶段的维度里面,不管是第一个阶段还是第二个阶段,都没有太多考虑到公共管理因素,即没有考虑将政府因素加入模型中,但我们在调研的过程中发现,政府因素可能是非常重要的一个因素,它塑造了一个宏观环境,在这个环境里面商业可以得到发展,从而引起游客数量、居民态度的变化。所以,我觉得这是哈维模型在中国化的时候遇到的一个难题,我认为应该把政府因素放入模型中,因为无论是问卷调查还是访谈结果均表示,很多问题都是指向政府的,所以,在研究中国的古镇、历史城镇发展的时候是绕不开政府影响这个问题的。所以，我想跟大家讨论的是如何把政府作为一个影响维度放进模型中。我看时间差不多了，主持人示意几次了，以上就是我跟大家分享的内容，我也非常期待能与大家共同交流与讨论一下有关的研究问题。谢谢大家！

### 主题讨论

**刘　逸：** 下面进入我们的交流时间，欢迎大家对覃老师的研究进行提问或者点评。

**曾国军：** 覃老师，你好！你的调查很有意思。我认为熊彼特之所以写出《经济发展理论》这样一本书出来，是因为他认为亚当·斯密提出的"看不见的手"是调整完全竞争环境下的市场，而那个条件下达到的市场均衡是无法长期存在的。他认为，因为创新和企业家精神，非均衡才是一直存在的。而在此之后，钱德勒就更离谱地说，事实上不是"看不见的手"，而是政府、大企业、社会这个"看得见的手"在对市场均衡发生作用。那沿着这样的逻辑，你把你的这个思路往下去套的话，我不知道你的理论和这个现实有什么样的关系，你的对话点是什么。其实包括这个表（PPT 内容略），我一直没看明白，这个理论逻辑跟你这个表是什么关系，你能跟我解释一下吗？

**覃　群：** 可能你们经济学背景特别强的人，会从一个本身就非常经典的角度去看这个问题。但是我觉得这个模型，它首先从概念层面上做了一种有阶段性的划分，它把从一个阶段到另一个阶段的替代看作是一种创造性的破坏，然后再进行再破坏、再创造。很多古镇原来都有一种自己的生活生产方式，但可能后来随着旅游开始发展，它就被旅游的这种方式所替代了，这也是一种创造性的破坏的一个过程。

**曾国军：** 这个应该是破坏，但没有创造的过程。

**覃　群：** 它创造了新的景观、新的生活生产方式、新的经济来源，我认为这就是一种创造。这可能跟你们经济学的那种理解不一样。

**曾国军：** 其实我们现在跟昨天的那种状态有点像，可能大家也是在捍卫这个学科的纯洁。

**史甜甜：**我有一个问题，这跟我昨天讲的有些相关。我就特别好奇，因为在我听来就是这种事实似乎就是"以新换旧"，其实任何的改变总会带来新的取代旧的这种情况，似乎都是创造性破坏。但是从这个英文翻译来看，一看就是"创造性破坏"，就觉得好像非常高深。但是，我们不能望词生义，这个"创造性破坏"的说法很容易让人对它产生错误的理解。就是我很好奇，你觉得这个翻译会不会不太合适啊？

**覃　群：**对于这种翻译，一些学者可能会从自身专业的角度来解释它。我觉得这个 creative destruction 叫"创造性破坏"或者"创造性毁灭"，是存在望文生义这样的情况的。它的意思可能不像字面上那样，可能需要研究下它的内涵，只有在特定的情景里面才会更清楚它的意思，因此我把它放到旅游学的研究里面，据此来说明这样的一个过程需要通过哪些维度才能进行判断，这样大家才会比较清楚。

**李　军：**我沿着曾老师的思路讲一下，因为曾老师讲的就是经济学的视角。我感觉很多人对"看不见的手"有误用，它强调的是一种学派间的争端。其实从 20 世纪 30 年代开始，学术界就开始反思亚当·斯密所说的"看不见的手"的作用。古典主义的另外一层意思就是自由主义，它否定政府的作用。但 20 世纪 30 年代凯恩斯出现之后，接着又有好多人同样强调政府的作用，他们认为自由主义会导致一种混乱、一种危机，同时认为政府这个"看得见的手"可以避免这种混乱或者说经济危机的发生。自由主义跟这种凯恩斯以后发展起来的推崇政府的作用的这种学派的争论点，跟你这个研究还是有一点不同的。你刚刚提到政府的作用如何在古镇的发展里面体现，但你在具体的分析中并没有谈到它。大家都在套用"创造性破坏"这个概念，谈创造性怎么怎么样，但并没有用到它真正的意义上去，这是我个人的看法。

**覃　群：**它可能并不是经济学里面所说的非常经典的那个意思。这也是我想和大家讨论的，就是它由狭义经济领域延伸到地理学领域中来，我们应该怎样去表达它、改进它才能使它更合理一点。旅游学的研究也不一定非要完全采纳其他学科的那些知识，我们旅游学也可以形成自己旅游学理论体系，所以这样也是一种创新。但是这当中可能会有很多讨论，那么与大家来探讨就可以期待获得进展了。

**刘　逸**：好。我们时间不多，下一个问题请简单一点！

**苏　静**：从你的题目来看，应该说你更多关注的是古镇的一个发展。而且就你讲的那个创造性破坏理论来说，它其实更加关注的也是一个地方的发展。所以，我有一个疑问想与你探讨一下，就是在研究的时候，主要的研究对象是不是应该以古镇为研究对象？但你在具体分析的过程中，我听到最多的好像是对游客的分析以及居民态度之类的。因此我就想，如果你要用这个理论来解决这个研究问题的话，是不是应该更多地把研究的重点放在古镇上，比如说在某个阶段它的投资增加多少，或者说它的游客量增加多少，这样的话可能就是真正以古镇作为最主要的研究对象，我觉得应该把研究重点放在古镇变化的分析还有政府的作用上。

**李　军**：我还想再补充一点。除了我刚刚讲了经济学发展的两个阶段，其实还有一个阶段，如果你不想强调政府的作用，经济学上还有一个"新自由主义"，就是20世纪50年代以后出现的一个影响力挺大的流派。比如哈耶克就是新自由主义者，这个人的影响力是非常大的。芝加哥学派这些人也都属于新自由主义者，当然有的时候新自由主义已经超越了经济学这个范畴。他们反对像凯恩斯那些英国学者包括熊彼特他们的观点，反对政府过分调控影响经济，认为人们可以通过谈判实现自由的合约。如果将新自由主义的概念运用到这种景区、社区的发展研究当中，我不知道可不可以，但你可以考虑一下。

**刘　逸**：好，谢谢李老师！我看能不能这样，等我们孙老师把问题问完，我这里有一点小小的想法说不定能帮你回应掉一些，最后剩下一分钟左右的时间你再回答一下。

**孙九霞**：我不说问题，就说一些建议。在座的老师，特别是中山大学的老师应该对阳朔特别熟悉，我们几个老师包括张骁鸣老师和张朝枝老师在2012年的时候集体到阳朔、遇龙河，对，就是从2012年3月份我们开始进入阳朔做规划以来，现在在阳朔建了基地，每年都去好多次，所以觉得对它真的是爱恨交织。你后面有一个结论，对这个理论或本身引用的方法我们就不再讨论了，这里我想说的是，就是你说阳朔出现了一个急速、急剧的休闲化，是吧？我不知道你是不是广西人。你是阳朔人吗？

**覃　群**：不是阳朔人。

**孙九霞**：那可能不一定比我们去得多。事实上阳朔不是急速休闲化，而是急速的观光化，尤其是在你这里讲的以西街为代表的阳朔镇已经出现了。阳朔就是这样的一种格局，以西街为例，原先西街是个休闲的地方，是洋人的咖啡街，但现在不是了，它变成一条观光街，所有的游客都去看洋人，看不到之后就走。几乎所有的游客都在街上走，停下来买东西的也不多，也没有专门来喝咖啡的，原先在街上摆卖的也没有了，所以这个判断是有点不合适的，这是一个问题。第二个就是你讲的定性研究不强调样本份数，强调的是能问出好的问题，但我觉得虽然好问题是非常重要的，但是不是不强调份数，而是强调一个问题的类型，只有你的理论中的每个类型都访问到，你的理论才是饱和的。访谈并不是不强调份数，不能那样说，这方面的问题你可能要注意一下。还有就是，阳朔从 2009 年到现在有一个巨大的变化，现在它的年游客量应该是突破了 1000 万人次。

**刘　逸**：非常不好意思，就是我们的时间已经到了，本来我有蛮多话想说的，因为今天大家都很踊跃，所以我在后面老是没有机会拿到话筒。我简单给你一点建议，我觉得你不用一一回应，其实你的研究已经做得很好而且已经发表了，它肯定是存在有价值的东西。但是，像两位老师说的，经济学的概念其实离这个太远，你用这个 creative destruction 的概念肯定存在风险，因为熊彼特讲的不是说用了新的然后不要用旧的，或者拿个新的代替旧的，他讲的是技术，新的技术出现使得我们原来很多还可以用的东西就被毁灭，而且除了技术还有其他的创新都会导致这种全面积、大面积的破坏，不是小面积，它一定是说一个新的小东西的出现会导致一大片的毁坏。如果是从这个意思来说的话，我是不同意 Michelle（米歇尔）的那个表的，从那里开始我就觉得他不能这样研究，不能说创造一个新的景观并且把旧的取代掉就叫 destruction，除非是一个阳朔的出现导致全国的古镇都发生同样的变化，那这个时候可以说是一个 creative destruction 的出现。还有就是 Michelle 的理论中，旅游地生命周期其实是有重合的，这也是蛮大的一个理论问题，我觉得以后也许你可以从这个方面去批判一些东西，得出一些更好的理论。关于两个案例地，我觉得都做得非常好，可能会后你再跟我们大家交流一下，因为现在已经超了两分半钟，不得不结束了，那么我们谢谢覃老师！

**覃　群**：谢谢各位！在经济学方面探讨并不是我的研究目的，我本来是想从多个维度探讨那个目的地的发展、旅游的发展，今天时间安排紧凑，会后再

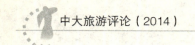

跟大家多讨论,谢谢大家!

**刘　逸:**能引发大家讨论的都是好研究。好,那我们欢迎下一位老师姜老师给大家带来关于周庄古镇地方性多样化建构的演讲。

## 周庄古镇地方性的多样化建构

姜 辽

（安徽师范大学）

各位老师、各位同学，下午好！非常荣幸有这次机会来中山大学学习交流。

首先，我介绍一下自己的研究方向，我主要研究古镇旅游社会文化影响。关于这个研究领域，最早出现在人类学，由于我不是太懂人类学，所以只能围绕着地理学的一些基本概念像空间、地方、景观来做一些社会文化影响的研究。我想先做一些说明，本来我想着这个话题可能会和昨天刘俊老师、曾国军老师的研究放在一起，因为是同一个话题，但是会议把我安排到了案例研究方面。既然这样安排，我就需要和以上两位学者做个对接，作为本研究的一个背景。第一个就是概念的问题，第二个就是地方及地方的话题由来。

什么是概念？一般来说概念来自现象，概念有具体的，也有抽象的，比如说椅子，它是一个具体的所指，椅子来指它。概念有时候会发展，比如说会动的叫轮椅，但是它也是椅子，只不过它变成轮椅。在不同的背景下、不同的规则制约下，概念会发生一些变化。作为对社会现象的一个描述，曾国军老师在文章里面讲到标准化的原真性，我觉得这个概念是非常好的，因为它对于在餐饮业中的这种现象，以前没有的但是现在出现了，他用的这个词汇对这种现象进行了很好的解释，而且这个概念对进行餐饮业管理是非常有意义的。

再来看一下地方性的概念，关于空间、地方、几何空间、地方的政治性、地方的社会性，刘俊老师已经做了很详尽的讲解，这里我不再进行具体的展开。我汇报的内容包括以下几个方面，首先来看一下这个地方性的概念由来，地方性是20世纪70年代以来地理学研究的主题，主要有两个学派——人文主义地理学和结构主义地理学，这是对地方性研究最多的也是最深刻的两个学派。人文主义地理学家段义孚（Yi-Fu Tuan）指出，人的感觉经验和触觉能够产生地方感和空间感,他把地方描述成一种价值的凝聚,而雷尔夫(Edward Relph)将这种地方意义缺乏的现象叫作地方的无地方性。经济地理学界主要围绕着的是结构主义地理学,有两个学者哈维(David Harvey)和马西(Doreen Massey)在这方面研究较深,哈维解释了时空压缩下的空间和地方是什么关系,特别研究了全球化背景下地方的功能性;马西从社会关系的角度研究空间与地方的关系,从互动中界定地方。20世纪90年代以来,地理学兴起了一种研究新的人与自然关系的范式,叫社会建构主义,这个研究方向从2000年开始成为人文地理学研究的热门话题。按照社会建构主义的理解,地方性是社会建构的产物,是在原有地方结构的基础上,对其进行重塑、再造,它强调建构对象的主体、对象、媒介、途经以及围绕建构而形成的社会互动过程,我PPT上面做了个表,可能有些不精确,请各位专家批评,特别是赖老师,哲学研究比较多,到时候希望可以指正一下。我是这样看的,在结构主义、人文主义、建构主义三种哲学范式下,地方性在基本的范式、方法、原则、概念框架、认知模式方面是不同的。首先是建构主义地理学,它的基本范式是主客之间,有时候是主体之间的关系;方法上主要采用集体主义或者建构辨证方法;从概念框架来看,它是一种社会的建构;从认知模式来看,它主要是一种协商的对话模式。接着看地方性的作用,地方对社会精神的作用体现在地方性对于一个地方、社会、人口具有某种决定性的作用,但是在某些情况下,地方性会受到威胁。比如说现代化、全球化的力量会使地方沦落为无生命的空间,时空压缩,结果就是磨灭了地方的本土色彩,把地方转换成空间。里茨尔(George Ritzer)提出现代化的悖论,在《虚无的全球化》这本书中,他指出,全球化是一种虚无与实在相互作用的复杂关系,尽管全球化意味着高效率低成本,但同时全球化带来的虚无的扩张,使得地方性实在之物失去了生存的土壤。另外,在这本书中,他指出旅游是虚无全球化与消费地方性一个重要的方式。在目的地,地方性是当地政府与开发商、销售人员、当地居民以及游客共同建构原有地方而形成的一种最真实的世界。各种要素被用于研究旅游产业引起的社会化关系改变,如全球化所带来的便利性使游客大量进入旅游目的地,客观上促进了虚无的扩张,同时它冲击了实在的地方性。

关于这方面的研究很多,我这里做几个介绍。首先是从权力的角度,在现代化、全球化过程当中,权力引起地方的权力冲突,使得在地方中围绕权力产生紧张的关系,引起了对地方原有意义的竞争。而布特(Bilal Butt)从资本这个角度出发研究资本引进地方之后，使原有地方实现商品化，稀释了当地共享的历史与传统。还有孙九霞老师在《旅游学刊》发表的那篇文章中指出，旅游业的发展使丽江古镇文化内涵及构成发生了变化，一方面它稀释了古镇原有的文化，另一方面它又丰富了原有的古城文化，再生产出小资文化、庸俗文化，从而形成一种原有文化、小资文化、庸俗文化多种文化共存的状态。在这里我提出自己的看法，在全球化背景下发展旅游业的过程中，多种要素被用于引进发展当地的旅游产业，带来了社会关系的变化，从而影响了地方性的变迁，特别是权力与权力化的资本过度引入造成了社会关系的紧张或者是改变，稀释、挤压了当地原有的社会文化、地方的稳定性。文化具有再造、维持、增进地方性的多种功能，所以外来文化对本土文化的影响存在差异。一方面，它的介入引发了开发商、游客、当地居民的争议，并且再造地方性；另一方面，本土文化的挖掘，有利于制造想象的共同体来维持和强化地方性。但是这里就有问题，在全球化背景下，在旅游发展的过程中，是否这些元素的引入真的冲击了实在的地方性呢？外来元素的引入或者只是与原有文化简单加减，或者是说原有文化单方面的维持。而实际上，在周庄的旅游发展过程中特别是后现代以来，游客追求一种多元文化、混合文化，他们对于旅游追求的体验是不一样的，政府在打造当地旅游经济的时候，会考虑到综合效应，不惜一切代价引入多种要素来发展旅游业，再加上当地居民从一个比较贫困的情境发展到发达的过程，他们追求现代化的、舒适的生活所引发的对地方这种性质的争夺。因此，我研究的主要问题就是：沿着要素、地方性这个线索来考察这种多要素综合作用下以及社会关系的互动形式对地方性的影响，它的建构方式、发展方向、形成机制是怎么样的？为什么会朝着多元化、多样化的方向去发展？这个案例地的情况、研究方法就不做介绍，大家都非常熟悉了。研究内容主要采用多案例的研究方法，因为案例太多，所以我在这里只介绍一些主要的。比如说"四季周庄"，和其他地方也具有相似性，它的目的是打造"小桥、流水、人家"这种经典的江南水乡的地方特色，围绕着这个目的的群体由政府、开发商以及实习人员、农民、渔民、市民所构成，游客是默默地欣赏，周庄是通过演员与观众之间短暂的这种舞台化事物关系来维持这种地方性的。它依托的是原有的民间住宅，虽然外表上是一样的，但是内部发生了变化，它打造一种神秘的、恐怖的氛围，通过这种地方空间关系让游客沉浸在自我和本我的这种虚幻的关系当中，以此来维持和传达地方性。"富贵园"可以说是一个失败的案例，尽管它仿建了很多的建筑，但是艺术家已经离开了，本地居民对这里的艺术不是很了解，也无法参与到其中的活动当中，造成了社会关系被架空的情况，一些像圈地运动、总体环境被破坏这种现象就发生了。"顺丰园酒作坊"是周庄的典型代表，这种酿酒知识是周庄地方性的构成要素，酿酒师在场引导了一种酿酒师与游客之间的关系，用这种关系来传达本地的地方性。"沈厅"是利用沈万三的故事传说，用导游的力量来建构导游与游客之间的关系，以此传达地方性。"三毛茶楼"是利用远方的故事来使它嵌入到周庄的环境当中，产生一种虚无的想象的社会关系来传达地方性。

接着我们来看一下信仰。我们知道信仰，尤其是宗教信仰，在以前是社会共同体组成的主要力量。900多年来，宗教特别是佛教，是周庄当地人的主要信仰，但是随着旅游的发展，这种僧侣信徒关系已经被导游和游客的关系所取代。在两个当地的民俗场所，第一个民俗是周庄的"吃讲茶"，第二个是昆曲，它们的效果是不一样的。第一个是原有的民俗，但是它融入了一些新的要素，成为才艺表演、促进邻里及居民之间交流的场所，所以它使周庄的地方性得到了发展；第二个这种地方性的知识不具有共享性，游客听不懂，当地居民也听不懂，所以它的效果明显比前者的差。接着是生活，生活造成了一定的地方性、生活性，如政府开发"万三公园"、"富贵园广场"是为游客服务的，但是当地居民加以灵巧的利用，把它改造成一种健身的场所，白天晨练、晚上跳广场舞。当地政府补充了中下阶层日常生活形式，使其更加丰富化，所以可以说这是一种服务当地的市场。当地街巷的买卖现在也成为当地的一种日常生活。

最后提出本文的结论和讨论，本文是在建构主义哲学范式指导下研究周庄古镇地方性的变迁，发现旅游对周庄古镇地方性的联想是复杂而多样的，现代化、全球化、理性化的力量并没有使旅游目的地沦落为无生命的空间。相反，尽管全球化促进了虚无的扩张，但是并没有机会破坏实在的地方性，利益群体之间展开博弈时，在资本、权力、技术、知识、故事等要素的综合作用下，创造了多重的社会互动与社会关系的形式，建构了古镇多样化的地方性，这是我的一个发现。这些要素的作用是什么？存在哪些差异？最后是搭建了一个理论模型。这些要素是如何作用于周庄这个地方？它是如何围绕周庄这些居民、政府、开发商、游客、外来人员、艺术家之间产生了多种的社会关系来促进、重塑周庄的地方性，这是主要的研究框架。最后就是讨论部分，作为一个重要的、优秀的历史文化集聚地古镇,伴随着旅游的发展,如今进入一个新的阶段,游客消费地方的方式也发生了一些变化。相应地,当地政府的地方政策也发生了变化,既要适应游客的需要,又要考虑到政府、开发商、当地居民的利益,那么古镇未来这种地方性会朝着怎样的方向发展?它的可持续性如何?这些都值得关注。最后把时间交给主持人。谢谢!

### 主题讨论

**刘　逸**:非常感谢姜老师这个非常简洁的发言,成功为我们节省了一点时间。下面的时间还是交给各位与会的老师来提问,本来我看到这个题目我也很兴奋,因为今天和昨天已经提到了建构主义,我回去又查了我以前的读书笔记,也有一些想法,但是还是把这个问题交给其他老师来提。比如说赖坤老师有没有什么想法?

**王四海**:我来提个问题,就是外来的这些东西,能不能称为地方性?比如你说的那个艺术是移植到那个地方的,后来好像又被摈弃,这些东西能不能称为地方性?

**姜　辽**:我刚才讲到的地方性,有三种方式来研究这个地方性,一种是结构主义,一种是人文主义,还有一种就是我文章里面的建构主义。建构主义主要源于科学社会学,赖坤老师应该在这方面是专家。

**王四海**:这个地方的都算?

**姜　辽**:围绕这个地方的人力群体,利用这个地方的环境、技术及一些要素,如何来重构或者说建构这个都算。

**梁　靓**:姜老师,对那个地方性我其实不是非常理解,您是如何定义地方性的?它是基于某一种历史时空下,就比如说周庄古镇,您是引进定义说通过哪一些演艺或者说哪一些产品来反映这个地方的?

**姜　辽**:其实您主要问的是地方性这个概念的由来。那么关于概念刚刚我讲到,它是从现象中出来的,是对现象的一种描述,不同的人可以用不同的词汇加以描述。不同的学者,比如说社会学家、人类学家、地理学家,他们对这个现象都有一个词汇来加以描述,他们在自己的学科领域游戏规则里面来定义这种现象、来定义这种概念。所以说,我们在进行学术交流的时候,特别是跨学科的时候,就会遇到这个概念定义的问题,可能地理学家把它叫作地方性,可能社会学家把它叫作地方特色,或者经济学家把它称为其他的地方什么,所以说这是一个问题。我是从地理学的角度、从人文地理学的角度来定义这个地方性的。

**梁　靓**:就是您主要是从时间上的角度,比如说周庄古镇在整个规划过程中会对哪些历史人文景观进行一个表演或者说是一些故事的阐述,以这样的形式来对它们历史的进步进行一个回顾,以此来彰显它的地方性吗?

**姜　辽**:对,这就是对地方性的利用,可能是通过物质方面来维持这个现象,但也有可能是通过其他精神方面。有可能会对它的地方原有进行改造,改进周庄原有特色,但是它在外在上仍保持原有的形象,可能在遗产地都有这种现象。

**梁　靓**:其实它跟原真性还是有交叉的?

**姜　辽**:对,有联系的。

**赵　莹**:姜老师,其实对这个研究我并不是特别的了解,但是从这个研究我就会想到,像你的这个研究,就是先从理论上梳理大家的研究,最后用周庄的案例来进行解读,但我感觉好像中间缺少了什么。就是你后来为什么在对周庄进行解读的时候,把知识、故事、艺术这几个放到一起进行研究?然后认为它是一个模型或者是一个什么,我觉得是不是这样的研究应该有一个自己对于这个问题的一个提炼,包括你分析视角的一个提炼,最后才可能出现这样的模型。

**姜　辽**:这是有一个过程的。我在周庄进行了三年研究,大概每年去三次。在田野调查过程当中,还有就是对这方面国外研究的梳理,从国外去找它们引进了哪些要素对这个地方进行了再造,结合国外的一些文献和案例,提炼出了这些概念以及它们对地方性的贡献,并把它归为一类、二类、三类这样。所以这三类对地方性的贡献是不一样的,最后就得出一个比较简单的理论框架,这是一个"从硬到软"的过程。

**赖　坤**:我读过雷尔夫《无地方性》那本书,但我看的时候没有做笔记,现在都不太记得清楚。当时雷尔夫说的地方性构成的三个要素是：人、互动和景观，是不是这样子？人、关系还有景观，是不是？

**姜　辽**：活动。

**赖　坤**：活动！对。我现在想的一个问题是这个地方性到底是什么。我刚才突然想到一个很有趣的问题：如果我们从本体论的角度来分析这个地方性，你会发现一些有趣的地方。我先简单说一下本体论的三个维度：一元论、二元论、多元论。一元论是关于唯心与唯物；二元论的话就是心物二元；三元论就增加了一个波普尔的第三世界，就是精神的客观化。我觉得，如果从这三个世界来看，我似乎发现这三个维度里面都有地方性，比如说有物的世界里面的地方性，就是指那些很典型的地方里可以看得见的东西，比如说建筑，比如周庄里面的那些自然景观、山川河流等。这是它可见的地方性。还有就是从我们心灵中感知到的那些地方的特质，是一种主观维度下的地方性。还有，如果把波普尔那个第三世界的观点也拿过来的话，你会发现关于这个地方的故事、那些精神的物化甚至所有的人对于这个地方的主观看法，也是一种地方性。物化这种地方性东西的载体，比如小说、诗歌、散文、地图、民族、民俗等，不属于这个客观世界，也不属于精神世界，而是过去的人创造加工的第三世界的地方性。我在想一个有趣的问题就是，如果其中一个世界被拿掉了，它的维度被拿掉了，比如说物质地方性被拿掉了，只留下我们的精神、回忆，比如说只有我对这个地方的过去有一个心理画面，那么这对我而言是不是损失了的地方性？注意，此时我只损失了它第一个维度的地方性，仍然保留它的两个，另外两个世界的地方性。第三个世界的地方性保持在所有的物质载体中，比如我们收集、建构的地方性。人类文明如果存在的话，第三世界可以一直存在下去，所以第三个世界的地方性也可以一直延续，不太会受到现在的旅游开发的、开不开发的或怎么开发的影响。而且更有趣的是，如果第二个世界即精神世界中的地方性消失了，只留下一个第一世界、第三世界的地方性，就会出现一个很奇怪的景观：一种无人理解、无法解读的地方性。如果再把第三世界的特殊性拿掉以后再分析，也特别有趣……所以，从本体论视角审视地方性，这个概念会很有趣。

**孙九霞**：我刚才就觉得，赖老师的回应事实上把那个概念给打开了，把它放到不同的维度上。那这里我对地方性谈一谈我的看法，地方性是相对的，不是一个绝对的概念，也不是一个固化标准的东西。那么，我同意姜老师的一个立场，他对文化的或者说对地方性的这样一个判断，是相对淡定和从容的。我为什么这样说呢？原先一谈到社会文化，就觉得社会文化要被破坏，要消失了，传统文化要丢了，整个传统文化就要灭亡了，地方性要消失了，我们特别焦灼，特别忧虑。但事实上，从一个文化主体来说，它有把握自己文化的能力和掌控能力，就像刚刚赖老师所说，地方文化无论在哪个层面上，虽然它丢了一点但其他的还在，然后它还可以重新再嫁接、再组合。所以，刚才你举的例子像那些老头占用那个空间去晨练，它其实就实现了一个时间和空间的多重利用，在我需要的时间我就可以使用，其实从这个角度看，它的地方性还是得到一个保留。这个就破解了原先那个当地人的去留问题、存亡问题，其实这个问题没有那么严重，所以我们学者的这种忧虑大可不必，不要那么着急。事实上，我们也要审视我们自己，就是我们为什么不对我们自己的文化很着急，而对人家表现得很着急？你知不知道你爷爷奶奶、太爷爷太奶奶过的什么日子？他们的生活习俗你都不知道，但你现在仍可以融入得特别好，所以事实上，这是一个家庭判断的问题。还有我有一个小小的疑问，你题目中的表述我特别认同，你把它叫作地方性的多样化建构，这个是成立的，其实这是对地方性的多重层面、多重结构的解读方式，或者是它的一个社会建构的方式。但是最后结论那里，我不知道你为什么发生了一个话题的转换，你把它叫作建构了多样化的地方性，我觉得这样表述，可能那个主题词就被迁移了。所以我想要探讨，或者是在未来你是想要强调地方性的主体的存在吗？但是我觉得可能前一个表述更准确一点。

**刘　俊：** 因为姜老师做了一个很大的工作，在庞大的周庄这个地方，它的本土文化很丰富，又处在一个极速全球化、旅游化的过程当中，它的地方性的转变太大了。所以你得出来的图很庞大，让我们感觉有点听不出来的那个意思。我觉得可能有两个问题没有说清楚，会令我们对你这个研究还没有把握到最核心的东西。第一个就是刚刚有的老师谈到的你对周庄的地方性分类的界定，地方性是什么东西？这不是什么东西都可以往里装的框。所以，首先需要回答这个周庄的地方性。在回答这个问题之前你可能要回答另外一个问题，那就是地方性是什么样的一个标准的体系？其实在去年（2013年），我在《旅游学刊》上为华南师范大学钱俊希博士的文章做了一个短评。他提了四种对地方性的理解、分类体系，你可以选某一个具体的视角，比如选择居民的视角也好，选其他视角也好，你要先把地方性的概念弄清楚，然后再对周庄在这个概念的每个层次上分别有什么说清楚，然后你下面才会说什么样的东西发生什么样的变化。所以，我觉得前面那个地方体系缺少这样的一个分类。第二个我觉得没有说清楚的地方在于这个研究看起来跟旅游现象化研究差别不大，只有旅游对这个地方的改变、社会化影响研究，跟那个孙老师说的大量的社会化研究感觉不出差别来。为什么会感觉不出差别来呢？我觉得可能就是没有空间性，空间这个尺度在你的研究当中没有被凸显出来。什么是地方？地方就是有意义的空间，你现在是把周庄当作一个整体的空间去看，这个也变了、那个也变了，那这么多变化空间中，它的尺度在哪里？空间在哪里？所以，这个问题好像会让你的研究看起来是非常复杂的，没有办法把它切成条块、分成层次，把每个细的空间单列出来。所以，我建议选一个比较微尺度的空间，比如周庄沿街的这个尺度，街道旁边的一些商铺，甚至到了居民家里面，把尺度这个空间、尺度的概念呈现出来，再具体看到每一个具体的微尺度空间意义的变化、地方性的变化，这可能就会让你这个研究中的地理学的意味更浓一点。

**刘　逸**：好，谢谢姜老师！我们下去再交流，我们已经超过了4分钟，所以说时间比较紧张，非常感谢姜老师给我们做的非常精彩的演讲，又是一个激发大家热烈讨论的话题，看来我们最后一节大家研究的分量还是蛮足的，那么最后我们有请孟威老师给大家讲一讲关于广州地标的认知研究。

# 居民对广州城市地标的认知地图研究：
# 基于"老广"与"新广"的对比

孟 威

(华南农业大学林学与风景园林学院)

我一开始的报告题目是《嵌入性视角的旅游城镇化研究》，那是在我博士论文基础上做的一个拓展研究。提交之后，发现原来的研究存在很多问题，没有办法给自己一个满意的交代，就临时把题目变了一下。

我这次汇报的题目是《居民对广州城市地标的认知地图研究：基于"老广"与"新广"的对比》。"老广"和"新广"这两个概念分别是指"老的广州人"和"新的广州人"，如果家在广州或者广东的话，应该比较熟悉这两个说法。所谓"老广"，是指本土的或者土著的广州人。"新广"的说法源自2011年，时任广州市市长提议，将外来务工者改称为"新广州人"，使外地人更好地融入和扎根广州。按照这个说法，700多万非广州籍外地人都应该纳入"新广"的范围。这个庞大群体不仅有"打工仔"、"打工妹"，也包括很多精英阶层，同"老广"一起分享着这个城市的方方面面。

关于"地标"，比较著名的说法是卡尔维诺在《看不见的城市》里提及的："如果一栋建筑没有招牌或者图样，那么它的形式本身以及它在这个城市格局中的位置就足以揭示它的功能。"这句话已经很好地说明了城市地标在城市中的一个作用。我们做了一张图，这张图（PPT内容略）将广州地标分为三个阶段：古代广州、近现代广州以及现代广州。将不同时期承担广州地标功能的一些建筑或者是构筑物放到一起，可以看到，这些地标中有一些我们还很熟悉，有一些刚刚出现，而有一些则慢慢地在我们记忆中淡化。基于这种现实，我们提出一个问题："老广"跟"新广"对广州城市地标的认知有没有什么差异？他们具体的差异在哪里？认知是心理学的一个概念，它是跟感觉、知觉相对应的，内涵非常宽泛，相关研究也非常庞杂。从个人知识结构出发，我倾向

## 第八节 案例研究 II

于运用"认知地图"方法研究这个问题。认知地图在预测行为模式、改善识别特征以及了解认知规律上是有优势的，这些特点可以有效地解决我前面提出的问题。

本研究首先通过综述前人研究对概念做一个界定。对地标的界定有广义和狭义之分，广义的地标包含精神的、非物质层面的东西，范围大于我们的研究对象。我们将地标的内涵限定在一个城市空间中具有一定标识作用的建筑物或者构筑物，也就是说对象放在物质层面上。认知地图方面，结合心理学、生理学、教育学的一些研究成果，我们认可下面这个对认知地图的定义：认知地图是在过去经验的基础上，产生在头脑中的某些类似于一张现场地图的模型。这个概念能很好地解释我想要达到的目的，限定了地标的方向、距离甚至于它跟时间的关系。

进入论文的研究设计部分。在开展本研究之前，我知道每一个人对"老广"和"新广"都会有非常不同的理解，那该怎么界定"老广"和"新广"的范围呢？研究首先基于大家基本上认可的判断，"老广"应该是对广州文化非常熟悉的，这是一个比较广义上的概念。在狭义上，我们应该把它的范围界定得更小，仅仅只是在广州城区生活过很多年，同时对广州的文化很熟悉的一批人，这个群体是非常复杂的，如果针对这个群体进行调查，对象会分散到没有办法聚焦的。我们把调查对象再进一步细分，基于两个条件：在心理上认同，这个是非常重要的方面，很多人虽然在广州居住了几十年，但他在内心不认同自己是"老广"；另外一些是硬性条件，包括本地的户籍、会讲粤语、居住在20年以上，通过这些条件我们把调查对象的范围缩得更小。"新广"是比"老广"更加难以界定的概念，官方提这个概念是从2011年开始，"新广"是指在广州打拼了很多年，没有户口，但有房产、有家庭的外来群体。调查所采用的方法都是行为地理学上非常简单、常用的一些方法，如认知草图法、圈域图示法。认知草图法主要是用来了解微观方面，圈域图示法主要是被调研者对宏观环境做出自己的描述。在正式调研之前，我们先进行了预调查，总共做了15份预调查，样本的选择对广州的老八区都有所涉及。

通过对各个历史时期广州地标研究，我们罗列出很多不同时期的广州地标，用问卷对"老广"和"新广"比较熟悉的24个广州地标知名度进行调查。调查发现，广州市地标的知名度前5名分别是：广州塔、五羊雕塑、白云山、越秀公园和荔湾公园。接着，我们用圈域图示法制作认知地图，让受访者对老广州的范围做一个界定。调查发现，"老广"喜欢把广州按"南"、"北"或者东山、越秀这样旧的行政划分进行分类，老的城市轴心是越秀山、镇海楼到中山纪念堂再到爱群大厦这样的一条线路。

那么，认知地图所绘制的起点在哪里？在这个调查中，我们发现50%以上"老广"的认知起点一般出现在居住、工作地和游览地，但是"新广"的认知起点出现在市中心或是主干道。研究对受访者所绘制的认知地图进行分类，这个分类是基于顺序型草图跟空间型草图，根据样本的情况做了一些调整，这个地图可以分成四个类型：

第一种是单体型的认知地图，在我们的调研结果中也就是广州塔，在所有样本中只有一个。第二种是沿道路型的认知地图，一般是覆盖一到两条道路的两侧，"新广"绘制的是CBD、珠江新城区域，突出的干道是珠江跟珠江新城的中轴线；"老广"所绘制的沿道路型的认知地图主要是以人民北路为干道覆盖的中国大酒店、东方宾馆、流花路这一块区域，这片区域在他们心目中才是广州市的地标路段。第三种是片区型的认知地图，这个划分有一个典型的特点是呈现出"丁"字形或者"井"字形，也就是说沿道路结构这个网状格结构去划分的。受访者想象自己站在高空中所看到的广州的中轴线，有猎德桥、广州桥、大剧院，还有中山大学、城中村等。在片区型的划分里面，圈选花城广场到体育中心片区的"新广"占72.76%。"老广"也把珠江新城地区作为广州城区的重点，但是除了珠江新城，在他们的样本中，出现更多环状、网状或是包围区域不同的区块类型。第四种是全聚型的认知地图，全聚型就是把整个广州市作为一个全域来看，在这种全聚型的绘图里面，散点型占到39.1%，线型占38.4%，块状占30.45%。认知地图上内在的亚型体系在这里由于时间关系就不展开解释。整体上来说，在认知的准确性方面，块状的认知地图大于线型和散点，按照这样的认知准确度递减的规律去展开，"老广"的认知主要是集中在全聚型、线型和链型，没有出现散点亚型的种类，它的准确性比新广州人要高。

通过上述汇报，我们可以得出一些基本的结论。一是"老广"是以经常活动的地点作为绘图起点，而"新广"是以市中心或主干道为起点。二是按照认知地图覆盖的范围，可以分为四种类型。三是通过与受访者的人口学特征比较，可以发现影响居民对广州地标认知地图类型的主要因素不是性别或居住年限，而是他的活动范围。尽管居住年限会起作用，但是它起的作用仅仅是影响这个地图的准确性。四是在整个调查中出现一个很明显的现象，在20世纪80年代到2000年这段时间所建的城市地标逐渐开始在人的记忆中淡化，不管是对于"老广"还是"新广"都是这样。但是修建于20世纪50年代或者是新中国成立之前的地标，在"新广"和"老广"的头脑中逐渐地鲜明、强化。

### 主题讨论

**刘　逸：**好，谢谢各位老师，时间把握得很好，为我们节省了1分钟的时间，现在进入提问跟交流环节。

**赵　莹：**我觉得这个研究应该是分开的几个研究。前面先研究人们普遍认为的各种地标的比例是怎么样的，我觉得这个地图对此是没有体现的，这是一个相对的比例的问题；然后，用手绘地图的这种方式了解人们对这个城市空间的范围和点、线、面的认知；再到后面的研究就是对认知距离的、空间距离的感知的扭曲的研究。我觉得这应该是一环套一环的，应该是一种分开的调查。对地标的认知可能是一个统计性的研究，什么样的人会认为哪些是地标，然后你得到的距离认知的差异，这应该是建立在标准化上的，不管是"老广"还是"新广"，都应该对前5个、前10个地标进行标注，然后你才能有一个相对科学性的结论，即哪些人才可能有这个空间感知上的扭曲和差异。我好像以前看到过将这样一系列的研究放在一起的讨论，但我没有做过实证，我就是讨论而已。

**孟　威：**我先回答一下，我觉得这个其实不是完全分开的，因为其实我们在做调查的时候是分成几个部分的：一是人口学问卷，二是认知草图，三是对一些重点的典型样本进行深入访谈。这三块内容，无论是在实体上还是认知上，我们的研究都是围绕着这样的问题去展开的。至于说您感觉到有点散，可能是我汇报的时候没有把这个重点突出来，但是指导思想是跟您期待的是一样的。

**赵　莹：**好，我就提一个，就是信息方面。首都师范大学的王茂军老师专门做了一个认知地图，他是将全北京的每一个区按公里网来划分，在每一个公里网里访问了100个女性，让她们点出在这个网格里头她们认为最大的一个

shopping mall（大型购物中心）是哪里，最后他是用已经调查好的地图，再到街上进行调研，询问受访者所认为的中关村的购物中心是在哪里，让她们再进行标注。我就觉得如果是在你研究之前有这样的调查过程，后面的结果可能会更加的标准化。

**孟　威：**对，王茂军老师做的确实比我这个做得更详细。

**张骁鸣：**我就想顺着刚才赵博士提的来讲，我觉得王茂军老师做的工作有一定意义，但是这个意义并不是特别充分。他那个研究叫作认知地图的扭曲，但是我觉得他有一点没有提出来，就是我们的认知地图和实际地图相比到底这个变形有多大？其实就是想研究这个差异。但是，我觉得这个工作本身可能没有什么意义，因为如果假设我们真有一个本体叫作认知地图在我们的脑袋里，它实际上提供给我们的并不是按比例尺度的绝对空间，而是一种关系，是一种关系地图，这栋楼和那栋楼、这个地标和那个地标相互之间的关系。这个关系可能是平常指引我们去认知它或者是我们跟别人介绍它的时候，会这样去使用。所以，你可能没有必要专门再去做认知地图扭曲的工作，因为王茂军老师他们那个团队很厉害，他们的技术本身已经开发到无上的一个境界，但我觉得这个可能是一个本体论上的问题，需要更基础地去挖。但是，我觉得你这个研究和他们的相比，有意义的一个差异是在哪里呢？就是你这个操作跟传统的意象地图其实有一点像，我们关注的是每一个个体的身份可能导致了画出来的地图有些不一样，所以我们要做统计分析。但实际上，我觉得填写的这个过程中存在的差异是更大的，我看了有一些材料提出这几个方面。第一，你给被调研者多长时间来画这个图。第二，其实我们每个人在画下第一笔或者我们想到第一个东西的时候是很随机的，如果我先画下一条路，就会根据这条路延展出去；如果我画的东西首先是一个点，比如我先把广州塔指出来，然后我根据这个点再去画认知地图，得到的是两幅不同地图，这样的话你前一天让一个人画一次，几天之后你让同一个人再去画，差异可能是非常大的。第三，这个可能是我觉得差异更大的一类，就是我刚才提到的人口特征本身，这个导致他在画的时候存在差异，还有包括这个人的教育水平、绘画能力，我觉得在操作上要规避这种差异其实是挺困难的一件事情。可能我们要对这个方法本身先做一点研究，将这些可能的差异去掉。如果我们确定这个方法本身是有效的话，我们要对它本身再做更进一步的验证，这是我的一点点建议。

**刘　逸**：好，孙老师再接着提问。

**孙九霞**：我对认知地图没有研究，但是我看到这个题目很吃惊，就是"老广"、"新广"这样的说法。你看这个区分的条件，需要有房子、有户籍，这样的划分标准我觉得有点问题。并且对于外来工，你也没有回答这个问题，因为现在大部分外来工还是没有房子的，那他们这些没解决房子问题的人算不算"新广"？另外，我不知道在座的广州人，你们喜不喜欢被叫"老广"。我在广州待了那么多年，之前是没有人这样说过的。另外，有没有房产就这么重要吗？人家在广州租房子住有问题吗？所以，在这个界定上你就直接划分为新老居民了？

**孟　威**：这个是有年限的。

**孙九霞**：对，来解读一下不同的人对地标的认识，我觉得其实是基于这种建筑本身或者是文化地标本身会更恰当。另外说到居民的话，他原先在西关住，后来搬到天河了，这种情况怎么算呢？因为这样的话，他的认知地图可能不太一样。有很多这样的从西关老城区迁走的人，城市中心改造的时候迁了非常多的人，如果要这样分的话就要分很多种，可能80个样本量就有点太少了，不够分类。

**王四海**：我其实一直迷惑一个问题，就是研究这个的意义在哪里？刚才那位老师也说了，被调研者画的图好与不好，纯粹是为了研究而研究，它背后可以解释的现象能不能用于其他方面的东西，我就是提出一点疑问。

**孟　威**：其实这个本身是我想了解的东西。就是不管这个界定是应该怎么去界定，其实这种界定无论怎么界定都是没有办法界定清楚的，每个研究可能你只能对你自己的界定负一点责任，这个我觉得真的是没办法。然后在这个意义问题上，其实我觉得认知地图可能是解决这个问题的很多方法的一种，方法是为这个问题服务的，至于说解答得好不好，那可能就是这个研究的质量高不高的方面的问题。

**王四海**：对于城市规划，或者说对城区形象建设方面，您的研究有没有一个借鉴作用呢？

**孟　威**：我想这个研究跟后来的应用是两个方面的东西。

**张骁鸣**：孟威博士，我再补充一点，你如果问的是对广州城市地标的认知的异同，那这就简单了，因为认知不等于认知地图。我的认知可能是一种情感方面的，还有其他可能更多方面的，而你只是用地图这个方式来表达其中一种，那这个可能需要稍微界定清楚一点，这种是空间的认知或是什么样的认知，你要把它界定一下。

**刘　逸：**好，谢谢各位老师的精彩发言！其实，关于这个话题我也有蛮多感触，但在此就不多说了，我建议孟老师可以考虑从凯文·林奇那儿切入，就是城市意象的四个标准。从街道跟居住区切入，据此判断这个地标究竟有没有形成它该有的地位，从而来评价城市建设是否合理，这个价值就体现出来了。或者说，"新广州人"跟"老广州人"心目中希望的地标和真实的地标之间有没有存在差异，这个对城市建设、城市规划有很好的指导作用，你这个研究在城市规划界会非常受欢迎。但是一定要把它套进凯文·林奇的理论框架下，不然他们也会狂批。非常精彩，谢谢孟老师的分享！因为时间关系就不休息，直接进入观察员评论阶段，有请我们大会的主持人。

# 观察员评论与自由讨论

- 观察员评论
- 自由讨论
- 总结发言

**张骁鸣：** 我们有请孙九霞老师和刘赵平老师做5～10分钟的点评。

**孙九霞：** 现在大家都知道谁是观察员了。一开始，拿到的会议日程是让我致开幕词和闭幕词。但是，我让他们改成了"观察员评论"。为了防止他们不知道谁是评论员，所以我帮忙找了两个人来做评论员。但事实上，我本来想的不是这样的，而是每个人都评论，因为我们整个沙龙都是平等的。刚才张骁鸣老师让先从刘赵平老师开始，所以我建议从刘老师开始转圈，每个人轮流讲一句话。这里没有观众，所有的人既是参与者又是观察员，因此在座的同学也要讲一句话。说话的时候，感谢的话不要说，就说"真话"，谈一谈你的希望，或比较深的感悟和体会，或是存在的问题。不要说其他的客套话，避免浪费时间，好吗？我们开始吧！

# 观察员评论

刘赵平

（香港理工大学酒店及旅游业管理学院）

我简单地讲，给大家留下足够时间。一上午时间坐在这里，我觉得有点恍惚。以前别人都说我们是象牙塔里的，但是今天到了这里以后，听了很多出乎意料的、接地气的东西，比如旅游需求的计量经济与分析、旅游产业价值链、酒店业中的外来资本、旅游地理视角下的滨海旅游、原真性与标准化的悖论、食物的全球化、跨文化旅游行为研究，等等。在此之前，我很难相信，在同一个论坛里会同时出现这么多、这么丰富的题目。从这个角度来看，论坛的内容是非常丰富的。另外，以这次粤港澳论坛为例，从粤港澳地域的角度来看，我认为"粤"的研究技术是非常强的，而"港澳"就是一个辅助，稍微有点弱。我们下一次论坛该如何做到更好呢？我提两点建议：首先，可以介绍更多也符合"青年"标准的同事，邀请他们一起参加论坛，还有香港的一些兄弟院校，将"港澳"支撑起来，真正做成粤港澳联合；其次，还有关于论坛名称的问题，怎样把泛珠三角的安徽、重庆、云南等地的朋友也联合进来。另外，关于定性研究和定量研究的关系问题，我认为这个问题很复杂，不能很简单地解释清楚。但是，我觉得定性研究比较少。而且，做定性研究的一开始就要先道歉，好像感觉没有定量研究做得好。其实，我认为定性研究、定量研究解决的问题不同，有些人是要解答为什么和怎么样的问题，而有些人则要回答多少、在哪里、是什么的问题。做定性研究一定要有这个自信，不要总是先道歉，这是我关于这两个研究之间关系的看法。在会议的形式上，可以借鉴其他会议，有的会议安排刚好和咱们这个会议走了不同的极端。比如，有的会议是8个不同的主题同时进行，你选择听一个主题的5篇论文，就会错过其他主题的另外35篇论文。我们现在是纯线性的安排，是不是需要在串联和并联中间找一个均衡点呢？例如，两个主题同时开始，因为有些人反映时间不充足，这样安排就可以使时间更充分，且问答的时间也更宽裕一点。总的来讲，我建议会议可以适度地做个小并联。一般去参加一个会议后，与别人记住一些论文不同，我每次会议都可以记住一些人。例如，刚来参加这个会议时看到吴晨光、赖坤、曾国军、刘俊，我就说这四个人里面，这次会议结束以后，如果我能认识其中一个人，那么参加这次会议就值了，结果同时认识了他们四个人。所以，我就觉得这次会议参加得非常值，认识了你们几个人，包括骁鸣老师，给了我很多帮助。最后的一点感想就是，以前开会的时候，或多或少会想着谁是领导，而这两天，一直都没有关注谁是领导、谁是博士生，只是一群学者在共同交流。但是，其实这里很多人都是院长级的领导。这几位中山大学的教授和我们一起，参与了整整两天会议的几乎全部发言和讨论，非常重视这次会议。从会议组织角度来讲，这次会议为粤港澳之间的研究合作提供了机会。将来我和李咪咪老师如果能有机会做一些力所能及的工作，我们保证一定尽我们所能提供支持。再次感谢中山大学旅游学院为我们提供了这样的机会。谢谢！

# 自 由 讨 论

**张骁鸣：** 作为主要的组织者之一，我可能也会多说两句。一开始策划这个沙龙的时候，为什么会将其定位为"沙龙"呢？因为我们地理学科背景的人，对"人文地理沙龙"印象特别深，对它的举办形式很喜欢，因为他们一直就是采用线性的流程安排，每个人都有充分的发言时间，大家有充分的讨论时间，而且还有一点我们这次论坛没有做到的，就是他们有评议人，专门的评议人。为什么我们做不到呢？我和赖坤当时讨论了很久，我们在策划这件事情的时候才发现，旅游学科的覆盖面实在太广了。我可能认识一些地理学者、社会学者，但是我可能不认识其他专业的学者，我去哪儿找这么好的评议人呢？最后，就干脆做成现在这样的形式，发言之后大家就直接进入讨论。但是，可能有些技术上的细节做得不太好，给大家道个歉。第一点是讨论的时间还是太少，每次主持人到最后只能抢过话筒说"咱们进入下一个环节"。今后在办这个沙龙的时候，可能会给大家留更多的时间，而且我争取把"评议人"这样的制度建立起来。另外关于讨论氛围的问题，我觉得可能跟大家以往的感觉不太一样的就是我们的问答是比较平等的，但我觉得这个还做得不够。我参加过另外一个学科的会议，那是一个哲学学科的论坛。在那次会议上，一个小学校的老师或者博士生可以对北京大学的权威老师"拍砖"，他们的那个氛围、那个讨论才叫平等，直面问题本身，这是他们的一种哲学精神。只要你有思想、有想法，你可以很批判性地说出来，不要怕在场的所有人，因为大家都处于这样一种氛围的时候，就没有关系。我们绝对不进行人身攻击，而是就问题论问题。所以我觉得，在我们这个学科，既然大家都是从不同的背景来的，肯定都有自己的想法，所以这种碰撞可以更加激烈。第三个想法就是关于方法的问题，我们很长时间沉浸在定量定性、定量定性……仿佛这个世界上除了它们二者之外别无他物。但是实际上，去看 Annals（《旅游研究纪事》）的投稿系统，人家还有一个叫 conceptual（概念性）的类别——概念性研究。其实除了这个 conceptual（概念性）、quantitative（定量）、qualitative（定性）之外，还有其他的研究方式。我觉得，今后我们做定量研究的可以继续自信，做定性研究的也应该要硬气起来，做其他研究的声音也要越来越大，这样我们这个沙龙可能会越来越成功。谢谢大家！

**吴晨光**：这里我也发表自己小小的意见。其实我很高兴能来参加这个沙龙。感受最深的就是，以前我做展示的时候，都是我这个研究领域的人来给我提意见，这次就发现可以有很多不同领域的人给我提意见。其实你们当中很多都懂计量，但也确实有些是不懂的，但你们提的意见有时候会给我一些灵感，这些灵感往往是我自己想不出来的。我觉得讨论时间有点短，对其他人的话题，其实我的问题和想法还挺多的，除了国家公园我完全不懂，感觉时间有点短。但是这种方式可以帮助获得一些其他的灵感，感觉这次会议给予我特别的收获。谢谢！

**赖　坤**：这次会议有一个欣慰和两个遗憾。欣慰的是，我和骁鸣老师没干砸这件事，应该算没出什么事故吧。活动流程没有拖沓得特别多。所以总的来讲，挺令人欣慰的。第一个遗憾就是，确实时间太短，尤其是有一些有趣的话题出现以后，因为时间不够不得不卡掉，这是有点遗憾的。还有一个遗憾是，这是一个青年论坛，但是好像擦出的火花不是特别的大，分歧也不是特别的多，"拍砖"的人也不是特别的多，反而有点像老年人论坛或者中青年论坛了，大家都求稳。因为是青年论坛，但是我们博士生同学们参与时间可能太少了，没给你们一个舞台。所以，以后我们还是有待改进的，谢谢大家！

**李　军**：我就讲一点，因为我是个参与者，直到十七八号我才知道我也要去主持一个小组讨论，之前也极少参加这种学术会议。但是，我发现很多人都有一种误解，容易给某个人贴标签，比如孙老师是人类学的大牛级人物，而张老师是遗产地的，这都是一种标签，但我不喜欢这种标签。还有人认为，如果这个人是做定量研究的，就应该全做定量，除了定量之外什么都不懂，这是一个偏见。其实，我跟赖坤老师一直都可以在各自的研究中擦出一些火花，讨论同一个问题，有差不多三四年了。我还想补充一点的是赖坤老师上午和下午对问题学的阐述，当时我其实是很想来喧宾夺主的，但是我又觉得这是他主讲，我就不应该去打断。但"问题"可以消弭这种学科的边界，我们应该着重关注这一点。如果我们研究的问题都属于旅游领域，那可能就没有边界，不管是用什么方法。重要的是"什么是问题",所以我觉得应该强调本体,就是旅游问题本质(tourism problem nature,TPN)。TPN 才应该是我们关注的重点,这样才能消弭学科之间的边界或者差异,或者标签,等等。这就是我补充的一点。

**李俊丰**:我是第一次来内地参加这样的会议,觉得跟我在其他国家比如在美国开的不一样。这里的学术氛围好像是线性的,没有休息的时间。而在国外开的,我可以选择听哪一个,不听哪一个。这里就不是,所有人完全集中在一个地方,我不想听的也要听。但是这样却使我吸收了很多新的知识。印象最深的就是你们用哲学的角度去研究旅游,这是很特别的,也是我在别的地方听不到的。不过,我也发现大家很少用定性来研究。就好像刘老师说的,其实定量和定性也没有好坏之分的,想研究什么问题就用什么方法,就问题来决定研究方法,而不是根据研究方法来决定问题。我想说的就是这些,谢谢!

**左　冰**:谢谢!我在这里做一个广告。希望大家能继续保持高涨的学术热情,投入到我们今年 11 月 14—16 号即将召开的旅游科学国际学术研讨会之中。谢谢!

**刘　逸**:我也参与组织了一个优秀本科生夏令营的活动,可能跟很多老师还不太相关,但是几位相关的老师我都已经沟通过了,拓展一下市场。我个人非常喜欢这种方式的交流,因为我在新加坡国立大学时也参加过很多类似这样的交流。那边每个星期会有一次小型会议,老师把自己的文章拿出来,给在座的教授点评,会议经常弄得大家吃饭都吃不下。被评论的老师经常被评得面红耳赤,大家的批判都相当无情,但我也从中学到了很多东西。这个会议让我觉得非常好,我也感受到那种激情。当然,我感觉还可以再热烈一点,大家还是有点腼腆。但是这是第一届,下一届就可以再放开一点了。或者是先拿张老师做个表率,比如,把他放在第一个进行批评。(张骁鸣:欢迎大家带着砖来。)对,明年就把你放在第一个,然后我们就先对你进行批评,气氛放开了,大家就会慢慢适应了。而且,我们这个规模已经不错了,因为这种会议不适合太多人,范围保持在粤港澳地区,再邀请几个省外的学者朋友,这样就挺好。如果人太多就失去了讨论的尺度,时间就更难控制了。所以,对整个会议我非常高兴,也非常满意。感谢主办方!我们明年要继续把这个活动办下去。

**张朝枝**:谢谢!第一句想表达的是,我读书的时候没有这个机会,等到有这个机会时我已经老了，就如刘老师说的，我已经进入另外一个行列，好像不太好意思参加。第二个想说的是，这个活动非常成功，我收获了很多。如果明年还举办，我倒希望发言的人再精选一点，评论、讨论的时间再多一些，这样会更好，这是我的一点建议。发言的人可以再提炼一下发言的代表性，话题分开一点，多元化一些，大家的讨论就更充分一些，这样可能每个人的收获会更大。但是这样，发言的人心脏就要比较好。OK，看下面是哪一位。

**覃　群：** 我觉得意犹未尽，像我刚才本来是想讲一下旅游目的地发展的，结果最初的概念就受到了大家很多的质疑，于是，话题就变成从经济学的角度去讨论这个问题。所以我的目的还没有实现，你们也发现了吧？我以后还会再来找你们的。

**孙九霞：** 不是正式代表的同学做一个自我介绍，然后也要说两句的。

**曾国军：** 骁鸣刚才讲这个会议组织得不够充分，但是在我看来，这是我目前感觉到的国内会议组织得最充分的一次，这是我自己的感觉。像我这样在很多会上都不发言、不讨论的人，今天还抢了好几次话筒，这是真实的感觉。如果要提点建议的话，因为我们这个学科是很多元的学科，大家有着各种各样的学科背景，如果要进一步实现更多学科发展和讨论的话，应该要有更多的学科包容性，这是我的理解。祝我们的粤港澳形成一个更好的学术共同体！

**刘　俊：** 谢谢！我们这两天进入到这个空间里面，进行空间生产，生产了很多很多的知识。在生产知识的过程当中，我们弥漫着一种社会关系，一种非常平等的社会关系。我希望可以把这样一种空间从原来一个没有意义的空间，转化成一个有意义的空间，变成一个地方。这个地方是什么地方呢？希望是一个给粤港澳青年学者提供交流机会的平台。把这个沙龙作为我们整个中国青年学者都可以自由交流的地方，在这里，整个旅游研究的群体当中最有活力、最有激情的青年学者们可以将最新的研究成果互相交流。我希望这个活动的影响力能够慢慢得到进一步的提升。除此之外，我还有一个小小的希望，看将来有没有机会把这个战场下一届转到华南师范大学。我希望能够在华南师范大学再次举办、参加这样的活动。谢谢！

**梁增贤：** 谢谢！我是抱着一个学习心态来的。其实，现在旅游研究很多都在进行跨学科、跨界合作。所以，我的期待是可以听到不同学科背景的人一起来探讨旅游问题，现在我觉得实现了这个目的。我对此次会议有一些建议，首先，下一次会议的形式应该是某一个领域或者某一个学科背景的人对他的问题进行阐述，然后其他人就对其评论，而不是提这么多问题。因为很多人讲的内容其实有点相似，讨论的议题也很相似。第二点建议是，确定有相似的内容之后，这个领域要讲的人可以提前告知给大家，大家沟通之后，就会有更多的沟通和对话点，这样可能会更好一些。谢谢！

**赵　莹：** 首先，我说一下自己的感受，能有这样充分的时间让我来讲自己的研究或者研究取向，是一个非常好的机会。同时，会议有充分的讨论时间，又让我可以听到很多质疑和批判的声音。通过大家的这种讨论，你可能会从别人那里听到对某个问题的解答，以及你要从哪个方面去解答这些问题会是比较正面的回应。开会时有很多老师发言，不知道大家注意到没有，李咪咪老师给我提的问题，孙老师替我回答、解析了一下。而我给孟老师提的问题，张老师替孟老师回答了一下，说孟老师已经走进死胡同了，这样的信息交流是非常有益的。我想再简短提两个建议：第一，我们的沙龙大部分是借鉴了人文地理学的沙龙形式。我参加过2009年在北京举办的"人文地理沙龙"，当时的效果是非常好的。当时它是给沙龙一个相对宽泛的主题，是从哲学和方法论层面来讨论地理学这个学科的发展问题。现在，如果我们作为一个沙龙来讨论，是不是也可以定一个相对宽泛的主题，这样很多人就可以用不同的话语体系来讨论，而我们这一次可能偏重的是"问题意识"。第二，看到学生们对沙龙进行录音，我很期待一种介于书面语和白话、口语中间这样的沙龙记录作为出版物能够在旅游学这个学科里面产生更大的作用。

**吴水田：** 我觉得这个会议组织得很好。我是来这"蹭"知识的。广州大学没有这个氛围和条件，所以也很荣幸自己曾经在中山大学学习过。这两天有直面的批判，例如不断讨论的"研究有没有意义"这种批判，包括对曾老师的研究对象是否有原真性的批判。这个氛围很好，不过希望以后，如果还可以发扬，就不要限定主题，这样沙龙的内容就更丰富了。因为我们发现有些沙龙都是指定一个专题，当然，这样能做得很专业，但是它也有局限性，但我认为这个沙龙主题要丰富化。希望能有第二届、第三届，我们就可以来"蹭"知识、"蹭"学习的机会。非常感谢！

**王四海：** 我感受最深的是这个会议的平等性。我是第一次来到广州，也是第一次来到中山大学。初到这，我就畏畏缩缩地坐在那里。然后主持人说这里是很平等的,我就往前坐了一点,一不小心就坐到孙老师旁边了,但一介绍又是个大教授,让我感觉这两天一直都很压抑。但是,这两天收获了很多,刚才广州大学的老师说是来"蹭"知识的,我觉得我是又"蹭"知识又"蹭"饭。特别是我们这些西部大学来的老师,更应该经常来国内一流大学"蹭蹭",可能"蹭蹭",我们就会发展得更好一点。特别感谢!

**丁绍莲**:我也来说说我的感受。这次是第一次参加这种学术沙龙。其实我跟刚才那位同学不同,我以前都是参加那种分开的小组讨论的,所以很多时候我要面临选择,因为我对很多东西都感兴趣。从博士毕业一直到现在,其实我是有很多遗憾的,因为在研究上落下了很多,到现在小孩上了幼儿园,才有精力参加这样的讨论。这次我真是受益匪浅,但是我很大的一个损失是,我今天讲的只是我去调研时发现的一个东西,是被动发现的,而不是我真正近期感兴趣的、想去做的东西,所以我错过了一次这样非常宝贵的机会。我争取明年,或者就如刚才有同学和学者说的,去建立一个平台,比如说有一个QQ群,使交流能够延续下去,给我一点补救的机会,能跟大家多点交流,再学习一下大家的经验。非常感谢大家!

**林清清**:刘俊老师既是我的师兄又是我的同事,他现在开口闭口都说空间生产,所以他一说空间生产我就想笑。我想接着刚才李军老师讲的不要标签化来说。我觉得标签化还是必要的,因为每个人毕竟有自己专属的领域,而标签正是我们地方性的体现。我们在这样的一个空间里面,大家来自不同学科恰恰代表了一种全球化。而这种全球化从英国博览会开始恰恰就是通过大事件的形式促进了这种现代性的流动。在所有的议题里面,就像刚才晨光讲的,虽然我没机会跟她合作,但其实我对她的题目也有很多个人的建议,不过,完全是外行评论内行的感觉。可是给我冲击最大的恰恰是我不太熟的领域。因此我想,如果有机会的话,再学几个专业如经济学、哲学等专业,同时要去美国或者香港读一个博士。另外,有两个小小的建议,第一点,因为我是来自华南师范大学的,所以希望这个论坛能够成为一个标志性的事件,每年都举办,而且能够在流动的空间中举行,例如下一次流动到华南师范大学。第二个建议是,现在会议最流行的趋势叫作 co-creation(共同创造)。大家都感觉讨论时间不足,我也是这样觉得的,虽然我有很多领域不懂,但我也会觉得我有很多话没机会讲。所以下一次如果有可能,就设一些环节,直接给一个 topic,给一个小时或一个半小时专门用来讨论。这是我小小的建议。

**孟　威：**我是华南农业大学的孟威。经过了漫长的等待，而且知道这个等待结果一定是一顿猛批，整个过程心情非常复杂，整个过程一直很刺激。老师们给的意见都是非常好的。我们回去整理一下，必须坚决地改一改。

**张　辉：**各位老师好！我是中山大学旅游学院的张辉。之前接触的都是市场营销领域的研究，所以我来旅游学院执教之后也面临很多转型的困惑。参加这样的会议对我有很多观点上的启发，所以我觉得还是挺有价值的。但是，我可能因为性格的原因，跟大家交流得不是很多。因此对我来说，以后应该更多地跟大家交流、学习。虽然这个会议是我们旅游学院10周年的会议，但是我跟许多学者的观点是一致的，希望把这个会议持续地办下去，办成一个品牌，提升影响力。谢谢大家！

**孙晓霞：**大家好！我是中山大学旅游学院的博士生孙晓霞，我今天是以一个听众的身份来参加这个沙龙的。我认为从这个沙龙收获最大的应该是演讲者，所以我希望下一次的沙龙，我能成为演讲者，收获更多。

**史甜甜：**大家好！我是中山大学旅游学院的博士生史甜甜。首先，我是一个演讲者，在沙龙中听到了很多老师的意见，收获确实很多。其次，我的很多提问是没有建设性的，感谢演讲者们对我的包容。最后，在这次会上听到的很多老师的思考和提问题的方式对我非常有启发，所以下次一定会更好地参加和提问。谢谢！

**杨　昀：**大家好！我叫杨昀，是中山大学地理学院人文地理专业2013级的博士生。很多老师都提到了很多积极方面的东西，我想说一点不好的感受。我目前处在博士论文的选题阶段，处于非常焦虑的状态，本来是想来这里寻求灵感的，但是却忽然发现本打算要做的东西，别人已经做出来了，且都已经发表了，而且自己想的还没有他想得深刻，所以就觉得很崩溃，我整个就是这样的状态。但是好在听到了这么多，无论是研究议题还是方法论的探讨，认识了这么多的老师，而且以后还有机会进行更多的交流，让我感觉自己还是有希望的，以后就争取向青年的热情、积极的态度迈进。谢谢！

**魏红妮：**大家下午好！我叫魏红妮，是中山大学地理学院博一的学生。来参加这次会议，我的感受非常深，可以用四个字来形容，那就是受益匪浅。首先是，这次会议给每位发言人的时间比一般的会议要长一点，可以对问题进行更深入一点的探讨。其次，讨论的时间相对来说也比较长，而且相对开放一点。大家刚才有提到青年学者的话语权可能还没有真正完全掌握在自己的手里，对于这一点，我有一个想法：我之前曾参加过一个会，它把所有参会的成员分成不同的小组，所以我想我们可不可以在茶歇之前，按照主发言者不同的主题，把全场的会员分成不同的小组，一些青年学者可能对某一个话题比较感兴趣，那么在其感兴趣的小组里他就会有更多的发言权。最后，我们在听学者的 presentation（展示）的时候，会感受到很多跨学科的视角和方法，我就想，在评议人这个环节，可不可以请一些跨学科的，例如心理学的、哲学的、经济学的（专家学者）做评议人，让他们评议到底我们做的研究从他们学科的角度来看，合不合适或者合不合理。这只是我个人小小的感受，谢谢大家！

**卢凯翔**：大家好！我是中山大学旅游学院 2012 级的博士生卢凯翔。作为这次会议的参与者，首先是感受到了团队的力量。在这么大的一个团体里面，对每个研究者的问题进行讨论，不仅对研究者本身会有一些启发，对旁听者也会有一些触类旁通的提示。第二个是看到各位师兄、师姐和各位老师的追求学术的心态，这是对自己的一种激励，激励自己要勿忘初心。

**崔庆明**：大家好！我叫崔庆明，是中山大学旅游学院的博士。今天开了眼界，从各位主讲那里看到各种各样的研究。不过，相对于主讲来说，我更多是来听评论的，很精彩，给各位老师点个赞。

**苏　静**：各位老师，下午好！我是中山大学旅游学院 2011 级的博士生，非常荣幸也非常高兴能够在即将毕业的最后在读时间里参加这次会议。我在中山大学读书期间参加了很多次会议，自己也做过一些会议的工作人员，每一次会议都办得非常成功。我希望以后在中山大学，或者进入了新的工作单位，都有机会参加这样的会议。两天的会议让我收获了很多。具体的收获是，首先，我发现以往大家对原真性的研究非常多，也有非常多关于原真性的解释，但我认为现在对原真性的研究应该是怎样利用原真性这个概念去解决一些问题。第二个是，我的博士论文其实也是做空间、社会空间、空间生产的研究，所以，这两天有很多的词语一直在我脑海里转：空间的社会性、社会的空间性、场域、关系，等等。非常高兴能够发现有很多老师都在探讨这个问题，我希望以后可以更多地跟各位老师相互交流。谢谢！

**刘相军**：我是中山大学 2012 级的博士生刘相军。经过两天认真的听讲，我有两个体会。第一是对会议本身，到会的专家、学者所做的精彩演讲，使我开拓了眼界。第二个是对我本身,因为我马上要做博士论文,这对我后期博士论文的指导有很大的帮助。这两天的讨论涉及的论题非常广泛,在各个方面都开拓了我的视野。但我也有一个小小的遗憾:我没有提交论文,也没有进行提问。其实在很多演讲者做了演讲之后,我也有一些想法,但是没有勇气提专业的问题。所以,下次一定不留这样的遗憾,勇敢地提问,谢谢!

**李　毓**:各位老师、同学,下午好!我是来自中山大学旅游学院的博士生李毓。这次沙龙中,我最大的收获是在这么短的时间内能学习到不同的学科、不同的视角和方法,这对我来说有很大的启发。特别是在研究方法方面,老师们对定性研究、定量研究的探讨使我领悟到其实选定方法是要取决于你的研究问题。另外,对于刘老师讲的"放养"和"圈养"的问题的思考,我发现其实自己是很适合"圈养"的,因为我本科读的是艺术类专业,比较散漫,所以,在孙老师的"圈养"下使我进步和成长了很多。最后,希望自己以后可以更多地和各位老师同学交流,积极参与讨论,谢谢!

**梁　靓**:大家好!我叫梁靓。我目前是法国亚眠大学生物地理学的博士生。这次回国是为了调研,昨天见到张朝枝老师时,他告诉我今天有这样的会。这两天的参加让我受益匪浅。因为我刚上博士一年级,我是研究广州的,而我的导师是两位法国人,所以我跟我的导师在沟通的时候的确存在一些文化矛盾冲突,而且他们培养学生的模式跟我以前所习惯的还是不一样的。我从法国回来的时候对自己研究的问题,只是有一个方向,但还不太明确。通过这两天跟大家的讨论以及聆听一些专家的案例分析,我更加清楚了中西两方对学术科研方面思维的一些差异。这对我来说非常重要,因为我是中国人,如果要用西方的那一套方法说自己家的故事,还是挺复杂的。谢谢大家!

**姜　辽**:我是来自安徽师范大学的博士三年级学生姜辽。我在安徽师范大学时做的学术交流比较少。一般是请一些大牛学者在上面讲,我们在下面静听。沙龙这种形式非常好,我会向我们的院长和其他老师们推荐。

**杨阿丽**:大家好!我是来中山大学访学的访问学者、西北师范大学旅游学院的老师,我叫杨阿丽。非常高兴也非常荣幸能参加这样一次沙龙活动,在这两天的活动中我感受到了旅游学科的跨学科性,不同专业的专家们在这里进行思想的、学术的碰撞和交流。我是看到中山大学网页上有一个今年(2014年)暑期8月1—10日的博士生的学术训练营,看了之后非常激动,就跟我们学院的领导说了，他们就在我们学院的主页上发布了有关通知。所以今年暑假，我们学院可能也会有一部分青年学员来这里吸收营养。在这我也做一个小小的广告，我们西北师范大学是在兰州市，学校的地理环境专业在全国也是比较强的，旅游专业在西北也算是不错的，所以希望在座的专家学者以后能到西北去交流。我也会跟我们学院的领导介绍各位，以及这次论坛听到的这些信息和收获，并邀请大家去参加我们的一些学术活动。谢谢！

**陈胜容**：大家下午好！我叫陈胜容，是中山大学旅游学院的访问学者，来自唐山师范学院。这次沙龙给我带来的除了学术收获之外，最大的收获就是鼓励。像我这样一个学术生涯才刚刚开始的年轻人，在学术上会常常感到困惑、迷茫。听了各位老师分享自己所做过的研究，而且有些老师也会分享自己在研究过程中有过怎样的困惑或反思，这对我是一种莫大的鼓励，让我觉得在学术的道路上不再孤独。谢谢！

**孙九霞**：谢谢各位！我自己也觉得特别地感动。我本来想让万老师说几句的，但她刚才跑出去了。事实上，她在整个会议的准备中特别辛苦，但同时她一有空就坐在这听，伸长脖子，很认真地听。我特别想知道她听到了什么。请万老师说一下，她到底听到了什么。

**万忠娟**：因为我觉得我是特别特殊的，在座的都是学者，而我是游客。我真的是特别感动，来中山大学这么多年，忙了很多大会，这次我是特别有空能够连续两天坐在这里，能够听听大家的发言。真的就像是把我两年没学的东西、没看的书一下子就灌到脑子里，都没回过神儿来。我对这种沙龙的形式真的是特别喜欢。我也觉得以后一定要把它办下去，这样不仅对我们学院好，对我们的学者也好，这是很好的一个平台。二是，刚刚我说我是游客，听了各位老师的演讲，我觉得挺感动的，我们有这么好的一群人在为中国的旅游发展去做各种探索，去不懈地努力，希望将来这个旅游环境能让我们这些游客更加满意，当然这一切都少不了你们的巨大贡献。三是一个小小的建议，就如孙老师说的，我们研究了很多东西，但是却没有很好地到海外去研究案例。我之前看到帖子说，在最好的客源地中排名第一的是日本，第二是德国；而在最好的目的地中排名第一的还是日本，第二还是德国。这两个国家为什么会出现这样的情况，其实像日本，国家不大却有很大的吸引力。我觉得它在旅游发展中有两个方面做得特别好：一个是保护，就是旅游可持续发展；另外一个就是好像日本很多的旅游要素当中似乎都在灌输着一种国民教育，让游客特别是小孩在旅游当中学习知识、提高素质。我希望我们的旅游学者在今后的研究中也能从孩子自身素质教育的角度出发，为他们创造更好的旅游目的地，创造更好的教育条件。我有点班门弄斧了，谢谢！

# 总 结 发 言

**孙九霞：** 关于我们整个论坛，第一点是，我们是平等的对话，每一个人都有机会发言，刚才大家也提了一些问题，其实也还是有机会的，不过只能说有机会提问。第二点是，关于学科多元化。它是一个多元的"发生"，不同学科的人有一个多元的"发生"。大家对此都有争论，有的希望不要有这个界线，但有的人认为还是要有一个界线的。那么，在"有"与"无"之间，我们应该怎么样去界定它？我认为，无论是什么学科，无论是否支持有边界，都不重要。最关键的是，在对话的时候，至少对交流的学科稍有了解，尤其是你想做有关那方面的研究的时候。提问则问题不大，因为提问是从一个旁观者的角度给你建议。这些在做研究的时候，至少要把你的立场找到。第三是思想的碰撞。刚才大家也都提了分小组、分主题的问题。事实上，目前所有会议都是那样，每个大会分了无数个小组。刚才刘老师也说了，他们那次会议是分了8个小组，是吧？

**刘赵平：** 并行的8个。

**孙九霞：** 并行的8个会场。很多人的串场率特别高，整个会场是个流动的会场，大家不断在流动，收获可能变成了你的截取性。这固然是好，但事实上大家也可以想一想，我们是个小规模的会，你并不会漏掉你想听的，这个是最关键的。同时坐在这里对梳理大家的思路、对话的连贯性很有帮助，你就可以把昨天谁说了什么、今天上午谁说了什么都梳理清楚。当然李俊丰博士是从"自由社会"来的，他觉得被这种会议形式"管"住了。所以就说，可能"自由"跟"管理"之间是有一个关系、一个尺度存在的。但是，毕竟还是有思想碰撞。正如大家所说，这次的碰撞不够，准备的"砖"不够多。骁鸣老师动员大家下一次人手"一块砖"，只有相互拍拍，才能把别人拍成专家，也把自己拍成专家。但是，旅游学科自己关起门来"拍砖"是没关系的，但是不要让其他学科的人拍我们的"砖"太多,不要让人家觉得你的研究都是"学术垃圾",或者是重复、没有创造性的。那就不是砖的问题了,而是我们的饭碗会被拍砸了,这是大家的一个宗旨。最后一点是关于学术平台。这个平台的建立,就是今年(2014年)年初的时候跟保继刚老师讨论的结果。我说港澳是东西方文化的汇融地,广东一直是开天下风气之先的地方,我们可不可以以此为一个阵地,占据粤港澳之地利,做一个跨越东西方的东西。但我们还是放眼全国、放眼世界的,有粤港澳以外的人要进来怎么办?我们刻意地没有主动做营销。有想进来的,就放进来了。因为我想说,这个论坛一定是要"关上门"来做的。未来,其他地区参与进来的人可能真的不会很多,因为这是一个品牌性的问题。因为现在全国的会太多了,每个月都有会,到处都在办会,所以并不缺会。因此,我希望这是一个对话的平台。未来,我们这能不能做成一个"学术地标"?我们就是旅游研究的"学术地标",这是我们大家共同的理想。所以接下来,我们也会成立一个组织委员会来帮大家组织这些事情的。

事实上,今年(2014年)是中山大学旅游学院成立10周年,而这个沙龙是10周年院庆系列活动中除了系列讲座之外,真正的第一个大型的学术活动。至于是不是空间流动的,接下来我们还会再商量。接下来我就做一个广告,这次活动真正的负责人是张骁鸣老师跟赖坤老师。当时我们商量把基本原则定下来之后,就分了工,指定张骁鸣老师做的负责人。当时,他在北京大学做访问学者。所以,他跟你们的很多联系都是在北京大学,现在刚回来就和赖坤老师一起负责这次活动。接下来的优秀本科生夏令营活动是刘逸老师在主导。而全国旅游管理博士生的训练营,是我们跟香港理工大学合办的,每年一届,由饶勇老师主要负责。此外,还有旅游科学的国际会议是由左冰老师主要负责。我们从老、中、青到大学生的会议都有。但是,我觉得其实年龄不是问题。最后,我希望大家包涵一下。大家可能不是特别熟悉这种活动方式,可能我今天显露了最本性的学术追求,扔了很多"砖头"。其实我本意不是这样的,我人是很善良、友好的。但这些讨论只是就事论事、无关其他的,所以大家也要原谅我的简单、粗暴。孟威还说过一个词"残忍",在讨论问题的时我都会具备这些要素的。我希望未来大家能一起这样,对自己狠一点,对自己人狠一点,太多温情可能不是这个时候需要的,这样我们对话性才比较强。对我而言,人类学这个学科的批判性特别强。记得有一次在阳朔开座谈会,他们都很直接地批判,都是大教授、名教授,却差不多吵得要打起来了,但是吵完之后大家却高兴得很，觉得很痛快。我希望我们下一次也能找到点痛快的感觉。因为这一次会议的决定很仓促，所以也存在一些不足。今天会场上担任服务的都是研究生同学，我知道他们特别想发言，也特别想听。但是只能让他们先工作，抽空听一下，而且时间也有限制。没有不散的会，但总有要开设的筵席。现在，是不是最后让张骁鸣老师说一下组织委员会的名单？这是一个固定的组织，但是人选在未来是可以再调整的。

**张骁鸣**：对。我们真要把这个事延续地做下去的话，就要有一个组织委员会，或者说秘书处。我和赖坤老师作为中山大学这边的联络人，在和粤港澳的几所学校商量，暂时请了一些高校里面的联络人。这里感谢各位老师毫不犹豫地答应了加入联络人队伍！最后，感谢万老师带领着我们的研究生同学提供了两天非常精心的服务！